如沐春风

《论语》读本

钱逊 著

中华书局

图书在版编目(CIP)数据

如沐春风:《论语》读本/钱逊著. —北京:中华书局,2015.3
(2021.9重印)
ISBN 978 – 7 – 101 – 10756 – 2

Ⅰ.如… Ⅱ.钱… Ⅲ.①儒家②《论语》–研究
Ⅳ.B222.25

中国版本图书馆 CIP 数据核字(2015)第 036799 号

书　　名	如沐春风——《论语》读本
著　　者	钱　逊
责任编辑	祝安顺　梁　皓
出版发行	中华书局
	(北京市丰台区太平桥西里 38 号　100073)
	http://www.zhbc.com.cn
	E-mail:zhbc@ zhbc.com.cn
印　　刷	北京市白帆印务有限公司
版　　次	2015 年 3 月北京第 1 版
	2021 年 9 月北京第 4 次印刷
规　　格	开本/710×1000 毫米　1/16
	印张 24¼　字数 200 千字
印　　数	13001–16000 册
国际书号	ISBN 978 – 7 – 101 – 10756 – 2
定　　价	68.00 元

本书 2007 年 1 月由中华书局初次出版。以后几年，为提倡读《论语》，我做过若干讲座；2012 年参加"知止中外经典读书会"读《论语》活动；2013 年在"什刹海书院"主持《论语》研读班。温故知新，对《论语》也有新的体悟。在此基础上，对原书作了一次较大修订，交什刹海书院，作为书院教师用书出版，同时也供广大国学爱好者阅读。

　　《〈论语〉读本》2007 年 1 月出版后，自己提倡"读《论语》，学做人"，一边自己继续学习，一边应邀作讲座，与听众分享、交流学习心得体会。在学习和交流中，对《论语》的思想有一些新的理解和体会，其中有的还是在重要问题上有了新的认识；对于怎样把《论语》思想用于现实，发挥其现代价值，也有进一步的理解。由此就有了修订《〈论语〉读本》的想法，希望把书稿改得完善一些，免得已经发现的错误、不妥的内容继续流传，误导读者。

　　这次修订，主要集中在作者阐述个人理解的部分，力求反映作者目前达到的认识，纠正《〈论语〉读本》中的错误。然而既决定修订，就不仅限于对已经认识到的部分做修改，而是对全书做一次审读和修订。具体做法是，取朱子《论语集注》、钱穆《论语新解》和《〈论语〉读本》三书，逐章对照研读，以发现问题，进行修订。修订之处包括文字修饰在内，共

261 处，其中属于注释、大意部分的修订 17 处。

本次修订，反映了几年来的所得，比之于初版，或者有所进益，但对于求《论语》真义来说，则还需不断努力。今日所写，明日或又发觉有失误和不足，还需再做修订。如此常学常新，不断修订，未有穷期。期望读者对不妥及错误之处，不吝批评、指教。

钱逊

2015 年 2 月

本书是在我 1988 年出版的《论语浅解》的基础上修订补充而成的。《论语浅解》是我转入中华传统文化学习、研究以后的第一本习作。从出版至今，将近 20 年了。这段时间里，中华传统文化和《论语》愈来愈受到人们的关注和重视，学习《论语》的人大大地增加了；自己对《论语》的理解和体会，也有所进展。由此产生了将此书修订出版的想法，但迟迟没有动手。正好中华书局的编辑祝安顺来找我，希望在此书的基础上重新编著一本《论语》方面的书。这就促使我下了决心，着手进行编著。从 2006 年年初起，经过将近一年时间，完成了这个稿子。把书名定为《〈论语〉读本》，是想表明这是一本供读者读《论语》时参考，帮助大家入门的书。

　　这次编著中，篇章结构按朱熹《论语集注》改定，体例分为"原文""注解""大意"三部分。

　　在本书的编著中力求做到以下几点：尊重前人成果，准确传达原意，做出个人阐释，阐发当代价值。

　　前人的成果，是今人理解《论语》不可忽视的材料。《论语》一书，注本以千数，近年更有大量面世，其中颇多歧见。对于存在歧义的部分内容，需要认真研究，做出自己的判断和选择。在本书"注释"部分，注意对前人注释中的歧见作简要的介绍。前人注释有的未必符合孔子原意，但这些材料对于今人了解儒学和儒学的发展也是有意义的，不宜轻言其错误。儒学发展的特点之一，就是后儒往往是通过注释阐述自己的新思想，从而使儒学得到丰富和发展。简单地否定一切"不合孔子原意"的注释，将它宣布为"错误"或"假孔子"，就否定了孔子、儒家思想的发展，从而不可能对孔子和儒家思想有正确的了解。

读《论语》，第一步先要读懂原文文义。《论语浅解》对原文有"今译"，现在将原来的"今译"改为"大意"，是考虑到古汉语今译难以准确表达原义，用今译标题，易于限制读者思考，甚至误导读者，改为"大意"，可以给读者留下较大的思考空间。

时代前进，社会变迁，孔子儒学思想也要随着发展。今天学习、继承孔子儒学思想，要结合现实生活，给以新的阐释，赋予它新的时代精神。这是当前读《论语》、学《论语》时必须注意的重要问题。对于《论语》，每一个人都会有自己的理解，见仁见智，每一个人的理解都不会相同。所以人们说，有一千个人就有一千个孔子。但我们读《论语》，首先应力求了解孔子的原意，在了解孔子原意的基础上做出自己的阐发。要避免简单化地用现代思想解释古人原文，或把自己的理解、解释与对原文文义的介绍相混淆。本书尝试着用简要的文字阐述作者对《论语》思想及其当代价值的理解，这部分文字放在"大意"之后，另起段落。而"大意"只介绍原文文意，不混入作者的见解。这样做，是为了把对《论语》原意的介绍与自己的理解和阐释明白地区分开来。

主观要求如此，实际未必做到。做得如何，是非得失，有待读者评判。

钱逊

2006 年 10 月

　　《论语》是儒学和中华文化最重要的经典。它记载了孔子与弟子的对话和孔子日常言行，是了解和研究孔子思想的最重要的文献。孔子一生，主要精力用于教育。他教育的目标是教人做人，培养君子；《论语》的中心思想也在讲做人的道理。虽然孔子生活在 2500 多年前，但他所讲，却是做人的基本的常道，具有普遍的价值。《论语》曾经是人人必读的一本书，被称为中国人的"圣经"；对中华文化和中华民族民族精神的发展，有极深远的影响。

　　近代以来，批判、否定中华传统文化的思潮占主流地位，《论语》也受到批判。以致几代中国人对《论语》知之甚少，而误解甚多；孔子《论语》所讲为人之道，不得其传；礼仪之邦传统美德，几近湮灭。为改变此种情况，重建中华民族共有精神家园，提倡人人读《论语》，实在是当务之急。

　　前人读《论语》，有宝贵的经验，应认真体会。朱子谈读书，说"某所以读书自觉得力者，只是不先立论"，要求排除先入之见，虚心探求经典本义。反观当今许多谈《论语》者，不虚心求本义，径直以己意妄说；把一己的私意说成孔子之意，借《论语》之名来推广个人私意；甚至依西方思想体系改编《论语》。这类著作充斥市场，不仅无益于读者了解《论语》和相关经典，而且淆乱思想，误导读者，成为传承和弘扬中华传统文化的一大障碍。"不先立论"可说是读《论语》需注意之第一要点。

程子谈读《论语》，说"今人不会读书。如读《论语》，未读时是此等人，读了后又只是此等人，便是不曾读"。读《论语》要懂得"吃紧为人"，就是要在做人一事上扣紧。做人并非一项理论，或仅是一种知识，而是要身体力行，用在自身的日常生活，一言一行上。看读《论语》等经典的成绩，不看背诵字数和熟练程度，而看能用了几分，变化了多少。

程子又说，"颐自十七八读《论语》，当时已晓文义。读之愈久，但觉意味深长"。告诉我们读《论语》不能满足于通晓文义，而需反复习读，常读常新，方能体会其深长意味。

《论语》历经 2000 多年，时代前进，社会发生翻天覆地的变化，今人读《论语》，自然应与古人有所不同。

对《论语》，历代注释本繁多，先贤已经做了大量研究，于考据、义理、辞章等各方面，积累了丰富的成果和资料。今天的一般读者（非专业研究者），以学做人为读《论语》的目的，宜于把主要精力放在对义理的领会上，而在考据、辞章方面，以充分利用前人成果为主。本此精神，本书注释力求简要，以帮助读者读懂文义为取舍标准。

《论语》所说为人的常道，可超越古今，为今人所用。但在 2000 年的发展中，孔子和历代注释者，都不免受到时代的局限，其思想行为也都带有时代的印记。今人读《论语》，不可不注意分析。时代前进，也不断向人生提出新问题，需要对传统作出新的诠释和补充，赋予《论语》以新的时代精神。本书尝试对此提出自己的认识，供读者讨论、批评。

本书是为一般非专业读者提供的读本。读本书，请注意以下几点：

（一）吃紧为人

《论语》的中心思想是讲做人的道理。我们读《论语》，首先和根本的，也是学做人。钱穆先生说："诸位莫问自己所研究者为何，皆应一读《论语》，懂得'吃紧为人'。即是要在做人一事上扣紧。中国传统义理重要正在讲'人'。此则并非一项理论，成不成系统，合不合逻辑，或仅是一种知识。一部《论语》，重要教人并不在知识或理论上。"朱熹《论语集注》引程子谈读《论语》："程子曰：'今人不会读书。如读《论语》，未读时是此等人，读了后又只是此等人，便是不曾读。'"

我们今天也应以这样的态度读《论语》，以这样的标准衡量读《论语》的成绩。

朱熹说，《论语》的特点是"就切实做工夫处教人"，讲的都是"切己可行之事"。读的时候要联系自己的日常生活，切身体验来体会理解，切忌只求高深玄妙，从观念到观念作空洞的演绎。

（二）不先立论

这是朱熹提出来的。他说："某所以读书自觉得力者，只是不先立论。"

不先立论，就是不要拿自己已有的观念来解释和理解《论语》。读《论语》前我们已经读过不少书，接触到许多不同的思想、理论，头脑里不是一片空白，难免会以先入之见来看《论语》，影响我们了解《论语》的原意。不先立论就是告诉我们，要先把自己这些已有的观念放一放，虚心地去读、去体会，自觉地避免先入之见的干扰。

他批评当时一般学者，不虚心仔细体会孔孟经典的原意，只是依着自己的想法去解释经典，硬把自己的意思说成是经典的原意，实际只是用经典来印证自己的观点。"某尝说自孔孟灭后，诸儒不子细读得圣人之书，晓得圣人之旨，只是自说他一副当道理。说得却也好看，只是非圣人之意，硬将圣人经旨说从他道理上来。……他本要自说他一样道理，又恐不见信于人，偶然窥见圣人说处与己意合，便从头如此解将去，更不仔细虚心看圣人所说是如何。……只是将圣人经书拖带印证己之所说而已。"（以上朱熹语，转引自钱穆：《朱子新学案·朱子之四书学》）

这种现象，今天也还常见，应引为警惕。朱熹在《朱子语类》中还说："读《论语》，如无《孟子》；读前一段，如无后一段。"读《论语》，就从《论语》本文来理解，不要拿《孟子》思想来解释；读哪一章，就从哪一章来理解，不把后面的内容拿来解释。这也是强调"不先立论"的意思。钱穆先生说："朱子教人读《论语》应专管《论语》，且莫问《孟子》《中庸》，千万不要牵合他说强通为一。此是朱子教人读书极关重要之一项，学者最当注意。"

不先立论，特别要注意的一点是不要以西方现代的观念去理解和解释。近代以来，西学传入，国学的研究和发展，进入中西会通的阶段。今日世界更进入经济全球化，人类共处于地球村的时代，不同文化的交流、碰撞日益频繁和加剧。会通中西，吸取其它文化的精华，丰富发展国学，是当务之急，愈来愈受到学者的关注。认清时代的潮流，关注中西比较和会通，是对的，然而须知这样做的基础是对中华文化的特质和中西文化的差异要有深刻的了解。特别对于初学者来说，不注意了解中华文化的特质和中西文化的差异，急于作中西比较和会通，实际上就会自觉不自觉地以西方文化的思维方式和观念来理解《论语》，而不能真正理解《论语》和中华文化。这是需要特别提出以引起注意的。

（三）从《论语》本身了解孔子思想

中西文化在宇宙观、思维方式，以至表达方法上都有很大的差别，读《论语》时不可不加以注意。钱穆先生说：

"中国思想，其从入之途及其表达方法，总与西方的有不同。西方一位大哲学家的思想，总见其有线索，有条理，有组织。他们提出一问题，关于其所用的名辞与观念，必先有一番明确的界说。他们讨论此问题，千回百折，必有一项明确的结论。读中国书便不然。若我们依着研究西方哲学的心习来向《论语》中寻求，往往会失望。

"我们把研究西方人哲学思想的头脑来研究《论语》，每易于《论语》中提出许多不成问题的问题来，主要在于中西双方思想从入之途不同，因而其表达方法也不同。读《论语》，应该依照孔子的思路来读，才能于孔子有了解。孔子思想的表达方法，也即在《论语》里明白可见。因此我们只该从《论语》本书来了解孔子思想，不该先自缚在西方哲学之格套中来寻求。"

常见有人提问，仁、义、礼等等的定义是什么？或要整理《论语》的"公理体系"，便是这方面的具体例证。

（四）逐字逐句求解，读一章得一章之益

要求《论语》本意。基本的方法是逐句逐章地读，逐章逐句地求确解。钱穆先生说：

"读《论语》贵于读一章即得一章之益。……逐字逐句求解，解得一句，即明白得此一句之义理，即可有此一句之受用。若解释得多了，凡属《论语》论仁处，我都解得了；《论语》不提到仁字处，我亦解得了；孔子论仁论道的真意义，我自然也解得了。此是一'会通'之学。义理在分别处，亦在会通处。会通即是会通其所分别。若《论语》各章各节，一句一字，不去理会求确解，专拈几个重要字面，写出几个大题目，如'孔子论仁''孔子论道'之类，随便引申发挥；这只发挥了自己意见，并不会使自己真了解《论语》，亦不会使自己对《论语》一书有真实的受用。那是自欺欺人，又何必呢？"

钱穆先生在《孔子与论语·孔子诞辰劝人读论语并及论语之读法》中说："读《论语》，可以分散读，即一章一章地读；又可以跳着读，即先读自己懂得的，不懂的，且放一旁。你若要精读深读，仍该如此读，把每一章各别分散开来，逐字逐句，用考据、训诂、校勘乃及文章之神理气味、格律声色，面面俱到地逐一分求，会通合求。明得一字是一字，明得一句是一句，明得一章是一章。且莫先横梗着一番大道理、一项大题目在胸中，认为不值得如此细碎去理会。"

这里他说的"先横梗着一番大道理、一项大题目在胸中"，《论语》各章各节，一句一字，不去理会求确解，专拈几个重要字面，写出几个大题目，如'孔子论仁''孔子论道'之类，随便引申发挥"，这是当前许多读者的通病，值得引起注意。

（五）不要忽略具体的人和事

《论语》的中心思想是讲做人，他不是光讲道理，许多地方是通过具体的人和事来讲。读《论语》不能只注意直接讲到思想的部分，而忽略讲具体人和事的部分。钱穆先生说："全部《论语》，多是在讲具体的实人和实事。若忽略了《论语》中所讨论到的具体的实人实事，则全部《论语》所剩无几。……抽离了具体的人和事，超越了具体的人和事，凭空来讨论思索，那便近于西方哲学思想的格套。……我们若明白此意来读《论语》，自应更多注意到《论语》中所提到的许多具体的人和事，却不应凭空思索去求了解。因此讲求孔子思想，不宜脱离人事。"

钱穆先生说："既然孔子的思想和义理，都扣紧在人事上，因此读《论语》，也并不能专注意'仁'字、'礼'字等许多字眼。换言之，《论语》中凡牵涉到具体人和事的，都有义理寓乎其间，都是孔子思想之着精神处。

要懂得如此平铺用心，逐章逐句去读《论语》之全部，才见孔子思想也有线索，有条理，有系统，有组织，只是其线索、条理、系统、组织与西方哲学有不同。"

（六）要和现实相结合，推陈出新

《论语》中关于做人的道理，基本内容是古今中外普遍适用的做人的常道，但它产生和发展在古代社会，不免带有时代的烙印，与现代社会有所冲突。时代发展了，也提出许多新的问题、新的要求。完全局限于经典文本，也不能适应今天的需要，应与时俱进，有所发展。所以今天读《论语》，要注意分析，推陈出新，作出新的理解和诠释。

要和社会主义核心价值相联系。弘扬中华文化和建设社会主义核心价值体系，方向是一致的，内容是相辅相成的。不能把二者对立起来，而要努力把二者结合，互相促进。

钱逊

2015 年 2 月

目 录

1·1　子曰①："学而时习②之，不亦说③乎？有朋④自远方来，不亦乐⑤乎？人不知而不愠⑥，不亦君子⑦乎？"

《注　释》

①子曰：子，古时对男子的尊称。《论语》中"子曰"都指孔子说的话。②时习：时，有两种解释，一说是"在一定的时候"，一说是"时常"。习，温习和练习。　③说：同"悦"。愉快的意思。　④朋：古注："同门曰朋。"同在一个老师门下学习的叫朋，指志同道合的人。　⑤乐：快乐。古注："悦在内心，乐则见于外。"　⑥人不知而不愠：知，了解的意思。人不知，是说别人不了解自己。愠，恼怒。　⑦君子：《论语》里，君子是孔子理想中具有高尚人格的人，有时也指在位的人。这里是指前者。

《大　意》

孔子说："学了又时时温习和练习，不是很愉快吗？有志同道合的人从远方来，不是很快乐吗？别人不了解自己而并不恼怒，不也就是一个有

德的君子了吗？"

这一章中心是论学。《论语》编者将它列为首章，反映了孔子重学的精神。孔子教人之学，主要是为人之学。旧注："学，觉也，效也。"觉是觉为人之大道，效是效先觉之所为。与西方倡言"自我觉醒"不同，此处所言觉，是道的觉醒，人的觉醒。读者宜注意分辨。

"习，鸟数飞也。"数，多次反复。为人之学，重在力行实践，须反复练习，如鸟之习飞。时代演进，知识爆炸，今天的学，与孔子所处时代已有很多不同，所学范围已大大扩张。但学为人之道而时习之，仍是学之根本，不可懈怠。

本章三句话叙述一个学者一生学习的不同阶段，"实亦孔子毕生为学之自述"（钱穆《论语新解》）。第一句是说初学时自己从学习中感到的喜悦；第二句是说学习稍有成就，有同道自远方来相互切磋，从中感到的快乐；第三句是说虽不为人所知而心无愠恼，就可谓是一个君子了。

人生在世，总希望被人了解，为人所知、所用；尤其是在有了一定成就的情况下更是如此。但是，不为人了解，或被人误解，甚至被人恶意诽谤、中伤的事是经常发生的，甚至是不可避免的。一般人常会因此而懊恼，怨天尤人。本章提出的"人不知而不愠"，是一个重要的人生态度。

孔子一生不为人所知。他周游列国，常遭冷遇，不为当权者所知所用；他的行为，也不为普通百姓所了解，常被人讥笑。面对这些，他说："不怨天，不尤人。"（14·37）只求努力学习，把握天命。他真正做到了"人不知而不愠"。读《论语》，要认真思考，孔子是怎样做到这一点的。

1·2　有子①曰："其为人也孝弟②而好犯上者③，鲜④矣；不好犯上而好作乱者，未之有也。君子务本⑤，本立而道⑥生。孝弟也者，其为仁之本⑦与⑧？"

《注　释》

①有子：孔子晚年的学生，名若。《论语》里对孔子的学生一般都称字，只有曾参、有若、冉求、闵子骞四人称子。　②孝弟：孔子和儒家提倡的两个基本的道德规范。孝，规定了子女对父母应有的态度；弟，同"悌（tì）"，规定了弟弟对兄长应有的态度。古注："善事父母曰孝，善事兄长曰弟。"③好犯上者：好（hào），喜爱。犯，冒犯，干犯。上，指在上位的人。④鲜（xiǎn）：少。　⑤务本：务，专心致力。本，根本。　⑥道：在中国古代思想里，道有多种不同的含义。这里的道是指孔子所提倡的仁道，即以仁为核心的整个道德思想体系及其在实际生活中的体现。　⑦为仁之本：仁，是孔子的最高道德范畴。为仁之本，是说孝悌是仁的根本。另一种解释说：为仁，行仁的意思。前者从仁的内容讲，后者是从仁的实行上讲。也有人解释，为仁的"仁"字就是"人"字，"为仁之本"就是"做人的根本"。　⑧与：同"欤"。语气词，表示疑问。古注："谦退不敢质言也。"

《大　意》

有子说："一个人为人孝悌却又喜欢犯上，这是很少见的；不喜欢犯上却喜欢造反的，从来就没有过。君子专心致力于根本上。根本树立了，道也就由此而生了。孝悌，这是仁的根本吧？"

本章论孝悌，提出孝悌"为仁之本"。对此，有不同理解和解释。有子从为人孝悌就不会犯上作乱说孝悌的意义，是当时宗法制社会状况的反映。当时天子、国君由嫡长子继承，其余庶子分封为诸侯、大夫，社会的政治结构建立在宗法血缘关系的基础上。天子与诸侯、诸侯与大夫的关系，同时也是父子、兄弟的关系。因此遵从孝悌就不会犯上作乱。这是孝的时代性的内容和意义。秦以后中央集权的统一帝国取代了宗法封建制，孝悌就失去了这样的意义；而在近代宗法等级制度瓦解之后，孝悌与不犯上作乱的联系就已经完全失去了它的基础。

孝悌的本义，是善事父母、兄弟，事亲敬长，属于家族伦理。家庭是社会的细胞，父母兄弟是每一个人最亲近的人，爱人总是从爱父母兄弟开始。如果对父母不能孝敬，对兄弟不能友爱，又怎么可能对其他人有爱心，怎么可能爱其他人呢！这是孝悌的普遍性的基础和意义，是不受时代限制的；只要以血缘关系为基础的家庭还是社会的细胞，孝悌就是家庭以至社会和谐稳定的重要道德基础。

爱人从孝悌开始，人不孝悌不能爱人，也无仁心；孝悌是仁心的表现，但它只是行仁的一个方面，能孝悌未必就能仁。一说认为，为仁二字应连读。为仁，就是行仁。孝悌只能说是行仁的根本，而不能说是仁的根本。"谓行仁自孝弟始，孝弟是仁之一事。谓之行仁之本则可，谓是仁之本则不可"（朱熹《论语集注》）。这一解释，比较能与孝悌本义相合。

1·3　子曰：“巧言令色①，鲜矣仁。”

《注 释》

①巧言令色：巧和令都是美好的意思。古注："好其言，善其色，致饰于外，务以说人。"

《大 意》

孔子说："花言巧语，装出好看的脸色来讨人喜欢，这样的人，仁心就很少了。"

人的内心通过日常言行而表现。"巧"和"令"，本都是褒义。这里说的巧言令色，是专求讨好他人，待人没有真情实意。虚情假意，自然谈不上仁，所以就成为贬义。这也说明，"仁"要落实在日常的一言一行，真诚待人上。

1·4　曾子①曰：“吾日三省②吾身。为人谋而不忠③乎？与朋友交而不信④乎？传⑤不习乎？”

《注 释》

①曾子：孔子晚年的学生，名参（shēn）。　②三省：省（xǐng），察看、检查。三省有几种解释。一，三次检查；二，从三个方面检查；三，多次检查。　③忠：古注："尽己之谓忠。"对人尽心竭力的意思。　④信：古注："以实之谓信。"诚实的意思。　⑤传：古注："传，谓受之于师。"老师传授给自己的。

《大　意》

曾子说："我每天三次反省自己。为别人办事是不是尽心竭力了？同朋友交往是不是做到诚实可信了？老师传授给我的学业是不是复习了？"

孔子教人，重视修养的自觉性，要求"君子求诸己"；自省是体现了"求诸己"精神的自我修养的基本方法，可谓"为学之本"。三省，过去有的解释为三次检查；有的解释为从三个方面检查；有的解释为多次检查。总之是说要经常反省自己。关于自省，还可参读4·17、5·26、7·21、12·4各章。

本章提到曾子自省的三方面内容。传，指老师传授给自己的；忠、信是孔子重视的两项道德要求，是传的内容，旧注"忠信为传习之本也"。《论语》多处讲忠信，说君子要"主忠信"（1·8），以忠信为主，可以与5·27、7·24、9·24、12·10、15·5各章参读。

"为人谋而不忠乎"的"忠"，是泛指对一切人，并不专指忠君。《论语》里讲"忠"大都是作为一般的道德规范，与"信"相连讲"忠信"；并不专用于君臣关系。这与后世儒家提倡的忠君思想既有联系，又有区别。儒家思想在汉以后被定为统治思想，后世儒家对孔子的思想作了许多解释、发挥。经后世儒家解释发挥的孔子思想，与《论语》里记载的孔子本来的思想，在许多问题上也是既有联系，又有不同。这是在读《论语》和了解、研究孔子思想的时候要特别注意的一个问题。

1·5　子曰："道①千乘之国②，敬③事而信，节用而爱人，使民以时④。"

《注 释》

①道：有的本子写作"导"。治理的意思。　②千乘之国：有一千辆兵车的国家，指当时的诸侯国。乘（shèng），古时一车四马为一乘，这里指兵车。　③敬：谨慎专一的意思。　④使民以时：时指农时。役使百姓要按照农时，即在农闲时役使。

《大 意》

孔子说："治理一个有一千辆兵车的国家，处事要谨慎专一而有信用，要节约财用而爱人，役使百姓要在农闲时。"

本章谈为政治国。孔子提出的几点：谨慎专一，讲信用，节约财用，爱护百姓，依农时使用民力。看来简单浅近，却是治国最基本的要求，一切当政者不可不注意。

1·6　子曰："弟子①入则孝，出②则弟，谨而信，泛③爱众，而亲仁。行有余力，则以学文④。"

《注 释》

①弟子：一般有两种含义，一指年纪较小为人弟和为人子的人，一指学生。这里是指前者。　②入、出：古时父子住在不同住处，学习则在外舍，入指进到父亲住处，或说在家，出指到外舍就师学习。出则弟，是说要用悌道对待师长，也可泛指年长于自己的人。　③泛：广泛的意思。　④行有余力，则以学文：行有余力，指有闲暇时间。古注："余力犹言暇日。"文，古代文献。

◎大 意◎

孔子说："弟子在家要讲孝，出外要讲悌，言行要谨慎，要诚实可信，要广泛地爱众人，而亲近其中有仁德的人。这样做了还有余力和闲暇，再去学习文献知识。"

本章谈对少年弟子的教育。孝悌、谨信、爱众、亲仁是仁德的几点基本要求；"行有余力，则以学文"，要求弟子们致力于德行修养，有余力再学习文献知识，说明孔子是把德行的教育放在首位。但"行有余力"主要是从为学次序说。不能认为可以专重德行，忽视学文。力行而不学文，就会只知要怎么做，不知为什么要这么做的道理；看起来是做了，却并不能真正学会做人。

文和行是孔子之教的两个方面。从学习的次序说，要从德行开始；从做人的要求说，学文是根本。力行和学文不可偏废。这个本末终始的问题，是传承传统文化、进行道德教育中的重要问题，要认真研究和解决。19·12章就是讨论这个问题，可参考阅读。也可与1·7、6·25、7·24、9·10等章一起参考阅读。

6·25章谈君子"博学于文，约之以礼"，也是说文和行的两个方面，可联系阅读，仔细领会。

1·7　子夏①曰："贤贤易色②，事父母能竭其力，事君能致其身③，与朋友交，言而有信。虽曰未学，吾必谓之学矣。"

◎注 释◎

①子夏：孔子晚年弟子。姓卜名商，字子夏。　②贤贤易色：第一个

贤字作动词用，尊重的意思。贤贤，尊重有才德的贤人。易，有两种解释。一作改变讲，尊重贤者而改变好色之心；一作轻视讲，看重贤德而轻视女色。有一种解释说，这一句专指妇女而言，全章四句分指夫妇、父子、君臣、朋友四伦。　③致其身：致，尽的意思。把生命奉献给国君。

《大　意》

子夏说："一个人能看重贤德而轻视女色，侍奉父母能竭尽全力，服事国君能献出生命，与朋友相交说话诚实可信。这样的人，尽管他自己说没有学习过，我一定说他是已经学习了。"

这一章与前一章联系起来看，更可以看到孔子教育重在德行的特点。不过，如果以为只要能做就可以了，忽略了对经典文献的学习，就会陷入另一种片面性。朱熹就说："力行而不学文，则无以考圣贤之成法，识事理之当然，而所行或出于私意。"这个问题，要把本章、上章和19·12等章联系起来，全面理解。

1·8　子曰："君子不重则不威。学则不固①。主忠信②。无友不如己者③。过，则勿惮④改。"

《注　释》

①学则不固：有两种解释。一，固作坚固解，与上句相连，不厚重就无威严，所学也不坚固；二，固作固陋讲，见闻浅少的意思。学则不固自成一句，学了就可以不固陋。　②主忠信：以忠信为主。　③无：同"毋"，不要。不如己，一般解释，交友是为了辅助自己修养，择友如择师；与高

于自己的人交友，体现了见贤思齐的精神；与不如自己的人交友，无益而有害，所以不要和不如自己的人交友。另有一解释说：如果大家都不和不如自己的人交友，你愿与他交而他不愿与你交，就会找不到朋友。所以"如"是"似"的意思；不如己，是指不和自己同道、同类。"不如己者，不类乎己，所谓'道不同不相为谋'也"。　④惮（dàn）：怕，畏惧。

《大　意》

孔子说："君子不厚重就没有威严；学了，就可以不粗鄙浅陋；要以忠信为主；不要同与自己不同道的人交朋友；有了过失不要怕改正。"

"君子"，古时有两种含义，一指在位的人，一指有道德的人；《论语》中的"君子"，主要是在后一个意义上用，是孔子理想中完善人格的代表。《论语》论及君子品德的内容，是《论语》思想的重要部分。

"主忠信"，为人行事要以忠信为主。《论语》多处讲忠信，如1·4、5·27、7·24、9·24、12·10、15·5等，可参考阅读。

"过则勿惮改"，指出了对待过失的正确态度，是闪烁着真理光辉的格言。还可与6·2、15·29、19·8、19·21等章一起参考阅读。

"无友不如己者"，可与4·1章"里仁为美"联系起来理解。

1·9　曾子曰："慎终，追远，民德归厚矣。"

《大　意》

曾子说："谨慎地对待父母的去世，追念久远的祖先，百姓的道德风尚就会日趋淳厚了。"

孔子和儒家不信鬼神，却很重视丧祭之礼。孔子赋予丧祭之礼以道德的意义，把丧祭之礼看作内心孝的情感的寄托和表现。17·21章孔子解释"三年之丧"的必要，对这一点作了具体的说明。3·4章强调哀和敬，也是反映了这一点。这一章说的是另一方面：认真实行丧祭之礼，又可潜移默化地培养人们的道德情感，使"民德归厚"，社会安定。这是理解礼的意义和仁礼关系的重要方面。可与2·5、17·21等章参读。

1·10　子禽①问于子贡②曰："夫子③至于是邦也，必闻其政，求之与？抑与之与？"子贡曰："夫子温、良、恭、俭、让以得之。夫子之求之也，其诸④异乎人之求之与？"

《注　释》

①子禽：陈亢，字子禽。孔子学生。　②子贡：孔子学生，姓端木，名赐，字子贡。　③夫子：古代对男子的敬称。《论语》中，孔子的学生称孔子为夫子。　④其诸：语气词，表示揣度的语气，相当于"或者""莫非"。

《大　意》

子禽问子贡说："我们夫子到一个国家，总是预闻这个国家的政事，这是去求得来的呢？还是人家主动告诉他的呢？"子贡说："我们夫子是靠温和、善良、庄敬有礼、节俭、谦逊而得来的。我们夫子去求的方法，或许是与别人的求法不同吧？"

孔子周游列国，虽然没有得到各国国君的任用，但他每到一地都能了解到当地的政事。子贡说这不是孔子去求来的，而是因为他温、良、恭、俭、让的道德仪容赢得人们的尊敬，人们主动告诉他的。这是孔子和一般人不同的地方。一般人为了参与政事，往往费尽心机，用各种手段，拉关系、送礼行贿等等，以求达到目的。而孔子的温、良、恭、俭、让，只是自己的修养，没有刻意的追求；得以了解当地政事，是自然的结果。这里反映的孔子的形象和精神，值得仔细体会。

1·11 子曰："父在，观其志；父没，观其行①。三年无改于父之道②，可谓孝矣。"

《注 释》

①观其志、观其行：其，指儿子。父亲在，儿子不能独立处事，所以观其志；父亲死了，儿子独立处事，所以要观其行。 ②三年无改于父之道：这里的"道"是指父亲生前的所为，包括其思想和行事。古注："必能三年无改于父之道，乃见其孝，不然，则所行虽善，亦不得为孝矣。"

《大 意》

孔子说："父亲在，看儿子是观察他的志向；父亲死了，是观察他的行为。在三年之内能不改变父亲生前的所为，可以说是孝了。"

《论语》讲到孝的具体要求的有多处，这是其一。

这一章多有不同解释。父死后要三年无改于父之道，宋儒注说，如不能无改于父之道，"所行虽善亦不得为孝"。把无改于父之道看作孝的第一位的要求。清人批评这一说法，认为不是以不改为孝；所以不改，是因为它是正确的。"何以不改也？为其为道也。若其非道，虽朝死而夕改可也。"《论语新解》

则认为："其实孔子此章，即求之于近日之中国家庭，能遵此道者，尚固有之。既非不近人情，亦非有乖大义。孝子之心，自然如此。孔子即本人心以立教，好高骛远以求之，乃转失其真义。"前二解侧重于道义是非方面讲，后者侧重人情人心方面讲。当代社会下，孝更应与创新精神相协调和结合。

1·12　有子曰："礼之用，和①为贵。先王之道斯为美②，小大由之。有所不行，知和而和，不以礼节之，亦不可行也。"

《注 释》

①和：和谐，协调。　②斯为美：斯，这、此。这里指礼，也指和。

《大 意》

有子说："礼的运用，以和谐为可贵。先王治国之道的好处正在这里，不论小事大事都照这样去做。但也有不能这样做的，只知道要和而一意求和谐，不用礼来节制，也是不可行的。"

和为贵，是孔子思想的重要内容之一，它代表了中国人最高的价值追求，几乎家喻户晓，是日常引用最多的语句之一。但人们往往没有认真思考和真正理解它的含义。它并不只是人们一种善良、美好的愿望和追求，而是反映了中国人的根本世界观，又贯彻落实到日常生活中成为待人处事的基本原则，有着丰富的内涵。传统文化中对此有多方面的论述，有丰富而宝贵的思想资源，需要认真学习研究。

这一章着重强调了"和"是最高价值追求，同时又指出不能为"和"而和，要以礼节之，说明"和"不是无原则的调和。13·23 章"君子和而不同，小人同而不和"，以"和"与"同"对举，提出"和而不同"为待人处事的根本原则，以"和而不同"与"同而不和"为区分君子小人的标志。两章分别说了"和"的两个方面含义，可以联系起来读。

1·13 有子曰："信近于义，言可复①也；恭近于礼，远耻辱也；因②不失其亲，亦可宗③也。"

《注 释》

①复：古注："复，践言也。"实现诺言的意思。 ②因：依靠，凭借。③宗：有两种解释：一，宗犹主也。二，尊崇，崇敬。以后一解为好。

《大 意》

有子说："说话有信用而近于义，那么说的话就能兑现；态度恭敬而近于礼，就可以远离耻辱；所依靠的都是可亲的，也就值得崇敬了。"

"信"和"恭"都是德行的重要要求。但只有合于义、礼，才能成为真正的善；不义之信不可复，非礼之恭自取辱。具体的德行要求必须合于义、礼的原则。8·2、17·23章都讲到这一点，可联系起来读。

1·14 子曰："君子食无求饱，居无求安，敏于事而慎于言，就有道①而正②焉，可谓好学也已。"

《注 释》

①有道：指有道德的人。 ②正：正其是非。

《大 意》

孔子说："君子吃饭不求饱足，居住不求安逸，对工作勤快敏捷，说话却谨慎，又到有道的人那里去辨正自己的是非，这样可以说是好学了。"

"食无求饱，居无求安"，是说对待物质生活的态度。怎样对待物质生活与精神生活的关系，是人生的大问题。在这个问题上，孔子的基本思想是"义以为上"（17·23），把精神生活的追求放在第一位。"不求安饱"，是说既志于道，用心也就不在物质生活的安饱；如一意追求安饱，则将无暇顾及道义了。可联系下章及4·5、4·9、6·9、7·15等章来把握。

1·15　子贡曰："贫而无谄，富而无骄，何如？"子曰："可也。未若贫而乐①，富而好礼者也。"子贡曰："《诗》云：'如切如磋，如琢如磨②。'其斯之谓与？"子曰："赐也，始可与言《诗》已矣，告诸往而知来者③。"

《注 释》

①贫而乐：有的本子"乐"下有道字，作"贫而乐道"。 ②如切如磋，如琢如磨：见《诗经·卫风·淇奥》。有两种解释：一说切磋琢磨分别指对骨、象牙、玉、石四种不同材料的加工，不加工不能成器；一说加工象牙和骨，切了还要磋，加工玉石，琢了还要磨，有精益求精的意思。 ③告诸往而知来者：诸，这里同"之"。往，过去的事，这里指已经告诉他的话。

来，未来的事，这里指还没有说出的话。

《大　意》

子贡说："贫穷而能不谄媚，富有而能不骄傲，怎样呢？"孔子说："这也算可以了，但不如贫穷而还乐于道，富有而还好礼。"子贡说："《诗》上说：'要像加工牙骨玉石那样切呀、磋呀、琢呀、磨呀。'就是讲的这个意思吧？"孔子说："赐呀，你能从我已经讲的话中领会到我还没有说到的意思，现在可以和你谈《诗》了。"

人处贫穷，易自我卑贱，谄媚于人；处富贵，则易骄肆傲慢。能贫而无谄，富而无骄，说明他能正确对待贫富，所以孔子予以肯定。贫而乐道，富而好礼则超越了贫富的考虑；不论贫富，都一心向道。这是孔子希望人们做到的理想境界，也是他进行道德教育想要达到的目标。可参读上章及4·5、4·9、6·9、7·15、14·11等章。

孔子回答子贡的问话，在表示"可以"之后，又提出更高一层的要求。子贡从这里又联系到《诗经》，悟到《诗经》这几句正是说明学问要不断切磋琢磨，得到孔子的赞许。这段对话生动地表现出孔子教育的一个重要的特点，就是重视学生的主动思考，要求学生能"告诸往而知来"。这是孔子教育思想中很有价值的部分。可与7·8章参读。

1·16　子曰："不患①人之不己知，患不知人也。"

《注　释》

①患：忧虑。

◎《大 意》

孔子说 :"不忧虑别人不了解自己,只怕自己不了解别人啊。"

"不患人之不己知"可与首章"人不知而不愠"参读,《论语》中说明这一思想的还有 4·14、14·32、15·18、15·20 等章,可参读。

"患不知人",不能分辨人的是非善恶,会有许多麻烦,是值得忧虑的。12·22 章孔子还用"知人"解释"知",并解释说"举直错诸枉,能使枉者直",可见知人又是为政治国、任用贤才的要求;不知人,无以识贤才。《论语》多处说到"知人",可与 2·10、5·9、12·22、13·24、15·22、20·3 等章参读。

2·1　子曰："为政以德，譬如北辰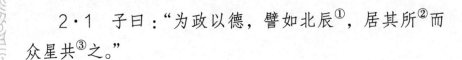①，居其所②而众星共③之。"

◖注 释◗

①北辰：指北极星。　②所：处所、位置。　③共：同"拱"，环绕。

◖大 意◗

孔子说："以道德来治理政事，就可以像北极星那样，自己安居在自己的位置上，而别的星辰都围绕着它。"

旧注说："德者无为，譬犹北辰之不移，而众星拱之也。"把为政以德解释为当政者以自身的德行教化百姓，所以是无为的。也有说认为，本章主要是说为政者治国，"主要在其德性，在其一己之品德，惟德可以感召，可以推行，非无为。"下面2·3章中说"道之以德，齐之以礼，有耻且格"，是对为政以德的说明。联系起来读，可以完整准确了解孔子为政以德的思想。

2·2　子曰："《诗》三百①，一言以蔽之，曰：'思无邪②。'"

《注 释》

①《诗》三百：《诗经》实有三百零五篇，三百只是举其整数。　②思无邪：《诗经·鲁颂·駉》上的一句话。原文"思"字是语助词，孔子借用这句话把"思"作"思想"讲。无邪有两种解释：一，纯正，没有邪恶；二，直的意思。就是说《诗》三百都是直接抒发作者的感情，没有虚伪假托。后一解较近孔子本意。

《大 意》

孔子说："《诗经》三百篇，用一句话来概括，就是'思无邪'。"

《诗》，是孔子教育的重要内容之一。本章是孔子对《诗经》精神的概括。孔子说，"吾道一以贯之"，读书学习重要的是要把握贯穿其中的基本精神；"一言以蔽之"，就是一以贯之的意思。"思无邪"就是贯穿于《诗经》三百篇中的核心精神。

《论语》谈《诗经》的内容的，还有3·20章，可以参读。

2·3　子曰："道①之以政，齐②之以刑，民免③而无耻④；道之以德，齐之以礼，有耻且格⑤。"

《注 释》

①道:有两种解释,一,治理;二,引导。这一章两句都是"道"和"齐"并提,解释为"引导"更通顺些。 ②齐:整齐,这里是统一人们的行动的意思。 ③免:免于犯罪,免于受罚。 ④耻:羞耻之心。 ⑤格:有解释为"至"的,有解释为"正"的,意思相近,都是说百姓能守规矩、走正道。杨伯峻先生的《论语译注》解释"格"是"归服"的意思。

《大 意》

孔子说:"用法制禁令来引导百姓,用刑罚来统一百姓的行动,百姓只是求得免于犯罪受罚,却没有羞耻之心;用道德教化来引导百姓,用礼制来统一百姓的行动,百姓就会有羞耻之心,并且自觉地走上正道了。"

这一章孔子比较了两种不同的治国方法,阐发了为政以德的思想。凭借强力,通过法制刑政实行统治,还是立足于道德,通过礼制和教化来治国,是春秋战国时期表现于儒家和法家、王道和霸道之间的两种对立的治国主张。孔子用"免而无耻"和"有耻且格"概括地说明了这二者的不同特点和功能,指出了道德教化在稳定社会秩序方面的重要作用。从这个基本认识出发,他主张"为政以德",强调以道德教化为治国的基础,把社会秩序的稳定建立在人们道德自觉的基础之上。

"道之以德,齐之以礼",是孔子"为政以德"思想的两个方面。"道之以德",使百姓有耻;"齐之以礼",使行为有据。"德"和"礼"(即"仁"与"礼")是统一不可分的两个方面。"仁"和"礼"的统一,是孔子思想的重要内容,表现于各个方面。把两个方面割裂开来,只强调一个方面,忽视或贬低另一方面,争论孔子思想的核心是"仁"还是"礼",是片面的。"德"和"礼"的关系,《论语》中有许多论述,可联系起来加以理解。

2·4　子曰："吾十有①五而志于学，三十而立②，四十而不惑③，五十而知天命④，六十而耳顺⑤，七十而从心所欲，不逾矩⑥。"

《注释》

①有：同"又"。　②立：自立的意思。8·8章说"立于礼"，所以自立就是自己能够自觉地按照礼的要求来处世。有人把"立"解释为站得住脚，但这章是讲孔子自己一生学习、修养的不同阶段的不同境界，这样解释与整章文意不合。　③不惑：不被外界事物所迷惑。　④知天命：孔子把人力所不能支配的事，归之于天命，这是孔子思想中的一个重要问题。要注意与《论语》中讲到天命的各章联系起来，全面分析，以求准确把握"知天命"的含义。　⑤耳顺：有各种解释。《论语译注》说，"这两个字很难讲，企图把它讲通的也有很多人，但都觉牵强"。可以与"人不知而不愠"联系起来理解。就是听到各种不同的意见，即使错误的和对自己不利的意见，也能正确对待，不感到违逆不顺。　⑥从心所欲，不逾矩：从，遵从。有的以为"从"同"纵"，放纵；但放纵有贬意，与本章文意不合。逾，越过。矩，规矩。

《大意》

孔子说："我十五岁时立志学习，三十岁能自立，四十岁能不被外界事物迷惑，五十能知天命，六十岁能正确对待各种言论，不觉得不顺，七十岁能随心所欲也不会越出规矩。"

孔子讲他一生学习成长过程，说明人生即不断修养的过程，死而后已。

孔子所述成长过程中几个阶段的几种境界，可以借鉴，对照自己，看达到了什么样的境界，如何追求更高的境界，但不可拘泥于他所说的十五、三十、四十、五十、六十和七十的年龄，勉强要求自己。现代社会比起孔子那个时代，经济、科技高度发达，有人或者以为，可能更早自立。然而今日之社会，也远较古代复杂得多，又处于迅速发展变化之中，不断有新的问题要面对，"立"与"不惑"也比孔子那时候难多了。一时"不惑"了，在新形势、新问题面前，可能又会陷于"惑"。至于"知命""从心所欲不逾矩"，面对迅速的发展变化，形形色色无穷的诱惑和各种思潮的影响，更是事实上难以达到的境界，只应当作激励自己前进的目标，不懈地去追求。总之，学习修养是一个长期的、循序渐进的、死而后已的过程；要活到老，学到老，一步步向更高的境界前进。急于求成是不行的。

2·5　孟懿子①问孝，子曰："无违②。"樊迟③御④，子告之曰："孟孙⑤问孝于我，我对曰无违。"樊迟曰："何谓也？"子曰："生，事之以礼；死，葬之以礼，祭之以礼。"

《注　释》

①孟懿子：鲁国大夫，三家之一，姓仲孙，名何忌，懿是谥号。他的父亲孟僖子临死时要他向孔子学礼。　②无违：不要违背礼的意思。　③樊迟：孔子的学生，名须，字子迟，比孔子小四十六岁。　④御：驾驶马车。⑤孟孙：指孟懿子。

《大　意》

孟懿子问什么是孝，孔子说："孝就是不要违背礼。"樊迟给孔子驾车，孔子告诉他说："孟孙问我什么是孝，我回答他说不要违背礼。"樊迟说："这是什么意思呢？"孔子说："父母活着的时候，要按礼侍奉他们；父母死了，要按礼来埋葬他们，祭祀他们。"

孔子说孝就是不要违背礼；就是事之以礼、葬之以礼、祭之以礼。也就是说，孝要落实到礼上；是否做到了孝，以是否依礼而行来衡量。12·1章又说"克己复礼为仁"，具体就是说要"非礼勿视，非礼勿听，非礼勿言，非礼勿动"。视、听、言、动一切都依礼而行，就是仁。这都是说，仁与礼不可分；礼的规定体现了仁的要求，依礼而行就是仁；礼是仁的落实，也是仁的标准。

也可与1·9章参读。

2·6　孟武伯①问孝，子曰："父母唯其疾之忧②。"

《注　释》

①孟武伯：孟懿子的儿子，名彘。"武"是谥号。　②父母唯其疾之忧：有几种解释：一，父母爱子，无所不至，唯恐其有疾病，子女能体会父母这种心情，在日常生活中谨慎小心，就是孝；二，做子女的要使父母只为自己的疾病担忧，不必为自己其它方面的事担忧；三，子女只应以父母的疾病为忧，其他不宜过多操心。以第二说为较好。

《大 意》

孟武伯问什么是孝，孔子说："要让父母只为疾病担忧。"

"身体发肤，受之父母，不敢毁伤"，保护身体健康也是"孝"的要求。所以说"父母唯其疾之忧"，是因为疾病有自己无法控制的因素，不能全由自己决定，而自身的立身行事，则全在自己。让父母只为疾病担忧，就是把"孝"联系到自己的修身、成长上，在日常生活中做好自己的每一件事。

2·7　子游①问孝，子曰："今之孝者，是谓能养。至于犬马，皆能有养②；不敬，何以别乎？"

《注 释》

①子游：孔子晚年的学生，姓言，名偃，字子游。　②至于犬马，皆能有养：有两种解释。一说狗守门、马拉车驮物，也能侍奉人，也就是狗和马也能养人；一说狗和马也能得到人的饲养。以后一解为好。

《大 意》

子游问什么是孝，孔子说："现在所谓的孝，只是说能赡养父母就行了。就是狗和马都能得到饲养，如果对父母不敬，赡养父母与饲养狗和马又怎样区别呢？"

这一章孔子讲孝突出了一个敬字，强调孝应该体现在人们内心的道德情感上，而不只是经济上的赡养关系。产生于血缘关系的对父母的爱敬之情，是孝的实质。关于这一点，还可参读17·21章。

孔子以饲养犬马和赡养父母相比，说："不敬，何以别乎？"反观今日，一些人对宠物犬马之养，远超于父母之上，则又何以为人？

2·8　子夏问孝，子曰："色难①。有事，弟子服②其劳；有酒食，先生③馔④，曾是以为孝乎？"

《注　释》

①色难：色，脸色。色难有两种解释：一说难在顺承父母的脸色；一说难在侍奉父母时要和颜悦色。前说指父母的脸色，后说指孝子的脸色。讲孝，应是从子的方面讲，因此以后一解为好。　②服：从事，担任。③先生：一说指长者，一说指父兄。本章讲孝，似应指父兄。　④馔（zhuàn）：食用。有的解释为陈列，也可通。不如直接解释为食用。

《大　意》

子夏问什么是孝，孔子说："难的是对父母要和颜悦色。只是有事情子女去做，有酒饭给父兄吃，这样就可以算是孝了吗？"

人的脸色是内心情感的表露。说难的是对父母和颜悦色，也就是说难的是要有发自内心的对父母的爱敬之情，而不能停留在有事自己做，有饭父兄吃的外在行为上。

赡养父母，是为人子女的义务，也是孝的起码要求。一般人常常只从行为上看，以为能赡养父母就是孝了；这几章孔子论孝，则超越了物质生活赡养的外在行为的层次，直指内心的情感。只在行为上依礼而行，而非发自内心，不敬，不能无怨无尤，不惮其烦，也还不能说是孝。这一点极为重要，要认真体会。3·3章"人而不仁，如礼何？人而不仁，如乐何？"

17·21章孔子与宰我讨论三年之丧，说的都是这个道理，可参读。

2·5章说孝要落实到礼上，依礼而行就是孝，这几章则说只是依礼赡养父母不足以为孝，从两个方面说明仁和礼的关系，要注意联系起来，全面理解。

一般讲孝，常言"孝顺"。《论语》论孝只说"敬"，未见说"顺"，也值得注意。

　　2·9　子曰："吾与回①言，终日不违②如愚。退而省其私③，亦足以发④，回也不愚。"

《注　释》

①回：孔子早年学生，姓颜名回，字渊。　②不违：不提出不同意见和问题。③退而省其私：一说是考察他与其他学生私下讨论学问时的言论，一说是退回去自己研究。如果是自己研究，应写成自习或自省，而不是省其私。所以前一说较好。　④发：发明、启发。

《大　意》

孔子说："我与颜回谈话，他整天都不提不同意见和问题，像是很愚笨。等他退下去之后，我考察他私下的言论，发现他也能对我讲的有所发挥，颜回其实并不愚笨呀！"

从孔子对颜回的赞誉，可以看到孔子对弟子的要求。他不希望弟子"终日不违"，提不出不同意见和问题，而欣赏弟子"足以发"，能够对他讲的内容有所发挥。可与1·15章参读。

2·10　子曰："视其所以①，观其所由②，察其所安③，人焉廋④哉？人焉廋哉？"

《注　释》

①所以："以"字有几种解释：一作使用讲，一作作为讲，这两种解释相近。"所以"也有两解，一把"所以"作相与讲，所结交的朋友；一作动因讲，所抱有的动机。　②所由：由，经由。所由，所经由的道路。③所安：安，安定、安乐。所安，是指人对于某事的心情、意志。如有了过失，有的心安理得，有的于心不安，就是所安不同。　④廋（sōu）：隐藏，藏匿。

《大　意》

孔子说："看他言行的动机，观察他所走的道路，考察他安于什么，这样，一个人怎样能隐藏得了呢？一个人怎样能隐藏得了呢？"

1·16章说"患不知人"，本章就是谈知人的方法。所以、所由、所安，由外而内，由显现而隐秘；视、观、察，由表及里，由浅而深。如此全面观察，人自然无从隐瞒。5·9章还说到"听其言而观其行"，可联系起来读。

2·11　子曰："温故而知新①，可以为师矣。"

《注　释》

①温故而知新：有不同的解释：一，在温习已知的知识中有新的体会，

开发出新知识。二,把"温故"与"知新"作两个方面来解释,说"既温寻故者又知新者,则可以为人师矣"。前一解强调从温故中知新,可以与1·15章"告诸往而知来者",7·8章"举一隅不以三隅反,则不复也"联系起来理解,似更符合孔子思想。

《大 意》

孔子说:"能从温习已知的知识中有新的体会,开发出新知识,就可以当老师了。"

"学"都由"温故"、继承前人已有知识开始。但又必须从"温故"中开发出新知,才是真正的"学"。不"温故"而凭空开新,将是无源之水,无本之木;只"温故"而不能开发出新知,将是泥古不化,停滞不前。凡此都不能称为"学",更不足以为师。古人亦有以"通古今"解释温故知新,说"故,古也。六经皆述古昔、称先王者也。知新,谓通其大义,以斟酌后世之制作"。今天对待传统文化,也宜温故知新也。

2·12 子曰:"君子不器①。"

《注 释》

①器:器具。各种器具都有专门的用途。孔子说君子不器,是说君子应该博学多能,不局限于某一专门知识或技能。

《大 意》

孔子说:"君子不像器具那样(只有某种特定的用途)。"

19·7章说"君子学以致其道",孔子教人,着重在道,要求人们成为有理想、有道德、人格高尚、博学多能、全面发展的君子，而不局限于掌握某一方面的专门知识和技能。14·13章讨论到"成人"的标准，反映了孔子对完善人格的要求。这是关于教育，关于人的成长古今通用的基本思想，值得我们认真研究领会。

近代以来科技发达，在社会发展中发挥着愈来愈大的作用，社会对人们掌握科学技术知识和能力的要求也愈来愈高。社会要发展，需要大量科学技术人才；人们要在社会上立足，为社会做出贡献，必须具备一定的专门知识，掌握一技之长；学校也以各类各级专业人才为培养目标。这是不同于古代的。在市场经济环境影响下，更流行追求"成功"。一些年轻人，既不求"成人"，也不求"成才"，一心只想"成功"。如何正确认识"成人""成才""成功"这三种不同的思想和要求，是重要的问题。

"成人""成才"是对人的素质要求的反映。"成人"是"做人"的根本要求，古今的通义；"成才"反映了现代社会对人的素质的要求。必须适应社会的需要，重视"成才"；但不能因此而忽视对完善人格的培养，不能忘掉"成人"的目标。先要学会"做人"，充实自身，在"成人"的基础上求"成才"。这是成功的基础。在"成人""成才"的基础上求"成功"，才有真正的"成功"。所以，以"成人"为目标，"君子不器"，仍然是我们教育工作和人生追求的重要指导思想。

孔子提出"君子不器"，是相对于"君子学以致其道"来说的。近代以来对科学技术人才的培养，是要求成为掌握专业知识和能力的专门人才。"君子不器"是指人才不能只有专业知识和能力，还应培养健全人格，成为全面发展的人。当代科学技术发展的趋势，愈来愈向综合的方向发展。相应的，"君子不器"也就有了新的含义：在科技知识和能力的培养上，不能局限于专业范围，而要力求成为能够进行跨学科综合研究的人才。

2·13　子贡问君子。子曰："先行其言而后从之。"

《大　意》

子贡问怎样做一个君子。孔子说："先实行你所要说的话，然后再说。"

言行关系，是道德修养中的一个重要问题。重视力行，要求言行一致，是中华民族的传统美德。可与1·3、4·22、4·24、5·9、5·13、5·24、12·3、13·27、14·5、14·29诸章参读。

2·14　子曰："君子周而不比①，小人比而不周。"

《注　释》

①周：遍及。比（bì）：勾结。"周"与"比"对举，是团结众人，不结党营私的意思。另一说，"周"作忠信讲。

《大　意》

孔子说："君子能团结众人而不结党营私，小人结党营私而不团结众人。"

孔子把结党营私看作是小人之行，而"周而不比""群而不党"（15·21），团结众人则是君子的重要品德。13·23章也说"君子和而不同，小人同而不和"。"周而不比""群而不党"是从行为表现上说，"和而不同"是从思想态度上说；"和而不同"然后能"周而不比""群而不党"。

2·15　子曰："学而不思则罔①，思而不学则殆②。"

《注　释》

①罔：有几种解释：一，迷惑；二，诬罔、受骗；三，罔然无知。　②殆：有几种解释：一，危险；二，疲怠；三，疑惑。

《大　意》

孔子说："只学习而不思考，就会罔然无知而没有收获；只思考而不学习，就会疑惑而不能肯定。"

孔子既指出"学而不思"的不足，也指出"思而不学"的弊病，主张"学"和"思"结合。《论语》中有许多章分别谈到"学"和"思"这两个方面，如15·30、17·8等章着重强调了"学"的重要，7·8、15·2章则是强调了"思"的重要，要注意联系起来全面理解。

2·16　子曰："攻①乎异端②，斯③害也已④。"

《注　释》

①攻：有两种解释：一，治，做某件事，如攻读；二，攻击。　②异端：过去一般解释为不同于孔子的思想学说，并提出杨墨佛老加以说明。但孔子时还没有诸子百家。因此杨伯峻先生在《论语译注》中译成"不正确的

议论"。《论语新解》则认为异端是泛指，一事必有两头，一线必有两端，从这端看，那端是异端；从那端看，这端是异端。《论语》这一章是告诫人们不要只执一端。　③斯：代词，这。　④也已：语气词。

《大　意》

孔子说："专就反对的一端去下工夫，这就有害了。"

这一章有多解。清代刘宝楠《论语正义》中引焦循说，认为本章意思是：不同意见如果双方各执一端，就有害了；不同意见彼此切磋，不专执一端，害自然就没有了。《论语新解》试译作"专向反对的一端用力，那就有害了"。意思相近，都是说本章是告诫人们不要只执一端，是孔子提倡的中庸思想的体现，可与 6·27、9·7、11·15、13·21 等章参读。

2·17　子曰："由①，诲女②知之乎！知之为知之，不知为不知，是知也。"

《注　释》

①由：孔子早年学生，姓仲名由，字子路。　②女：同"汝"，你。

《大　意》

孔子说："由呀，我教你怎样求知吧！知道的就是知道，不知道的就是不知道，这就是智慧呀！"

强不知以为知，是人们认识中常见的通病。"知之为知之，不知为不知，是知也"，反映出孔子对知识的实事求是的老实态度，是纠正这种毛病的良方。关于这个问题，还可参读 2·18、3·9、7·27、9·4、17·14 等章。

2·18　子张①学干禄②，子曰："多闻阙③疑④，慎言其余，则寡尤⑤；多见阙殆，慎行其余，则寡悔。言寡尤，行寡悔，禄在其中矣。"

《注 释》

①子张：孔子晚年学生，姓颛孙，名师。　②干禄：干，求。禄，古代官吏的俸禄。干禄，就是求官职。　③阙：缺。这里作放置一旁讲。　④疑：和"殆"同是怀疑的意思。程树德《论语集注》认为二者又有不同，"疑"是指自己感到不很可信，"殆"是指自己感到于心不安。"疑者所未信，殆者所未安。"　⑤尤：过失。

《大 意》

子张要学谋求官职的方法，孔子说："多听，有疑问的地方先放在一旁不说，其余有把握的，也要谨慎地说，就能减少过失；多看，有疑问的地方先放在一旁不做，其余有把握的，也谨慎地去做，就能减少后悔。说话少过失，做事少后悔，官职俸禄就在这里了。"

子张问的是谋求官职的方法，孔子讲的多闻多见，慎言慎行，减少过失和后悔，实际上是学习和日常言行的基本态度和原则。如能做到，职位俸禄也就自然在其中了；谋求官职并没有其他特殊的方法和途径。求职为官，根本在"为人"，这个道理，古今通用，值得深思。

2·19　哀公①问曰："何为则民服?"孔子对曰②："举直错诸枉③，则民服；举枉错诸直，则民不服。"

《注 释》

①哀公：鲁国国君。姓姬，名蒋，哀是谥号。 ②对曰：《论语》记载对国君及在上位者问话的回答都用"对曰"，以表示尊敬。 ③错诸枉：错有两种解释：一，废置；二，放置其上。诸，相当于之乎。错诸枉就是放在邪曲的人之上。如果"错"字作废置讲，不需"诸"字，"错诸枉"不能通。

《大 意》

鲁哀公问："怎样才能使百姓服从？"孔子答道："把正直的人提拔起来放在邪曲的人之上，百姓就服从了；把邪曲的人提拔起来放在正直的人之上，百姓就不服了。"

举直错诸枉，反映了孔子对在位者道德要求的重视。要求举贤才，使贤人在位，是孔子德治思想的一个重要内容。《论语》讲到这一点的还有6·4、6·12、12·22、13·2等章，可联系起来读。举贤才的思想，比之于当时宗法制度下不问德行和才能，任人唯亲的做法来说，是一个进步；由此也形成了古代政治中任人唯贤的优良传统。

2·20　季康子①问："使民敬、忠以②劝③，如之何？"
子曰："临之以庄，则敬；孝慈④，则忠；举善而教不能，
则劝。"

《注 释》

①季康子：鲁国大夫，姓季孙，名肥。康是谥号。　②以：连词，与
"而"同。　③劝：勉励。这里是自勉努力的意思。　④孝慈：有两种解释。
一说当政者自己实行孝慈；一说当政者引导百姓孝慈。

《大 意》

季康子问道："要使百姓对当政的人尊敬、忠心，又能加倍努力，该
怎样去做呢？"孔子说："你用庄严的态度对待百姓，他们就会尊敬你；
你对父母孝，对子弟慈，百姓就会忠于你；你提拔善人，又教育能力差的人，
百姓就会互相勉励，加倍努力了。"

当政者关心的是怎样使百姓忠心、尽力的问题，孔子的回答则是对
当政者提出要求：百姓能否尽忠、尽力，全看当政者自己能否做好。体现
了正人先正己的思想。12·17 章说："政者正也。子帅以正，孰敢不正"，
12·19章说："君子之德风，小人之德草，草上之风必偃"，都是说：百姓
的态度，社会的风气，都取决于当政者自身。13·6、13·13章亦可参读。

2·21　或谓孔子曰："子奚不为政？"子曰："《书》云①：'孝乎惟孝，友于兄弟。'②施于有政③，是亦为政，奚其为为政？"

《注 释》

①《书》云：《书》指《尚书》。"孝乎惟孝，友于兄弟"两句，见伪古文《尚书·君陈篇》。　②孝乎惟孝，友于兄弟：孝乎惟孝，是对孝的赞美之词。友，亲爱、友好。　③施于有政：施，一作施行讲，一作延及讲。施于有政，依前解就是施行到政事中，依后解就是影响到政治上去。

《大 意》

有人对孔子说："你为什么不从事政治呢？"孔子说："《尚书》上说，'孝啊，孝于父母，友爱兄弟'。把这'孝悌'的道理施行于政事，也就是从事政治了。又要怎样才是为政呢？"

孔子一生大半时间不获任用，主要时间和精力用于教育。有人不解，问孔子为何不去出仕从政。孔子说，用"孝悌"的道理教育培养一批人，通过他们把"孝悌"用于齐家治国，这也就是从政了。还有什么是"为政"呢？旧注有说，孔子不仕，有难以向问话人说的，所以用这样一个托辞来回答。不过真正的道理也就在这中间。在孔子思想里，"为政"和教育是不可分的。从"为政"方面看，他认为"政者正也"，主张"为政以德"；要求在位的当政者要"帅以正"；对百姓则要"道之以德，齐之以礼"，使百姓"有耻且格"。所以道德教化是治国的基础。从教育方面讲，他认为教育不是单纯传授知识的文化活动，而是培养人、培养治国贤才，关系到社会安定、国家治乱的根本大事。如果孝悌之义真能施行于家、国、天下，也就无异于为政了。这一思想影响深远，形成了我国重视教育的优良传统，造就了我们礼仪之邦的美名。可与2·3章"道之以德，齐之以礼"及谈教育的6·25、13·4等章参读。

2·22　子曰："人而无信，不知其可也。大车无輗，小车无軏①，其何以行之哉？"

《注　释》

①輗（ní）、軏（yuè）：古代大车是指牛车，小车是指马车。这两种车的车辕前面都有一道驾牲口的横木。横木两端和车辕上凿有小孔，用包有铁皮的木销钉插入圆孔，把横木和车辕连接。这两种车的销钉就分别叫做輗和軏。

《大　意》

孔子说："一个人不讲信用，是不可以的（直译是：不知怎么可以）。大车小车，没有了连接辕和前面横木的销钉，还怎么能走呢。"

孔子用"大车无輗，小车无軏，其何以行之哉"作比喻，说明人不可无信；人之不可无信，正如车之不可无輗、軏，含义深刻，要认真领会。

《论语》中的"信"，有两方面的含义：一，对人讲信用。如1·4章"与朋友交而不信乎？"又《论语》中常忠、信连用，这种情况下的信，一般也指诚信、信用。二，取得他人的信任，取信于民。如19·10章"君子信而后劳其民"。也有的地方两种含义兼有。本章就两种含义都可解。这两个方面又是互相联系的:只有对人讲信用,才能取得他人的信任。但本章所说,是"信"的根本义。讲信用不只是为了取得他人的信任,从而给自己带来好处。如果只从给自己带来好处这一点看"信",在欺骗可以给自己带来更大好处时,就会选择欺骗。

关于"信",还可与13·20、15·36、19·10等章参读。

2·23　子张问:"十世可知也^①?"子曰:"殷因^②于夏礼,所损益^③可知也;周因于殷礼,所损益可知也。其或继周者,虽百世可知也。"

《注释》

①十世可知也:世,古时称三十年为一"世"。也有的把"世"解释为朝代。也,同"耶",疑问词。子张是问十世以后的事能不能预先知道。②因:因袭、继承。　③损益:减少和增加,变动的意思。

《大意》

子张问:"十世以后的事可以预先知道吗?"孔子说:"殷朝继承了夏朝的礼仪制度,所减少和所增加的是可以知道的;周朝继承了殷朝的礼仪制度,所减少和所增加的也是可以知道的。将来如果有继承周朝的,就是一百世之久,也是可以知道的。"

孔子在这一章中讲到历史发展中的变和不变。殷因于夏,周因于殷,是不变的方面;有所损益,是变的方面。人类社会不断进步,总是继承前代的成果,有不变的方面;同时又会去旧立新,有所变革。有因有革,不变的传统中有变，变革的发展中有不变，是社会发展的规律。孔子说，把握了这一点，即使百世以后的发展方向，也是可以预料的。这一点，对于今天我们思考文化的继承发展，也有重要意义。

从孔子实际的态度看，3·14章说："周监于二代，郁郁乎文哉，吾从周。"17·5章说："如有用我者，吾其为东周乎？"说明孔子的基本态度是要继承周礼，但他并不是反对任何改革；是既有继承，也有损益的。可以与3·1、3·2、3·6、3·22及9·3等章参读。

2·24　子曰："非其鬼①而祭之，谄②也。见义③不为，无勇也。"

《注　释》

①鬼：有两种解释：一，死去的祖先；二，泛指鬼神。后解可以包含前解。　②谄：谄媚。　③义：孔子思想中的一个道德范畴。《论语集解》注："义，所宜为。"人所应该做的就是"义"。和孔子整个思想联系起来看，符合于"仁""礼"要求的就是"义"。

《大　意》

孔子说："不是你应该祭的鬼神，你却去祭它，这就是谄媚。见到应该做的事而不去做，就是没有勇气。"

"见义不为，无勇也。"从正面讲，就是要"见义勇为"。遇到合于道义，应该做的事，就要勇于去做。这是修身的第一步，起点的要求。有一种理解，认为"见义勇为"就是能在危险或灾难面前舍己救人。这样的行为确实是见义勇为，但是这样理解"见义勇为"并不符合《论语》的本义。"见义不为"，道德认知与道德实践脱节，是社会生活中常见的现象，道德教育中的大问题。"见义不为，无勇也"是针对这一现象和问题提出的，是对这一现象的批评。为什么"见义不为"？又涉及另一问题：一事当前，做还是不做？是以应该不应该为标准，还是以对自己有利不利为标准？这反映了一个人的价值观。"见义勇为"就是要求以应该不应该为行为准则，应该做的就做。

把"见义勇为"提得过高，以为只有那些英雄行为才是"见义勇为"，反而不能为多数人接受，更不能为多数人做到。所以，要对"见义勇为"作准确的解释，一事当前，凡是应该的就去做，这就是"见义勇为"！这就要求我们从身边的每一件小事做起，应该做的就去做，不应该做的就不做，以此作为自己的行为准则。这是每一个人都可以做得到的。如果真正从小就这样要求自己，一切事情都按此标准来做，就可以逐步达到较高的境界。

孔子以"见义不为"为"无勇"，表明他是把"勇"和"义"的要求相联系，"见义勇为"说的是"勇敢"，不是简单的天不怕地不怕，不怕牺牲，不怕死。最大的"勇敢"是勇于战胜自己。克服私心，应该做的就做，是需要勇气的；做到这一点才是真正的"勇"；做不到这一点，就是"无勇"。有人提出把"见义勇为"改为"见义巧为"，是没有真正理解"勇"的含义。《论语》中许多道德规范，如"勇""直""恭""慎""信"等等，都不能离开"仁""礼"，或者说"义"的要求。这一点非常重要，希望读者注意。关于"勇"，还可参读8·2、8·10、17·23等章。

亦可与15·35章"当仁，不让于师"参读。

3·1　孔子谓季氏^①八佾^②舞于庭："是可忍^③也，孰不可忍也？"

《注 释》

①季氏：鲁国大夫季孙氏。　②八佾（yì）：佾，行列。古时祭祀时的舞蹈，天子八佾，诸侯六佾，大夫四佾，士二佾。每佾人数有两种说法，一说每佾八人；一说每佾人数与佾数相同，即八佾每佾八人，六佾每佾六人，四佾每佾四人，二佾每佾二人。　③忍：有两种解释。一作容忍讲，一作忍心讲。

《大 意》

孔子谈到季氏在自己家庙的庭中使用六十四人舞列的事说："这样的事他都忍心去做，还有什么事他不忍心做呢？"

本篇都是论及礼乐。孔子所处的时代，是社会变动、礼崩乐坏的时代，违礼僭越的行为层出不穷。本章和以下的3·2、3·6、3·22、5·17等章，记载了孔子对当时一些违礼行为的评论。讲的是具体的人和事，却有义理寓乎其间，反映了孔子对时世的基本态度。一部《论语》，像这样讲具体人和事的内容很多，虽不直接谈到仁、礼等等，却也是孔子思想精神的着力表现。读《论语》不能只注意那些直接说谈思想的部分，也要重视谈到具体人和事的这些章节，认真体会其中蕴含的思想精神。

3·2　三家①者以雍彻②。子曰："'相维辟公，天子穆穆③'，奚取于三家之堂④？"

《注 释》

①三家：鲁国大夫孟孙、叔孙、季孙三家。　②以雍彻：《雍》，《诗经·周颂》的一篇。彻，同"撤"。古时祭礼完毕撤去祭品时要奏乐唱诗，《雍》是周天子举行祭礼撤祭品时唱的诗。　③相维辟公，天子穆穆：是《雍》诗中的两句。相（xiàng），傧相，助祭者。辟公，指诸侯。穆穆，端庄盛美貌，这里形容天子的仪态。　④堂：庙堂。

《大 意》

孟孙、叔孙、季孙三家在祭祖完毕撤除祭品时，命乐工唱《雍》诗。孔子说："（《雍》诗唱的是）'诸侯助祭，天子端庄而美貌'。这样的意思，怎么能用在你三家的庙堂里呢？"

3·3　子曰："人而不仁，如礼何？人而不仁，如乐何？"

《大　意》

孔子说："一个人没有仁心，他怎么实行礼呢？一个人没有仁心，他怎么运用乐呢？"

2·3章作者按语提到，"仁"和"礼"的统一，是孔子思想的重要内容。本章讲的是"仁""礼"关系的一个方面。"礼"是关于人与人的关系在制度上和日常行为上的种种规定，"乐"是表达人们内心情感的一种形式，同时也是"礼"的一部分。"礼""乐"都是外在的，"仁"则是人们内心的道德情感和要求。"仁"在内，"礼""乐"在外；"仁"是灵魂，"礼""乐"是形式。没有"仁"，"礼""乐"就失去了灵魂，徒具形式，毫无意义。17·11章从另一角度谈这一点；2·7、2·8、17·21章论"孝"也体现了这一精神，可联系读。

从这一点可以进一步理解"为政以德"的思想。"道之以德"和"齐之以礼"这两个方面中，"道之以德"是"齐之以礼"的基础，"齐之以礼"是"道之以德"的落实。

3·4　林放①问礼之本。子曰："大哉问！礼，与其奢也，宁俭；丧，与其易②也，宁戚。"

《注 释》

①林放：鲁国人。　②易：有两种解释：一，谦和，平易；二，治办周到。《论语集注》引范氏曰："夫祭，与其敬不足而礼有余也，不若礼不足而敬有余也；丧，与其哀不足而礼有余也，不若礼不足而哀有余也。"都是从礼的形式和内容、外部的仪式规定与内心情感的关系来解释。依此，以第二解为好。

《大 意》

林放问什么是礼的根本。孔子说："这个问题意义重大呀！对于礼，与其过于奢侈，宁可比较节俭；对于丧礼，与其治办周备，宁可哀伤多些。"

本章提出"礼之本"的问题。"礼"有两个方面，其具体规定是形式方面，其所体现的内心情感则是其实质。二者中，内心情感是灵魂，是"本"，外在形式是"末"。一般人常常只注意"礼"的形式，而忽略了其实质和根本。所以林放提出"礼之本"的问题受到孔子的赞许。这是对上一章思想的具体发挥，可联系起来理解。只注意形式而忘其实质，舍本逐末的情况，在现实生活中也是常见的，应引起注意。

3·5　子曰："夷狄①之有君，不如诸夏②之亡③也。"

《注 释》

①夷狄：古代对于异族的贬称。　②诸夏：古代汉族自称诸夏或华夏。③亡：同"无"。古书"无"多写作"亡"。这一章有两种解释：一说，夷狄即使有国君，也不如诸夏没有国君哩；另一说，夷狄尚且有国君，不像

诸夏却僭越作乱，反而没有君臣上下之分。前一说强调了夷狄之不如诸夏，后一说则是强调了尊君的思想。

《大　意》

孔子说："夷狄即使有国君，也不如中国没有君主哩。"

本章也可联系上两章来理解。治国也有内和外、实质和形式两方面。有没有君，是形式；有没有道，是实质。夷狄指周边文化落后的民族或地区。本章的意思也就是说，夷狄即使有君，也只是形式上优于中原的无君，还不如中原虽无君而有道。是突出了中原之优于夷狄是在于道，即文化高于夷狄。这也就是古代常说的"华夷之辨"。

3·6　季氏旅①于泰山，子谓冉有②曰："女③弗能救④与？"对曰："不能。"子曰："呜呼！曾谓泰山不如林放乎⑤？"

《注　释》

①旅：祭名。旅于泰山就是祭祀泰山。按照周礼，只有天子有资格祭祀天下名山大川，诸侯只能祭封地以内的山川。季氏是鲁国大夫，却去祭祀泰山，是僭礼的行为。　②冉有：孔子的学生，名求。当时是季氏的家臣。③女：同"汝"，你。　④救：这里是谏止的意思。　⑤曾谓泰山不如林放乎：泰山，泰山神。林放见前3·4章"林放问礼之本"。这句话的意思是："泰山神难道还不如林放知礼吗？它怎会接受这非礼的祭祀呢？"是对季氏祭

泰山的批评，同时赞美林放知礼，也是对冉有的批评。

《大　意》

季孙氏去祭泰山，孔子对冉有说："你不能劝阻他吗？"冉有回答说："不能。"孔子说："唉！难道泰山神还不如林放知礼吗？"

本章也是反映孔子对当时违礼现象的态度，可与3·2章参读。

3·7　子曰："君子无所争，必也，射①乎！揖②让而升，下而饮，其争也君子。"

《注　释》

①射：指古代的射礼。大射礼规定两人一组，相互作揖然后登堂，射完再相互作揖退下。各组射完后，再作揖登堂饮酒。　②揖：拱手行礼。

《大　意》

孔子说："君子没有什么与别人争的事情，如果有的话，那就是比赛射箭了。比赛时，先相互作揖然后登堂，射完又相互作揖再退下，然后登堂喝酒。这样的争也是君子的争。"

孔子和儒家提倡"谦逊礼让"而少言"竞争、争斗"，本章是《论语》中讲到"争"的唯一的一处，其具体所指，属于竞赛之争。竞赛之进行，也是依一定的礼仪规范进行，所以是君子之争。"谦逊、礼让"是中华民族的传统美德，是促进社会和谐的重要因素，应该继承发扬。现代市场经济条件下，竞争是经济运行的基本法则，是推动经济和社会发展的动力，生活中存在着多方面的竞争，现代人必须具有竞争意识，"君子无所争"

已是不合时宜了。但经济活动只是社会生活的一部分，竞争法则不能滥用于社会生活的一切方面。从社会和谐发展的要求说，"谦逊、礼让"还是重要的；一定条件下的"不争"也是需要的。现代条件下的竞争、竞赛也都应该遵守法律、道义的规则，要遵守正当的游戏规则，而不能不择手段；应该是君子之争，而不是小人之争。

3·8　子夏问曰："'巧笑倩兮，美目盼兮，素以为绚兮。'①何谓也？"子曰："绘事后素②。"曰："礼后乎？"子曰："起予者商也③，始可与言《诗》已矣。"

《注 释》

①巧笑倩兮，美目盼兮，素以为绚兮：倩（qiàn），笑容美好。兮，语气词，相当于"啊"。盼，眼睛黑白分明。《论语集解》中说："盼，动目貌"，这里是形容眼睛的美丽动人。绚（xuàn），有文采。前两句见《诗经·卫风·硕人》，第三句不见于《诗经》，可能是逸诗。　②绘事后素：有两种解释：一，绘画时先有白底，然后画画；二，古人绘画，先画五彩颜色，然后用粉白线条加以勾勒。　③起予者商也：起，启发。予，我，孔子自指。商，子夏名商。

《大 意》

子夏问道："'笑容是多么美好啊，眼睛是多么动人啊，用素粉来打扮啊。'这几句诗是指的什么呢？"孔子说："这就好比绘画先画了色彩，再加素色。"子夏说："是说礼也是后起的事吗？"孔子说："启发了我的是卜商啊，现在可以和他谈《诗》了。"

孔子赞扬子夏从"绘事后素"中体会到"礼后乎"，是用绘画作比喻来说明"仁"和"礼"的关系。这里包含了两方面的意思：一方面，"仁"是基础，"礼"是在"仁"的基础上加以文饰；另一方面，只有有了"礼"的文饰，才能最后完成一幅画，所以"礼"也是不可少的。6·16、12·8等章也谈到"文"与"质"的关系，要求君子"文质彬彬"，说的也是这个问题，可以联系起来参读。

孔子教人重启发，要求弟子能举一反三。1·15章和本章中子贡、子夏能从孔子的话中体会到孔子没有直接说出的意思，"告诸往而知来者"，并且反过来也启发了孔子，因此受到孔子的称赞。还可与2·11、5·8、7·8等章参读。

3·9　子曰："夏礼吾能言之，杞①不足徵②也；殷礼吾能言之，宋不足徵也。文献③不足故也。足，则吾能徵之矣。"

《注　释》

①杞、宋：春秋时二国名。杞是夏禹的后裔，宋是商汤的后裔。　②徵：证明。　③文献：文，指历史典籍；献，指贤人。与现在"文献"只指典籍不同。

《大　意》

孔子说："夏朝的礼，我能说出来，但夏朝的后代杞国不足以证明我的话；殷朝的礼，我能说出来，但殷朝的后代宋国不足以证明我的话。这是因为历史典籍和贤人不够的缘故。如果有足够的历史典籍和贤人，我就可以证明了。"

　　孔子说，关于夏礼、殷礼，自己虽能有所说明，但因为历史典籍和贤人不足，仅从夏、殷的后裔杞、宋的情况还不足以证明；如有足够的历史典籍和贤人，就可以证明了。反映了他说话的慎重和对知识实事求是的态度。可与2·17、17·14章参读。

　　3·10　子曰："禘①，自既灌②而往者，吾不欲观之矣③。"

《注　释》

　　①禘（dì）：周朝时天子和诸侯祭祖的大祭。祭祖时先祭始祖，第一次献酒后，再依尊卑亲疏的次序祭祀历代祖先。　②灌：禘礼中第一次献酒。　③吾不欲观之矣：鲁文公时，在禘祭时把其父僖公排在闵公的前面，僖公虽是闵公的哥哥，但他是继承闵公当国君的，因此把僖公放在闵公之前就是违礼的逆祀。孔子不愿再看，表示对此的不满。

《大　意》

　　孔子说："对于禘，从第一次献酒以后，我就不想看下去了。"

　　3·11　或问禘之说①，子曰："不知也。知其说者之于天下也，其如示诸斯②乎！"指其掌。

《注 释》

①禘之说 :说字有的解释为理论,有的解释为道理。《论语集解》解释,禘之说即 "禘祭之礼,其说何如"。可以说是关于禘祭的规定。 ②示诸斯 :斯,指下文中的 "掌" 字。示有两种解释 :一作 "视" 讲,"示诸斯" 的意思是像看自己掌中物一般,很易明了 ;一作 "置" 讲,"示诸斯" 就是像摆在自己手掌里一样,运用自如。两种解释都通。孔子主张礼治,认为报本追远,意义没有比禘祭更深的了。

《大 意》

有人问关于禘祭的规定,孔子说 :"我不知道。知道这种规定的人,对治理天下的事,就会像放在这里一样。" 孔子一面说,一面指着他的手掌。

3·12　祭如在,祭神如神在。子曰 :"吾不与①祭,如不祭。"

《注 释》

①与（yù）:参与。

《大 意》

孔子在祭祖先的时候,就像祖先真的在受祭 ;祭神的时候,也好像真有神在受祭。孔子说 :"我如果没有亲自参加祭祀,那就和没有举行祭礼一样。"

孔子并不信鬼神,认为应该 "敬鬼神而远之",但极重视对祖先的祭祀。本章要求 "祭神如神在",祭祀时要怀着好像祖先真在受祭一样的虔诚的心态 ;也是强调人们内心的道德情感是礼的灵魂。关于祭礼,可与1·9、2·5章参读；关于礼的本质和形式，可参读2·7、2·8、3·3、3·4、17·11、17·21等章。孔子强调的是"与祭者"在祭祀时内心的恭敬，而不是鬼神是否真实存在。因此祭祀的意义是道德的而非宗教的。对这一点要注意体会。可与1·9、2·5章参读。

3·13　王孙贾①问曰："与其媚于奥，宁媚于灶②，何谓也?"子曰："不然。获罪于天③，无所祷也。"

《注　释》

①王孙贾：卫国大夫。　②与其媚于奥，宁媚于灶：媚，谄媚、奉承。奥，居室的西南角，古时是一家中尊者居住的地方。灶是烹饪做饭的地方。居奥的尊者地位虽高，但不管事，不如灶下做饭的掌握饮食大事。这里用奥喻指内廷的近臣，灶喻指外朝的实际执政者。这两句是当时俗语，王孙贾问孔子，暗示要孔子奉承自己。　③天：有不同的解释。有的说天就是理，有的则说天是喻指卫君，后一说更接近于孔子原意。

《大　意》

王孙贾问道："俗话说，与其在奥处求媚，不如在灶处求媚。这是什么意思?"孔子说："不是这样。如果得罪了天，那就没有地方可以祷告了。"

获罪于天，古注释"天"喻指理，或卫君。卫君是实指，理是指其一般意义。今天可以解释为正义、民意。本章之意，既不要奉承近臣，也无需奉承权臣，重要的是做好应该做的事；否则，违背正义，得罪了百姓，奉承谁都没有用。

3·14　子曰："周监于二代①，郁郁乎文哉②，吾从周。"

《注　释》

①监于二代：监，通"鉴"。二代指夏、商二代。　②郁郁乎文哉：郁郁，文采盛貌。文，指礼乐制度。

《大　意》

孔子说："周朝的礼仪制度借鉴于夏商二代，是多么地丰富多采呀，我遵从周朝的制度。"

遵从周礼是孔子的基本态度。孔子要求"齐之以礼"（2·3）、"克己复礼"（12·1），所说的礼主要也是指的周礼。同时，在遵从周礼的基本前提之下，孔子又主张对周礼有所损益。可与2·23、3·1、3·2、3·6、9·3及17·5等章参读。

3·15　子入太庙①，每事问。或曰："孰谓鄹人之子②知礼乎？入太庙，每事问。"子闻之，曰："是礼也③。"

《注　释》

①太庙：天子的祖庙。鲁国祭周公的庙也叫太庙。　②鄹人之子：鄹（zōu），又作"郰"，地名，在今山东曲阜东南，孔子在这里出生。孔子的父亲叔梁纥曾做过鄹大夫，《左传》称他鄹人纥。鄹人之子指孔子。　③是礼也：一般都作肯定语气解释，说孔子"每事问"是表示他对礼的谨慎和

恭敬的态度，这正是知礼。《论语新解》解释"也通邪，是疑问词"，说孔子"每事问"，是因为太庙中有许多僭礼之处，孔子提问，是"极委婉而又极深刻之讽刺与抗议"，有人因此以为孔子不知礼，孔子也只反问："这是礼吗？"孔子明知故问，正是希望人们有所省悟。

《大　意》

孔子到了太庙，每件事都要问。有人说："谁说这个鄹大夫的儿子懂得礼呀，他到了太庙里，什么事都要问别人。"孔子听到了说："这就是礼呀！"

本章有两种不同注释，关键在对"也"字的解释上。作正面语气词解释的，是从对礼的态度方面解释，说这是表示孔子对礼的谨敬，即使知道，也还是要问；作疑问词解释的，则联系当时鲁国多僭越违礼情形的背景，说这是孔子"极委婉而又极深刻之讽刺与抗议"。二者各有其道理，也都可给人以启发。读者不必计较其对错，主要只在理解前人注释的涵义，从中自可得到启发。

3·16　子曰："射不主皮①，为力不同科②，古之道也。"

《注　释》

①射不主皮：古时行射礼时，用布作成箭靶，叫做侯。在布中心贴一兽皮，叫做鹄。这里的皮就是指箭靶。射不主皮，举行射礼时，主要看是否射中，不是以能否射穿靶子为主。　②科：等级。

《大　意》

孔子说："比射箭，主要不是看能否射穿靶子，因为各人力气大小不同。这是古时候的规矩。"

尚德还是尚力，是政治领域长期存在的两种对立的思想。本章说比赛射箭不以能否射穿靶子为主，反映了尚德不尚力的思想。朱熹注云："古者射以观德，但主于中，而不主于贯。"

3·17　子贡欲去告朔之饩羊①。子曰："赐也，尔爱②其羊，我爱其礼。"

《注　释》

①告（gù）朔之饩（xì）羊：朔，农历每月的初一。周礼，天子在每年冬十二月，向诸侯颁发第二年的历书，告知每个月的初一日。诸侯接受后将历书藏于祖庙。到每月初一，杀一只羊祭于祖庙，并向百姓颁告。这就叫告朔。到子贡的时候，鲁国国君不再亲临祖庙，告朔之礼已废而不行，但每到初一还杀一只羊供奉祖庙。子贡认为这样徒具形式，不如连羊也不杀。　②爱：爱惜的意思。

《大　意》

子贡想要免去每月初一告祭祖庙用的那只羊。孔子说："赐呀，你爱惜那只羊，我却是爱惜那种礼呀。"

告朔之礼已经废而不行，孔子却不愿取消每月初一杀羊供奉的做法。因为杀羊供奉是承载告朔之礼的形式，留下这一形式，也就留下了关于告朔之礼的一个记忆；去掉这一形式，告朔之礼就会从人们的记忆中彻底消失。从本章也可理解礼的形式具备的重大意义。

3·18　子曰："事君尽礼，人以为谄也。"

《大　意》

孔子说："完全按照礼的规定来侍奉君主，世人反而认为这是谄媚。"

按礼的要求侍奉君主，反被人们视为谄媚，反映了礼崩乐坏环境下的社会风气，也反映了孔子的态度和处境。人以为谄，而孔子尽礼不变，则反映了孔子对道义的坚持。可与12·11章参读。在社会风气衰微的环境下，坚持道义，不愿随波逐流的人，也总会遭遇类似的情况。

3·19　定公①问："君使臣，臣事君，如之何？"孔子对曰："君使臣以礼，臣事君以忠②。"

《注　释》

①定公：鲁国国君，名宋。定是谥号。　②君使臣以礼，臣事君以忠：有两种解释：一说"君之使臣以礼，则臣必事君以忠"；一说这两方面都是"理之当然"，君应该依礼，臣应该忠心，双方都要尽心从自己方面去做。

《大　意》

鲁定公问："君主使唤臣下，臣子服事君主，应当怎样做呢？"孔子回答说：“君主按照礼的要求去使唤臣下，臣子就会忠心服事君主了。”

对“君使臣以礼，臣事君以忠”的注释，汉儒说，对君和臣各有要求，君上要按礼的要求对待臣下，臣下也就能尽忠于君上，比较侧重于对君的要求，强调君依礼待臣是要求臣下尽忠的前提。宋儒说，两方面都是“理之当然”，君臣双方应各自尽心去做，“君不患臣之不忠，患我礼之不至；臣不患君之无礼，患我忠之不尽”；即使君主无礼，臣下也应尽忠。从此可以窥见儒家思想的发展，在君臣关系上，愈后对君上的要求愈少而对臣下的要求愈苛，直至发展到不问是非，对君主单方面绝对服从的愚忠。在汉儒与宋儒的解释中，前者应更接近孔子原意。

关于君臣关系，《论语》中还有11·23、14·23、15·37章讲到，可参读。

3·20　子曰：“《关雎》①，乐而不淫，哀而不伤。”

《注 释》

①《关雎》：《诗经》的第一篇。此篇写一君子追求淑女，思念时辗转反侧，寤寐思之的忧思，以及结婚时钟鼓乐之，琴瑟友之的欢乐。古乐也有《关雎》，有人认为这一章所说《关雎》是指《关雎》的乐，而不是指其诗。

《大 意》

孔子说：“《关雎》这篇诗，有欢乐，但不放荡；有悲哀，但不至于伤生。”

哀乐是人之常情。乐而不淫、哀而不伤，是说哀乐都要适度，不要过分，体现了儒家的中和思想。可与11·15章“过犹不及”参读。而如何才是乐而不淫、哀而不伤，则要从《关雎》原文中细心体会。

3·21　哀公问社①于宰我②，宰我对曰："夏后氏以松，殷人以柏，周人以栗，曰：使民战栗③。"子闻之，曰："成事不说，遂事不谏，既往不咎。"

《注 释》

①社：土地神，祭土神的庙也称社。古时立国都均要建社，选用宜于当地生长的树木做社主（土地神的牌位）。从宰我的回答看，哀公问的就是用什么木头做社主。　②宰我：孔子的学生，名予。　③使民战栗：战栗，恐惧、发抖。宰我解释周朝用栗木做社主是为了使百姓恐惧。一说这是宰予讽劝哀公用严政；一说，当时三桓专政，哀公想进行讨伐，故意用问社相暗示，宰予的回答，暗示赞成。孔子知哀公无能，三家专权，时间已久，难以很快改变，不赞成哀公轻率行动，所以说了下面的话。

《大 意》

鲁哀公问宰我关于做社主的事，宰我答道："夏朝用松木，殷朝用柏木，周朝用栗木，用栗木是要使百姓害怕得发抖。"孔子听说了，说："已经做成的事不用再说了，已经在做的事不用再去劝阻了，已经过去的事也不必再追究了。"

此章所说是针对鲁国当时情况，而孔子所说"成事不说，遂事不谏，既往不咎"仍有借鉴意义。"既往不咎"也已经是人们熟悉和常用的成语。

3·22　子曰："管仲①之器小哉！"或曰："管仲俭乎？"曰："管氏有三归②，官事不摄③，焉得俭？""然则管仲知礼乎？"曰："邦君树塞门④，管氏亦树塞门；邦君为两君之好有反坫⑤，管氏亦有反坫。管氏而知礼，孰不知礼？"

《注　释》

①管仲：名夷吾，齐桓公的宰相，辅助齐桓公成为诸侯的霸主。 ②三归：有多种解释：一，古时女子出嫁时叫归，管仲娶三姓之女，叫三归；二，归通"馈"，管仲家祭用三牲之献；三，三处采邑；四，藏钱币的府库；五，指从百姓身上收取的市租；六，管仲有三处府第可归。一、二两说是说管仲僭越违礼；三、四、五是说管仲富有，都不是俭的意思。所以采用第六说。 ③摄：兼任。 ④树塞门：古礼天子诸侯在门口立小墙遮蔽视线，以别内外。小墙叫屏，亦叫树。塞：遮蔽的意思。⑤反坫（diàn）：古代国君与别国国君友好会面，互相酬酢时放置空酒杯的土台。

《大　意》

孔子说："管仲的器量真小呀！"有人说："管仲是俭朴吧？"孔子说："管仲有三处家，各项职事都有专人，从不兼差，怎能算是节俭呢？"那人又问："那么管仲是不是知礼呢？"孔子说："国君的门口有小墙遮蔽，管仲也有；国君为了招待别国君主，有放酒杯的土台，管仲也有。如果说管仲知礼，那么谁才不知礼呢？"

本章谈对管仲的批评。14·17、14·18两章也谈对管仲的评价，高度赞扬了管仲，可参读。

3·23　子语①鲁大师②乐，曰："乐其可知也：始作，翕③如也；从④之，纯⑤如也，皦⑥如也，绎⑦如也，以成。"

《注　释》

①语（yù）：告诉。　②大（tài）师：乐官名。　③翕（xī）：有两种解释：一解为合、聚；一解为盛。　④从（zòng）：同"纵"，展开。⑤纯：和谐。　⑥皦（jiǎo）：音节分明。　⑦绎：连续不断。

《大　意》

孔子给鲁国乐官讲奏乐的道理说："音乐是可以知道的：开始演奏，各种乐器合奏，声音丰美；继续展开下去，和谐，分明，连绵不绝，最后完成。"

乐是孔子教育的重要内容之一。8·8章说"兴于《诗》，立于礼，成于乐"。《论语》中谈乐的还有3·3、3·25、7·13、8·15、9·14、15·10、17·18等章，可参读。

3·24　仪封人①请见，曰："君子之至于斯也，吾未尝不得见也。"从者见之②。出曰："二三子何患于丧③乎？天下之无道也久矣，天将以夫子为木铎④。"

《注　释》

①仪封人：仪，地名。封人，镇守边疆的官。　②从（cóng）者见之：

随行的学生引他见孔子。　③丧(sàng):失掉官位。　④木铎:木舌的铜铃。古代天子发布政教命令时摇木铎来召集百姓。

《大　意》

仪邑的边防官要求见孔子,他说:"凡是君子到这里来,我从没有见不到的。"孔子的随行学生引他去见了孔子。见过孔子出来,他说:"你们几位,何必为失掉官位发愁呢?天下无道已经很久了,天将把他老先生当作木铎向大家传道统呀。"

《论语》也记载有当时人对孔子的一些评价,本章是其中之一。14·41、14·42、18·6、18·7等章记载了隐者对孔子的评价。

3·25　子谓《韶》,尽美矣,又尽善①也;谓《武》②,尽美矣,未尽善也。

《注　释》

①美、善:美指乐曲音调、舞蹈的形式而言,善指乐舞的思想内容而言。《论语集解》引孔安国注:"《韶》,舜乐名,以圣德受禅,故尽善。《武》,武王乐也,以征伐取天下,故未尽善。"　②《韶》《武》:《韶》,舜时乐曲名。《武》,周代乐曲名,也有人认为是周武王时乐曲名。

《大　意》

孔子说《韶》乐是美到极点了,又善到极点了;说《武》乐是美到极点了,但不够善。

旧注都以武王凭借武力征伐得天下解释《武》乐的"未尽善",反映了尚德不尚力的思想。可与 3·16、7·20、14·6、14·35、15·1 章参读。

3·26　子曰："居上不宽，为礼不敬，临丧不哀，吾何以观之哉？"

《大　意》

孔子说："居于当政的地位而不宽厚待人，行礼的时候不严肃恭敬，参加丧礼时不悲痛哀戚，这种情形我怎么看得下去呢？"

4·1 子曰："里仁①为美，择不处仁②，焉得知③？"

《注 释》

①里仁：里，有两解，一说指乡里、居住的地方；一说是作动词用，里即"居"，住在某处。仁，也有两解，一指人道；一指仁者。里仁，一说居住在有仁者（或有仁厚的道德风尚）的地方；一说居于仁道，以仁道为立身的根本。 ②择不处仁：处（chǔ），居住。择，选择。一说选择有仁者（或有仁厚的道德风尚）的地方居住；一说选择仁道而处。 ③知：同"智"。

《大 意》

孔子说："居住的地方要有仁者（或有仁厚的道德风尚）才好。选择住处不选在有仁者（或有仁厚的道德风尚）的地方，哪能算是明智呢？"

重视对居住环境和朋友的选择，是儒家关于个人修养的思想的一个重要方面。1·8、15·9章都谈到这个问题，可联系起来读。1·8章说"无友不如己者"，也要从"里仁为美"这一点上来理解，不要简单地理解成眼睛向上，不与不如自己的人交朋友。

4·2　子曰："不仁者不可以久处约①，不可以长处乐。仁者安仁②，知者利仁③。"

《注 释》

①约：穷困。　②安仁：安于仁道。　③利仁：认为仁有利于己才去行仁，"有利则行，无利则止"。

《大 意》

孔子说："不仁的人不能长久地处于贫困中，也不能长久地处于安乐中。仁者是安于仁道，智者则是知道仁对自己有利而去行仁。"

不仁者不能长久地处于贫困和安乐之中，久处贫困就易于为非作乱，久处安乐就易于骄奢淫逸。只有仁者安于仁道，才能经受长久贫困或安乐的考验而不走上邪道。可以与6·9、7·15、15·1等章参读。

这一章还提出了安仁和利仁这样两种不同境界的区别，也值得注意。安仁，安于仁道，或以仁道为安，其对仁道的追求，完全发自内心；利仁，则是知道仁有利于己而行仁。14·25章说："古之学者为己，今之学者为人"可以参读。安仁是为己的表现，为己才能安仁；利仁则不免为人，终不能说是仁的境界。其间的差别，须仔细体会。

人生修养，就在于不断提升自己的境界，《论语》中多处谈到境界问题。希望读者认真研读领会。可与2·4、6·18章参读。

4·3　子曰："唯仁者能好①人，能恶②人。"

《注　释》

①好（hào）：喜爱。　②恶（wù）：憎恨，讨厌。

《大　意》

孔子说："只有仁人才能爱人和恨人。"

樊迟问仁，孔子答：爱人。但仁不是只讲爱人，本章提出仁者能好人，能恶人，有好恶两面，爱憎分明。君子的好恶，要以仁为准绳。只有一切从仁出发，才能真正做到爱人和恨人。人有私欲，就有种种计算、顾虑，因而往往不能真正爱其所爱，恨其所恨；还会影响其爱和恨的标准，不能爱其所应爱，恨其所应恨。其结果则是是非混淆，好人不得好报，恶人不受谴责；好人吃亏，恶人当道。唯有仁道通行，才能好人受人爱，恶人被人弃，善道光昌，恶行匿迹，社会和谐。无仁心，好恶也不能适度；"爱之欲其生，恶之欲其死"（12·10），"人而不仁，疾之已甚"（8·10）都是其表现。可与17·13、17·24章参读。

4·4　子曰："苟志于仁矣，无恶①也。"

《注　释》

①恶：有两种解释：一，善恶的恶，与上章恶字不同；二，好恶的恶，与上章恶字同义。

《大　意》

孔子说："如果立志于仁，就不会做坏事了。"

4·5　子曰："富与贵是人之所欲也，不以其道得之，不处也；贫与贱是人之所恶也，不以其道得之，不去也。君子去仁，恶乎①成名？君子无终食之间违仁，造次②必于是，颠沛③必于是。"

《注　释》

①恶（wū）乎：何，怎么。　②造次：急遽，仓卒。　③颠沛：跌倒，用以形容人事困顿，社会动乱。

《大　意》

孔子说："富贵是人人都想要的，但不是依道的要求而得到富贵，就不去接受它；贫贱是人人都厌恶的，但不是依道的要求而得以摆脱贫贱，就不去摆脱它。君子如果丢弃了仁德，又怎能叫做君子呢？君子没有一顿饭的时间背离仁德，就是在仓卒匆忙的时候也一定按仁道去做，就是在颠仆困顿的时候也一定按仁道去做。"

义利关系是儒学和中国传统文化讨论的一个重要问题。"利"和"义"，反映了人生的物质生活和精神生活这两个方面。利，指个人的物质利益，是自然的、物质生活的方面；义，指社会的道义规范和个人的道德、理想追求，是人文的、精神生活的方面。孔子肯定追求富贵，厌恶贫贱是人情之常，同时又要求按照义的标准来决定对富贵贫贱的取舍，不用不合道义的手段求富贵，也不以不合道义的手段摆脱贫贱。这也就是要求人们自觉地把精神生命的追求放在第一位，以道义的标准指导和约束自己对物质利益的追求。14·13、16·10、19·1各章要求"见利思义""见得思义"，说的也是同样的思想。

精神生命和物质生命的关系，是人生共同的根本问题。物质生活本于人的生理本能，本质上与禽兽没有不同；精神生活则是人所独有的，是之所以为人之所在。所以人应该把精神生命的追求放在第一位；如果只知追求物质的享受，那就近于禽兽了。可与4·8、4·9、4·11、6·9、14·45、17·23等章参读。

义利关系同时也是反映了个人物质利益与社会整体利益的关系。"利"是指个人的利益，"义"是社会公共利益的反映。任何社会都存在着社会公共利益与个人利益之间的矛盾，都要求对个人利益的追求服从于社会的公共利益。孔子提出的"见利思义""不以其道得之，不处也"，是古今中外都适用的道德准则。只是在不同社会，道义的具体内容是不同的。今天我们提倡"见利思义"，继承了"不以其道得之不处也"的原则和精神，而我们提倡的道、义，则不同于古代儒家的道、义；道义的内容已经经过了推陈出新的发展。孔子关于义利关系的思想，还可参读4·12、4·16、7·11、7·15等章。

本章后半说君子不可有片刻违离仁道，哪怕是造次之间，颠沛之中，无时无处，任何条件下，都无不用心于仁。这一点要认真体会力行。可与15·5章参读。

4·6　子曰："我未见好仁者，恶①不仁者。好仁者，无以尚②之；恶不仁者，其为仁矣，不使不仁者加乎其身。有能一日用其力于仁矣乎？我未见力不足者。盖有之矣，我未之见也③。"

《注　释》

①好、恶：同4·3章解。　②尚：通"上"，用作动词，超过的意思。③盖有之矣，我未之见也：盖，疑问词，"大概"的意思。对"有之"二字有两种解释：一，"有之"是指有肯用力而力不足者，是联系上句"未见力不足者"来理解；二，"有之"是指有肯"一日用其力于仁"者，是联系上句"有能一日用其力于仁矣乎"来理解。

《大　意》

孔子说："我没有见到过爱好仁德的人和厌恶不仁的人。爱好仁德的人，是不能再好的了；厌恶不仁的人，他行仁德，不让不仁的东西加到自己身上。有人能把他一天的力量都用在仁上吗？我没有见过力量不够的。大概力量不足的人还是有的，我没有见过罢了。"

好仁和恶不仁，都是仁德的很高境界，难得见到并不奇怪。重要的是要哪怕用一天时间，致力于仁德修养。虽不能一天用力就成仁人，却也是用一天力见一天功，不会力不从心。这是说道德修养完全依靠自觉的努力，靠日常点滴的积累；只要坚持去做就可达到，问题只在没有去做，没有坚持。可与12·1章"为仁由己"及6·10章参读。

4·7　子曰："人之过也，各于其党。观过，斯知仁矣①。"

《注　释》

①观过，斯知仁矣：旧注说，赞同仁道的有三种，仁者是实行仁道才心安，智者是以实行仁道有利于自己而赞同仁道，畏罪者是勉强按仁道去做。赞同仁道的表现虽同，思想本质却不同。因此只看他按仁道去做的表现还不能判断他是否真有仁心。而过错是人人力求避免的，从一个人的错误最能看出他的内心真情。所以说"观过，斯知仁矣"。也有的书上引用这一章时写作"斯知人矣"，也通。

《大　意》

孔子说："人们的错误，总是与和他同类人相同的。所以，考察一个人所犯的错误，就可以知道这个人的仁与不仁了。"

4·8　子曰："朝闻道，夕死可矣。"

《大　意》

孔子说："早晨得知了道，即便当天晚上就死去，也可以无恨了。"

这一章言简意赅，包含着孔子对人生的根本认识，要好好领会。道，人生的大道，精神生命的追求；死，物质生命的终结。"朝闻道，夕死可矣"说的是对精神生命和物质生命关系的认识。人的生活有两个方面：一个是物质生活，衣、食、住、行等的要求，这些是出于人的本性，是自然的。

另一方面，人是生活在社会中，一切活动都离不开社会，离不开与他人的关系，要遵守社会的规范，担负社会责任；人还有道德情感、人生理想追求，这是精神生活，是社会的、人文的。人与禽兽的区别，人之所以为人，就在于人有做人之道，有人文的精神的生活。生命的意义在于精神生命。懂得做人之道，人生才能有意义；不知为人之道，只知追求物质生活的满足，则近于禽兽，形同行尸走肉。所以说"早晨得知了道，即便当天晚上就死去，也可以无恨了"。当然，这一说法是极而言之。事实上对道的追求、学习、践行和卫护，贯穿于人的一生，构成生命的全部。可与4·5、4·9、7·6、8·7、8·13、15·8、15·31等章参读。

4·9　子曰："士①志于道，而耻恶衣恶食者，未足与议也。"

《注　释》

①士：古时称士农工商为四民，"凡习学文武者为士"，士是四民中读书习武的人，其地位在庶民之上。

《大　意》

孔子说："一个士有志于道，而又以自己吃得不好、穿得不好为耻辱，这种人，是不值得与他讨论道的。"

"志于道"，用心于追求为人之道，是孔子对弟子的重要要求，见7·6章。本章把"志于道"和"耻恶衣恶食"对举，也是谈精神生命与物质生命的关系。说明"志于道"就要以精神生命为先，把物质生活的追求放在次要地位；如果以"恶衣恶食"为耻，耿耿于怀，说明其心不在道，志于道只是虚言，所以说"未足与议也"。可与1·14、4·5、6·9、7·15、14·3等章参读。

关于士，可与8·7、13·20、13·28、14·3、19·1章参读。

4·10　子曰："君子之于天下也，无适也，无莫①也，义②之与比③。"

《注 释》

①无适（dí）、无莫：有几种不同的解释：一，厚薄亲疏，无适、无莫就是不分亲疏厚薄；二，敌对和爱慕，无适、无莫就是没有敌对，也没有爱慕；三，适，专注。莫，不肯。无适、无莫就是无可无不可的意思。　②义：古人解释：义，宜也。凡是适宜的言行，就是符合于义的。因此不同的人所讲的义，都是不同的。在孔子，义与仁、礼是互相联系不可分的，凡符合于仁、礼的要求的，便是义。　③比（bì）：有两种解释：一，亲近，相近；二，从，听从。

《大 意》

孔子说："君子对天下的事，没有非这样做不可的，也没有一定不能这样做的，只是按照义去做。"

"义之与比"，以义为立身处事的准绳，是孔子对君子的一个基本要求。《论语》里还有"君子义以为质"（15·17）"君子义以为上"（17·23）和"见得思义"（16·10、19·1）"见利思义"（14·13）"见义不为，无勇也"

（2·24）等，说的是一个意思，可以参读。

18·8章说到"无可无不可"，可参读。

4·11　子曰："君子怀①德，小人怀土②；君子怀刑③，小人怀惠。"

《注 释》

①怀：有两种解释：一，思念；二，安于。　②土：乡土。　③刑：法制。

《大 意》

孔子说："君子总想着道德，小人总想着乡土；君子总想着法制，小人总想着实惠。"

君子小人关注点不同，反映了他们在对待精神生命和物质生命关系问题上的不同态度。

4·12　子曰："放①于利而行，多怨②。"

《注 释》

①放：有两种解释。一，放纵；二，依据。　②多怨：一般解释为多被别人所怨恨。《论语新解》解释为自己心上多生怨恨。

《大 意》

孔子说："事事都依据个人利益而行动，会招致很多怨恨。"

这一章从另一个角度反映孔子对个人利益的态度，可与 4·5 章及孔子谈义利关系的各章参读。

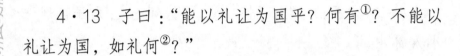

4·13　子曰："能以礼让为国乎？何有①？不能以礼让为国，如礼何②？"

《注　释》

①何有：何难之有，不难的意思。　②如礼何：把礼怎么办？意思是说纵然有礼的形式，不以礼让治国，这礼也是没有用的。

《大　意》

孔子说："能够用礼让来治理国家吗？那样还会有什么困难呢？如果不能用礼让来治国，那对于礼又怎么办呢？"

孔子主张以礼治国。本章提出"让"字，"礼让"连言，特别指出，不能"礼让"，何以言"礼"？说明"让"是"礼"的核心精神之一。在以后的发展中，"礼让"也成为中华民族的传统美德。当代市场经济下，人们追求私利，崇尚竞争，"礼让"也被认为不合时宜而受到鄙夷。其实，"让"是人们相处之道的通义，无"让"即无社会和谐，古今中外概莫能外。当代社会矛盾、冲突纷繁复杂，提倡"礼让"尤其显得重要。市场经济以竞争为动力，没有竞争意识和充分的竞争，无以发展经济。然而竞争并非一切。如何认识和处理"礼让"和"竞争"的关系，协调"礼让"和"竞争"两个方面，使二者相互配合，促进经济、社会的全面和谐发展，是我们需要研究解决的问题。

8·1 章赞泰伯"三以天下让，民无德而称焉"为至德，可参读。

4·14　子曰："不患无位，患所以立①；不患莫己知，求为可知也。"

《注 释》

①所以立：指立身的才学，或立于其位的才学。

《大 意》

孔子说："不愁没有职位，只愁自己没有能够任职的才学本领；不愁没有人知道自己，只求自己有真才实学值得为人们所知道。"

这一章反映孔子立身处世的一个根本态度：凡事立足于对自己的要求，立足于自身的学问、修养。15·20 章说"君子求诸己，小人求诸人"，明确说明了这一点。1·16、14·32、15·18 等章反复讲到这一思想，1·1章说"人不知而不愠，不亦君子乎"，14·37章说"不怨天，不尤人。下学而上达"，都可参读。

4·15　子曰："参乎，吾道一以贯①之。"曾子曰："唯。"子出，门人问曰："何谓也？"曾子曰："夫子之道，忠恕②而已矣。"

《注 释》

①贯：贯穿，贯通，统贯。如以绳穿物。　②忠恕：据朱熹注，尽自己的心去待人叫做忠，推己及人叫做恕。

《大 意》

孔子说："参呀，我讲的道是由一个基本的思想贯通起来的。"曾子说："是。"孔子出去之后，同学问曾子："这是什么意思？"曾子说："先生的道，就是忠恕罢了。"

曾参说夫子之道，"忠恕而已"矣，前人多有不同解释。朱熹认为，孔子的思想博大精深，难以用一句话来说明。曾子用"忠恕"来说明，是因为"忠恕"是人人能知能行的最浅显的道理，他希望人们能从这最浅显的地方做起，在自己的实践中逐步领会孔子思想。《论语新解》说曾子此说"可谓虽不中不远矣。若由孔子自言之，或当别有说。所谓仁者见仁，智者见智。读者只当此章乃曾子阐述其师旨，如此则已"。

关于"忠恕"，15·23章孔子说到，"恕"就是"己所不欲，勿施于人"，并说这是可以终身奉行的。6·28章孔子说"仁"是"己欲立而立人，己欲达而达人"，这就是"忠"。"忠"和"恕"，都体现了推己及人的精神，"忠"是从积极方面讲，"恕"是从消极方面讲。核心是为人处事心里要想到他人，不要只想到自己；不仅只替自己着想，也要替他人着想。这是实行孔子仁学思想的出发点。在长期的历史发展中，"忠恕"已经成为中国人代代相传的生活准则，民族精神的一部分。中国社会中广泛存在的急人之难，一方有难，八方支援的互助精神；设身处地，将心比心的互谅精神等等，都是推己及人精神的表现。

忠恕之道体现了人与人平等和尊敬他人的精神，也是现代社会公德的基础，可以和应该成为人们普遍遵行的社会生活准则。

亦可参读5·12、12·2、12·16章。

4·16　子曰："君子喻^①于义，小人喻于利。"

《注 释》

①喻：懂得。

《大 意》

孔子说："君子懂得的是义，小人懂得的是利。"

对本章误解、批评甚多。有人认为，这段话是把义和利对立起来了，批评儒家重义轻利；只讲义，不讲利。这是一种误解或曲解。喻，懂得。全章意思是，君子懂得以义为取舍标准，懂得见利思义，不取不义之财；小人则只知有利，不知利的取舍还有对不对、该不该的问题。不是说君子只讲义不要利。联系《论语》其他章节看，4·5章所说的"不以其道得之不处、不去"，就是喻于义；4·12章说的"放于利而行"，就是喻于利。这一章进一步指出这正是君子和小人对待义利关系的不同态度。从这里得不出义和利根本对立的结论。

以义制利、见利思义是人类社会普遍适用的原则。任何一个社会对个人利益的获得，都有某种道德的或其他规范的限制，不能听由个人随心所欲地谋取个人利益，不能容许个人的牟利行为危害社会利益，否则社会就会出现不安和动乱。这是古今中外普遍的、永恒的通义。而在不同的社会、不同的人群，利益取舍的是非标准是不同的；所以见利思义的原则在具体条件下的具体内容又有时代性，是随着时代和条件的变迁而变化的。

4·17　子曰："见贤思齐焉，见不贤而内自省也。"

《大　意》

孔子说："见到贤人，就希望向他看齐；见到不贤的人，就自己反省有没有类似的毛病。"

"见贤思齐，见不贤而内自省"是对自省的具体说明，可见内省并非"闭门思过"，而是要在现实的交往中，随时、随处对照反省自己，向他人学习。如能这样做到，那么与人相处，不论其人贤与不贤，都可对己有益。

可与7·21章"三人行，必有我师焉"，19·22章"夫子焉不学？而亦何常师之有"参读。

4·18　子曰："事父母几①谏，见志不从，又敬不违，劳②而不怨。"

《注　释》

①几（jī）：轻微，婉转。　②劳：忧愁。

《大　意》

孔子说："侍奉父母，如果父母有不对的地方，就很委婉地劝止。自己的意见表达了，父母不听从，还是恭恭敬敬，并不违抗，虽然忧愁，但不怨恨。"

孝敬父母不是要求对父母百依百顺，父母有过错要进行劝谏，但态度要委婉：父母不听劝谏，也还要保持恭敬；虽然忧愁，但不怨恨，不违抗。这样两个方面相结合，尽孝道而不失原则，坚持原则而不违孝道。要很好体会。

4·19　子曰："父母在，不远游①，游必有方②。"

《注　释》

①游：指游学、游宦，到外地去求学、做官。　②方：一定的地方。

《大　意》

孔子说："父母在世，不出远门，如果不得已要出远门，也必须有一定的去处。"

俗话说，儿行千里母担忧，子远游，父母在家担忧。古代交通、通讯不发达，"不远游，游必有方"是为了不让父母担忧。可与2·6"父母唯其疾之忧"联系起来读。现在经济全球化迅猛发展，交通、通讯便捷，交往频繁密切，"父母在，不远游"已不合时宜。而父母思念儿女，儿女精神上关怀父母之情不变。"常回家看看"也就替代"父母在，不远游"成为当今孝的重要内容。具体要求已变，而精神依旧。继承发扬优秀传统要分析把握这两个方面。

4·20　子曰："三年无改于父之道，可谓孝矣。"

这一章已见1·11章。

4·21　子曰："父母之年，不可不知①也。一则以喜，一则以惧。"

《注 释》

①知：这里是常记在心的意思。

《大 意》

孔子说："父母的年龄不能不时时记在心里。一方面为他们的长寿而高兴，一方面又为他们的衰老而恐惧。"

4·22　子曰："古者言之不出，耻躬之不逮①也。"

《注 释》

①逮（dài）：及，到。

《大 意》

孔子说："古人的言论不轻易出口，是以自己的行为跟不上为可耻呀！"

古人以不能说到做到，对自己的言论不能身体力行为可耻，所以出言谨慎。反映了中国传统文化重力行，要求言行一致；鄙弃言过其行，言行不一的特点。可与4·24章联系起来读。

4·23　子曰："以约①失之者鲜矣。"

《注 释》

①约：约束。

《大 意》

孔子说："因为约束自己而犯错误的是很少的。"

人贵能约束自己，有所节制。放任情欲，不知约束和节制，必有后患。

4·24　子曰："君子欲讷①于言而敏②于行。"

《注 释》

①讷：迟钝。　②敏：敏捷。

《大 意》

孔子说："君子总想言语要迟钝，而做事要敏捷。"

这一章和4·22章都是谈言行关系，可联系起来读。这里孔子说的言语迟钝，并非真正的迟钝，而是前章所说因为怕说了做不到而出言谨慎。而在行的方面，则要敏捷，说了就做，说到做到。还可与2·13、12·3章参读。

4·25 子曰："德不孤，必有邻。"

《大意》

孔子说："有德的人不会孤立，一定会有与他亲近的人。"

孔子一生不为人知，屡次遭受危难；弟子中不免有人为此而迷惘、动摇。本章孔子所说，既是他信心的宣示，也是对弟子的开导。可与15·1章参读。

4·26 子游曰："事君数①，斯辱矣；朋友数，斯疏矣。"

《注释》

①数（shuò）：屡次，多次。引申为烦琐的意思。

《大意》

子游说："事奉君主太烦琐，就会受辱了；对待朋友太烦琐，就会被疏远了。"

古代五伦，父子、兄弟、夫妇三伦属家庭，君臣、朋友则在家庭关系之外；二者相类，相处之道也有相近之处。君友有过，劝谏不听，要适可而止，过于急促或烦琐，就会欲荣反辱；求与君友亲近，过于急迫或烦琐，也会欲亲反疏。

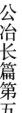

　　5·1　子谓公冶长①："可妻也。虽在缧绁②之中，非其罪也。"以其子③妻之。子谓南容④："邦有道，不废；邦无道，免于刑戮。"以其兄之子妻之。

《注　释》

　　①公冶长：孔子的学生。　②缧绁（léi xiè）：捆缚犯人的绳索，引申为牢狱。　③子：古时儿女都称子，这里指女儿。　④南容：孔子的学生南宫适（kuò），字子容，通称南容。

《大　意》

　　孔子评论公冶长说："可以把女儿嫁给这样的人。虽然他被关在狱中，但不是他的罪过呀。"孔子把自己的女儿嫁给了他。孔子评论南容说："国家有道时，他不会被废弃不用；国家无道时，他也可以免于刑戮。"于是把自己的侄女嫁给了他。

　　本篇内容主要是对人的评论。孔子的教育以教人做人为主，孔子对人的评价，直接反映了他关于做人的思想，望读者注意领会。

5·2　子谓子贱[1]："君子哉若人[2]，鲁无君子者，斯焉取斯[3]？"

《注　释》

①子贱：孔子的学生宓（fú）不齐，字子贱。　②若人：此人。　③斯焉取斯：斯，此。上斯字指子贱，下斯字指子贱的品德。

《大　意》

孔子评论子贱说："这个人真是个君子呀。假如鲁国没有君子，他从哪里取得这样的好品德呢。"

孔子称赞子贱为君子，又特别指出他的优良品德是来自于鲁国的君子，反映了孔子对向贤者学习的重视。可与4·1章"里仁为美"参读。

5·3　子贡问曰："赐也何如？"子曰："女，器也。"曰："何器也？"曰："瑚琏[1]也。"

《注　释》

①瑚琏：古代宗庙中祭祀用的盛粮食的器皿，竹制，上面用玉装饰，是祭器中贵重而华美的一种。

《大　意》

子贡问道："我怎样呢？"孔子说："你是一件有用的器皿。"子贡又问："是什么器皿呢？"孔子说："是那宗庙中盛粮食的瑚琏。"

2·12章孔子说"君子不器"。本章孔子说子贡"器也"。有说子贡尚不能达到不器的要求，而是器之贵者；也有说，子贡是孔子高徒之一，何以不能称君子？《论语新解》说："读书有当会通说之者，有当仅就本文，不必牵引他说者。"如此章，孔子告子贡"女，器也"，便不当牵引君子不器章为说。

5·4　或曰："雍①也仁而不佞②。"子曰："焉用佞？御人以口给③，屡憎于人，不知其仁④。焉用佞？"

《注　释》

①雍：孔子的学生冉雍，字仲弓。　②佞（nìng）：能言善辩，有口才。③口给：言语便捷。　④不知其仁：有两种解释：一，指佞人，佞人遭人憎恨，因而不知其（佞人）有仁道；二，指冉雍，不知冉雍是否仁者。这里取前者。

《大　意》

有人说："冉雍这个人有仁德但没有口才。"孔子说："何必要口才呢？靠伶牙俐齿去和人辩驳，常常招人讨厌，这样的人我不知他有什么仁慈。何必要口才呢？"

反映孔子重德而谨言。旧注说，佞人和别人应答，"但以口取辩而无情实"，只是以言辞辩说取胜而没有真情实感。这里说的是德和言、言辞的内容和形式的关系问题。从为人说，重在德；从言辞说，重在内容。口才不是无意义，但如果口才脱离德，言辞的形式脱离内容，则不仅无用，而且有害。可与1·3"巧言令色，鲜矣仁"章参读。

5·5 子使漆雕开^①仕。对曰："吾斯之未能信。"子说。

《注 释》

①漆雕开：孔子的学生，姓漆雕，名开，字子开。

《大 意》

孔子叫漆雕开去做官。漆雕开回答说："我对这事还不能自信呀。"孔子听了很高兴。

"子说"，旧注有的说是孔子赞漆雕开"谦退"，有的说是赞其"笃志"。读者可以自作选择、判断，也可有自己的领会。

5·6 子曰："道不行，乘桴^①浮于海，从我者其由与？"子路闻之喜。子曰："由也好勇过我，无所取材^②。"

《注 释》

①桴（fú）：用来在水面浮行的木排或竹排，大的叫筏，小的叫桴。

②无所取材：材有三种解释：一，编桴用的材料。孔子并不真想乘桴浮海，见子路没有听懂他的意思，所以这样讲；二，同"裁"，指子路不知裁度事理；三，同"哉"，说子路以为孔子只要与他同行，所以孔子说"难道

就不取别人吗？”

《大　意》

孔子说：“我的道如果行不通，就乘上小木排到海外去，跟随我的怕只有仲由吧！”子路听了很高兴。孔子说：“仲由的好勇超过了我，可是没处去弄到编木排的材料呀！”

孔子说要“乘桴浮于海”，应是他感到道难行于世而发的感慨，并非真要出海远行。旧注有说“皆假设之言耳”。子路信以为真。孔子赞扬了子路，又说无法获得编筏的材料，化解了子路的误解。

9·13章有“子欲居九夷”，可联系参读。

5·7　孟武伯问：“子路仁乎？”子曰：“不知也。”又问。子曰：“由也，千乘之国，可使治其赋①也，不知其仁也。”“求也何如？”子曰：“求也，千室之邑②，百乘之家③，可使之为之宰④也，不知其仁也。”“赤⑤也何如？”子曰：“赤也，束带立于朝⑥，可使与宾客⑦言也，不知其仁也。”

《注　释》

①赋：兵赋。②千室之邑：有一千户人家的大邑，指当时卿大夫的领地。③百乘之家：指卿大夫的采地，当时大夫有车百乘，是采地中的大的，称百乘之家。　④宰：家臣。　⑤赤：孔子的学生公西华，名赤。　⑥束带立于朝：指穿着礼服立于朝廷。　⑦宾客：古时贵客如国君上卿称宾，国君上卿以下一般客人称客。“宾”“客”二字连用，泛指客人。

《大 意》

孟武伯问孔子："子路做到仁了吗？"孔子说："不知道。"孟武伯又问。孔子说："仲由嘛，拥有一千辆兵车的大国，可以让他管理军事，但我不知道他是不是做到了仁。"孟武伯问："冉求怎样呢？"孔子说："冉求嘛，有千户人家的封邑，有百辆兵车的大夫的采地，可以让他当总管，但我不知道他是不是做到了仁。"孟武伯又问："公西赤又怎样呢？"孔子说："公西赤嘛，可以让他穿着礼服，站在朝廷上接待宾客，但我不知道他是不是做到了仁。"

仁是人生的全德，是孔子提出的做人修养的最高标准。所以孔子不轻易肯定某人为仁。本章孔子虽没有肯定子路、冉求、公西华为仁，却很具体地肯定了他们三人的才能。可见孔子对弟子的要求，既有共同的全德的要求，又能培养发挥个人的专长。

5·8　子谓子贡曰："女与回也孰愈①？"对曰："赐也何敢望回？回也闻一以知十②，赐也闻一以知二③。"子曰："弗如也。吾与女弗如也④。"

《注 释》

①愈：胜过。　②闻一以知十：十指数的全体。旧注："一，数之始；十，数之终。"　③闻一以知二：指可以由此及彼。旧注："二者，一之对也。"④吾与女弗如也：与字有两种解释：一，孔子说自己与子贡都不如颜回；二，《论语集注》："与，许也。"赞许。孔子赞许子贡自认不如颜回。

《大 意》

孔子对子贡说："你和颜回谁强一些？"子贡回答："我哪里敢和颜回比？颜回他能'闻一知十'，推知全体，我却只能'闻一知二'，由此及彼。"孔子说："是不如他呀，我和你都不如他呀。"

子贡自认不如颜渊，既有自知之明，又能坦然自认不如人，得到孔子赞许；孔子又自认也不如颜渊，既是对子贡的肯定和慰勉，也体现出他的自谦和坦荡。

5·9　宰予昼寝。子曰："朽木不可雕也，粪土①之墙不可杇②也。于予与何诛③？"子曰："始吾于人也，听其言而信其行；今吾于人也，听其言而观其行。于予与改是。"

《注 释》

①粪土：腐土、脏土。　②杇（wū）：抹墙用的抹子；粉刷墙壁也叫杇。③于予与何诛：与，语气词。诛，责备。这句是说：对宰予还怎么责备呢？有对他不可教诲的意思。

《大 意》

宰予白天睡觉。孔子说："烂木头是没法雕刻的，腐土筑的墙是没法粉刷的，对宰予还怎么责备他呢？"孔子说："以前我对人，听了他讲的就相信他的行为；现在我对人，听了他讲的还要观察一下他的行为。从宰予这件事使我有了这个改变。"

孔子重视知人。樊迟问知，孔子答"知人"。1·16章说"不患人之不己知，患不知人也"。听其言而观其行，是知人的一个重要的方法。可与2·10、9·27、

12·22、13·24 等章参读。

　　孔子自称，由宰我的表现而认识到要听其言而观其行，可见孔子的自谦和孔门教育教学相长的情景。

　　5·10　子曰："吾未见刚者。"或对曰："申枨①。"子曰："枨也欲，焉得刚？"

《注　释》

①申枨（chéng）：孔子的学生。

《大　意》

　　孔子说："我没有见过刚强的人。"有人回答说："申枨是刚强的。"孔子说："枨这个人欲望太多，哪里能刚强呢？"

　　刚，坚强不屈。能战胜贪欲，才能刚；贪求物欲，不能刚强。《论语新解》说："但此章仅言多欲不得为刚，非谓无欲即是刚。如道家庄老皆主无欲而尚柔道，亦非刚德。"要注意分辨。

　　5·11　子贡曰："我不欲人之加诸我也，吾亦欲无加诸人。"子曰："赐也，非尔所及①也。"

《注　释》

①非尔所及：有两种解释：一，"非尔所及"指前半句，即不能阻止别

人把不义加于自己；二，"非尔所及"指后半句，"无加诸人"不同于"勿施于人"，"勿施于人"有告诫禁止之意，"欲无加诸人"则是自然而然地做到，是子贡所做不到的。

《大　意》

子贡说："我不愿别人强加于我的，我也要不强加于别人。"孔子说："赐啊，这不是你所能做到的啊！"

对"非尔所及"的两种不同解释。一说以"非尔所及"是指后半句，认为"勿施于人"有告诫禁止之意，依此去做是恕；"欲无加诸人"则是完全出于自觉，自然而然，是仁的要求，所以为子贡所不能。以为是指前半句的，则强调孔门之教重在求诸己，尽其在我；"己所不欲，勿施于人"重点在对自己的要求。"我不欲人之加诸我也，吾亦欲无加诸人"则将对人的要求与对己的要求并列。而他人以什么加于自己，是不能由自己决定的。细加思考，都可有益于对"己所不欲，勿施于人"的理解。

5·12　子贡曰："夫子之文章①，可得而闻也；夫子之言性②与天道③，不可得而闻也。"

《注　释》

①文章：指孔子编订的《诗》《书》《礼》《乐》等。　②性：人性。《论语》中谈到性的只有17·2章"性相近也，习相远也"一句。　③天道：古人讲道有天道和人道。《论语》中孔子多处讲到天和命，但不见有孔子关于天道的言论。

《大 意》

子贡说:"老师关于《诗》《书》《礼》《乐》等的讲授,能够听得到;老师关于人性和天道的言论,是没法听得到的。"

7·24章说:"子以四教:文、行、忠、信。"孔子的教育,都在就《诗》《书》《礼》《乐》等文献和日常言行,教以为人之道,而不深言性和天道,所以子贡有这样的感叹。从中国思想发展的情况看,关于性和天道问题,是在孔子之后才受到普遍关注,并展开讨论的。孔子很少说到性与天道,是当时中国人思想发展状况的反映。

5·13　子路有闻,未之能行,唯恐有①闻。

《注 释》

①有:同"又"。

《大 意》

子路在听到一项道理但还没有能亲自实行的时候,唯恐再听到新的道理。

本章赞子路勇于践行的美德。可与4·22章参读。

5·14　子贡问曰:"孔文子①何以谓之文也?"子曰:"敏②而好学,不耻下问,是以谓之文也。"

《注　释》

①孔文子：卫国大夫，名圉，文是他的谥号。　②敏：一般解释为敏捷，也可解释为勤勉。《礼记·中庸》注："敏，犹勉也。"这里作勤勉讲为好。

《大　意》

子贡问道："孔文子为什么谥号叫文呢？"孔子说："他勤勉好学，不以向地位卑下的人请教为耻，所以给他谥号叫文。"

子贡问，为什么用文作孔圉的谥号？孔子说这是因为他"敏而好学，不耻下问"，不因孔圉有错而抹煞其优点。可见孔子待人的态度。聪敏的人往往不好学，一般人也往往耻于下问，"敏而好学，不耻下问"是不容易做到的优良品质，是我们应该努力这样去做的。"不耻下问"，不只是指地位高或年龄长的下问地位低和年龄少的，有才能的向无才能的、知识多的向知识少的请教，都是不耻下问。可与8·5、19·22章参读。

5·15　子谓子产①有君子之道四焉："其行己也恭，其事上也敬，其养民也惠，其使民也义。"

《注　释》

①子产：春秋时郑国的大夫，名公孙侨。

《大　意》

孔子说子产具备了四项君子之道："他自己行为谦逊，侍奉君上恭敬，养护百姓有恩惠，役使百姓有法度。"

这里讲的君子之道，包括了对己、对君、对民三个方面，也都是为政之道。

可与1·5章参读。君子、小人,古时有两种含义:一从地位分,指在位者和庶民;一从道德分,指有德者和无德者。本章所说,应是指在位者。

5·16　子曰:"晏平仲①善与人交,久而敬之②。"

《注　释》

①晏平仲:春秋时齐国大夫,名婴。　②久而敬之:之字有两种解释:一,指晏平仲自己,即说相交久了,人们越发对他恭敬;二,指晏平仲所交的人,即说晏平仲与人相交虽久,仍能对人恭敬不改。

《大　意》

孔子说:"晏平仲善于和别人交朋友,相交很久还能对人恭敬不改。"

交友之道也是为人之道的一个重要方面。《论语》谈到这一问题的,还有1·8、4·1、4·26、12·23、12·24、15·9、16·4等章,可以参读。

5·17　子曰:"臧文仲①居蔡②,山节藻棁③,何如其知也?"

《注　释》

①臧文仲:春秋时鲁国大夫,姓臧孙,名辰,文是谥号。当时人认为他智。　②居蔡:蔡,国君用以占卜的大龟。蔡这个地方产龟,因此把大龟叫蔡。居,作动词用,藏的意思。臧文仲藏了一只大龟。　③山节藻棁:

节，柱上的斗栱。棁（zhuō），房梁上的短柱。山节藻棁，把斗栱雕成山形，在棁上绘上水草花纹。古时是装饰天子宗庙的做法。

《大　意》

孔子说：“臧文仲藏了一只大龟，藏龟的屋子斗栱雕刻成山的形状，短柱上画上水草花纹，他的智慧究竟怎么样呀？”

当时人认为臧文仲有智慧，可是他建造了豪华的宫室来藏一只大龟，还采用天子宗庙的装饰形式，所以孔子说他不智。旧注云：“孔子言其不务民义，而谄渎鬼神如此，安得为知？”可与6·20章“务民之义，敬鬼神而远之，可谓知矣”联系读。

5·18　子张问曰：“令尹子文①三仕为令尹，无喜色；三已之，无愠色。旧令尹之政，必以告新令尹。何如？”子曰：“忠矣。”曰：“仁矣乎？”曰：“未知。焉得仁？”

“崔子弑齐君②，陈文子③有马十乘，弃而违之。至于他邦，则曰：‘犹吾大夫崔子也。’违之。之一邦，则又曰：‘犹吾大夫崔子也。’违之。何如？”子曰：“清矣。”曰：“仁矣乎？”曰：“未知。焉得仁？”

《注　释》

①令尹子文：令尹，楚国官名，相当于宰相。子文，姓斗，名榖於菟（gòu wū tú）。　②崔子弑齐君：崔子，齐国大夫崔杼。齐君，齐庄公，名光。弑，古代在下的人杀了在上的人叫弑。　③陈文子：齐国的大夫，名须无。

《大 意》

子张问道："令尹子文三次当令尹，没有显出高兴的样子；三次被免职，没有显出怨恨的样子。他自己当令尹时的政事，一定都告诉来接任的新令尹。这个人怎么样？"孔子说："可算得忠了。"子张说："可说是仁了吗？"孔子说："不知道。怎么算得仁呢？"

子张又问："崔杼杀了齐君，陈文子家有四十匹马，都抛弃不要了，离开了齐国。到了另一个国家，他说，这里的执政者也和我们齐国的大夫崔子差不多，就离开了。又到一个国家，又说这里的执政者也和我们的大夫崔子差不多，又离开了。这个人怎么样？"孔子说："可算得清了。"子张说："可说是仁了吗？"孔子说："不知道。怎么算得仁呢？"

孔子肯定令尹子文的忠和陈文子的清，却认为他们不能算仁。忠和清是重要的道德要求，像令尹子文和陈文子这样，已经很不容易了。但毕竟还只是一个方面，而仁是全德。做到忠、清，不等于就达到了仁的要求。子张所问，只是二人的一个方面，不能反映二人全貌，所以孔子回答"未知，焉得仁"。可与5·7章参读。

5·19　季文子①三思而后行。子闻之，曰："再，斯可矣。"

《注 释》

①季文子：鲁国大夫季孙行父，文是谥号。

《大 意》

季文子遇事都要考虑三次才行动。孔子听到了，说："考虑两次也就可以了。"

三思而后行，是常用的成语。意思是行动之前要作周密的思考，以避免仓促行事带来失误。本章孔子说，思考两次就可以了，是针对季文子的具体情况而说。有二解：一说季文子行事审慎，很少过错，"不必及三思"；一说史书记载，季文子平日对祸福利害计较过细，想的多了"私意起而反惑"，实际行事反多失误，所以孔子说不必三思。今天读此章，不必拘泥于三还是再的具体数字上，把三理解为多就可以了。

5·20　子曰："宁武子①，邦有道，则知；邦无道，则愚②。其知可及也，其愚不可及也。"

《注 释》

①宁武子：卫国大夫宁俞，武是谥号。　②愚：这里讲的愚，并不是真愚，而是隐藏自己的智慧装成愚笨的样子，保全自己，以完成大业。

《大 意》

孔子说："宁武子在国家有道时就聪明，国家无道时就像是很愚笨的。他的聪明是别人可以做得到的，他的愚笨却是别人做不到的。"

这一章及15·6章对宁武子、史鱼、蘧伯玉的评论，特别称道了宁武子和蘧伯玉在邦无道的情况下的"愚"和"卷而怀之"，值得注意。旧注说，武子仕卫在文公、成公时。文公有道，武子对政事有所建议，这是其"知"，是他人也可以达到的;成公无道,以至失国,而武子"周旋其间,尽心竭力,不避艰险"。这是他人都以为愚而不做的,而他最后终于"保其身以济其君",帮助国君完成了大事。这是其"愚",是他人不可及的。事见《左传》。

本章和5·19季文子三思而后行章,对季文子、宁武子的评价,都是针对他们的具体情况。如不了解当时语境,就不能准确理解《论语》的本义。读《论语》,对这一点要特别注意。

可与7·10、8·13、14·1、14·4、18·1等章参读。

5·21　子在陈①,曰:"归与!归与!吾党之小子②狂简③,斐然④成章,不知所以裁之⑤。"

《注 释》

①陈:国名。　②吾党之小子:党,乡党。吾党之小子,指孔子在鲁国的学生。　③狂简:狂,志大。简,有两种解释:一,疏略;二,大。狂简依前一解就是志大才疏,依后一解就是进取有大志。　④斐(fěi)然:有文采的样子。　⑤不知所以裁之:裁,裁剪,节制。不知所以裁之,有两种解释:一,指学生们不知自己节制自己;二,指孔子不知如何裁制学生们。

《大 意》

孔子在陈国说:"回去吧!回去吧!家乡的学生有进取心,有大志,文采也斐然可观,但还不知道怎样节制自己。"

这是孔子周游列国后将回鲁国时的感叹。

5·22　子曰："伯夷、叔齐①不念旧恶②，怨是用希③。"

《注　释》

①伯夷、叔齐：孤竹国君的两个儿子。父亲遗命传位于叔齐。叔齐以礼制规定长子继承，要让位于伯夷；伯夷为遵父命，亦不接受君位。二人双双弃国出走，逃到周的领地。周武王起兵伐纣，他们认为这是以臣弑君，拦在马前劝阻。周灭商，他们以在周朝做官为耻，逃进山中以野草充饥，饿死在首阳山中。　②旧恶：有两种解释：一，过去的恶事，只要能改，就不念旧恶；二，恶即怨，旧恶即宿怨。　③怨是用希：希，同"稀"，少。怨是用希，也有两种解释：一，指别人对伯夷、叔齐的怨恨很少；二，指伯夷、叔齐自己很少有怨恨。

《大　意》

孔子说："伯夷、叔齐不记人家过去的恶行，因此别人对他们的怨恨也就很少。"

怎样处理人间恩怨，是人生中的大问题。以怨报怨，怨怨相报何时了？也有人主张"以德报怨"。孔子既反对怨怨相报，也反对以德报怨，主张"以直报怨"（14·36）。不念旧恶，不因积怨而改变对人的态度，就是以直报怨，这是理性的态度。旧注说，伯夷、叔齐嫉恶如仇，"不立于恶人之朝，不与恶人言"，绝不与恶人交往。但只要恶人能改正，就不再记恨而与他交往，所以少有怨恨。

5·23　子曰:"孰谓微生高①直? 或乞醯②焉,乞诸其邻而与之。"

《注　释》

①微生高:鲁国人,姓微生,名高。当时人们认为是直人。　②醯(xī):醋。

《大　意》

孔子说:"谁说微生高直? 有人向他讨点醋,他(不直说没有),却向邻居讨来转给人家。"

微生高不直说自己没有醋,而是向邻居要了醋给人家。孔子从这件小事评论说,微生高不直。细微之处可以反映一个人的品格,无论是观察他人,还是省察自身,都不可忽略。旧注说:"是曰是,非曰非,有谓有,无谓无,曰直。圣人以微事断之,所以教人不可不谨也。"

5·24　子曰:"巧言、令色、足恭①,左丘明②耻之,丘亦耻之。匿怨而友其人,左丘明耻之,丘亦耻之。"

《注　释》

①足恭:有几种解释:一,足,过分;二,巧言、令色是从言语和脸色上讨好别人,足恭是两脚做出逢迎恭敬的姿势来讨好人;三,足,成也。巧言令色,以成其恭,讨好其人。　②左丘明:鲁国人,姓左丘,名明。

《大　意》

孔子说："花言巧语，装出好看的脸色，摆出逢迎的姿势来讨好人，左丘明认为可耻，我也认为可耻。把怨恨藏在心里，表面上却表示友好，左丘明认为可耻，我也认为可耻。"

可与1·3、17·13章参读。

5·25　颜渊季路侍①。子曰："盍②各言尔志？"子路曰："愿车马衣轻裘，与朋友共，敝之而无憾。"颜渊曰："愿无伐③善，无施劳④。"子路曰："愿闻子之志。"子曰："老者安之，朋友信之，少者怀之⑤。"

《注　释》

①侍：位卑的人在位尊的人身旁叫侍。单用侍字，是站立两旁；坐着叫侍坐。　②盍：何不。　③伐：夸耀自己。　④施劳：有两种解释：一，夸耀自己的功劳；二，把劳苦的事加给别人。　⑤老者安之，朋友信之，少者怀之：有两种解释：一，孔子对老者养之以安，对朋友交之以信，对少者怀之以恩；二，使老者安于我的奉养，朋友信我，少者怀我。两种解释强调的角度不同，但有相通之处。只有养之以安，老者才能安我；只有交之以信，朋友才能信我；只有怀之以恩，少者才能怀我。

《大　意》

颜渊和子路侍立在孔子身边，孔子说："何不各人说说自己的志向？"子路说："我愿意把车马衣服拿来与朋友共用，坏了也不抱怨。"颜渊说："我愿意不夸耀自己的好处,不宣扬自己的功劳。"子路向孔子说:"希望听听老师的志向。"孔子说:"使老者安心,使朋友信任我,使年轻人怀念我。"

　　孔子师生自述志向,子路、颜渊和孔子,都是求仁,方向一致,而境界不同。子路车马裘衣愿与朋友共用,敝而无憾,体现了"忧道不忧贫"(15·31)的精神;颜渊愿为善不夸耀,有功不宣扬,体现了"学者为己"(14·25)的精神;孔子安之、信之、怀之,则体现了"修己以安人""修己以安百姓"(14·45)的追求。子路、颜渊所说还限于个人的修养,孔子之志则在仁道的通行天下。其中差别要仔细体会。《论语》中孔子自述志向的文字,还有9·12、11·25、13·10、17·5、17·7等章,可以参读。

　　　　5·26　子曰:"已矣乎!吾未见能见其过而内自讼者也。"

《大 意》

　　"算了吧!我没有看见一个能够看到自己的错误而又能在内心自己责备自己的人呀。"

　　自省,是修养的基本方法,《论语》中多处讲到这个问题。本章特别提出"内自讼",值得注意。"内自讼"就是知有过时,不等他人责备而自责。14·25章说:"古之学者为己,今之学者为人。""内自讼"是为己精神的体现。能自讼自责,才是真正的道德精神。

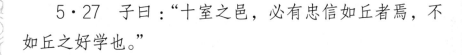

5·27　子曰："十室之邑，必有忠信如丘者焉，不如丘之好学也。"

《大　意》

孔子说："只有十户人家的小邑，必定有像我这样具有忠信品质的人，只是不如我这样好学罢了。"

《论语》中的一些章记载了孔子自述的话。在这些自述中，孔子否认自己是生而知之，不以圣、仁、君子自居，而只说自己的长处是好学。这些自述，主要有2·4、7·1、7·2、7·3、7·16、7·18、7·19、7·27、7·32、7·33、9·6、14·30等章。把这些章联系起来读，可以从一个方面了解孔子的精神。

本章孔子说"必有忠信如丘者焉"，独举出"忠信"。1·8章说君子"主忠信"，以忠信为主；7·24章说"子以四教：文、行、忠、信"；1·4章说曾子三省，忠信占其中之二。可见孔子对忠信的重视，应注意体会。

6·1　子曰："雍也可使南面①。"仲弓问子桑伯子②。
子曰："可也，简③。"仲弓曰："居敬而行简，以临其民，
不亦可乎？居简而行简，无乃④大⑤简乎？"子曰："雍之
言然。"

《注　释》

①南面：面向南。古时天子、诸侯听政都是南面而坐，可使南面就是
可以让他治理国家。旧注有的说是指可以任诸侯，有的说是指可以当天子。
②子桑伯子：人名。　③简：不烦琐。行简是指推行政事简而不繁。　④无乃：
岂不是。　⑤大：同"太"。

《大　意》

孔子说："冉雍这个人，可以让他去治理国家。"仲弓问到子桑伯子这
个人。孔子说："这人可以，他行事简要而不烦琐。"仲弓说："居心恭敬
严肃而行事简要，这样来治理百姓，不是也可以吗？而居心简行事也简，

岂不太简了吗？"孔子说："你说得对。"

6·2　哀公问："弟子孰为好学？"孔子对曰："有颜回者好学，不迁怒①，不贰过②，不幸短命死矣③。今也则亡④，未闻好学者也。"

《注　释》

①迁怒：迁，转移。迁怒，把对甲的怒气发泄到乙身上。　②贰过：贰，重复的意思。贰过，重复犯错误。　③短命死矣：颜回死时年仅三十一岁。④亡：同无。

《大　意》

鲁哀公问："你的学生中哪个好学？"孔子回答说："有个颜回好学，他不迁怒于别人，有错误能不再犯，可惜短命死了。现在没有了，没有听说有谁是好学的。"

孔子赞扬颜渊好学，特别提出他好学的表现是不迁怒、不贰过，要认真领会。不迁怒，是"求诸己"（15·20），节制怒气，使之适度的表现；不贰过，是善于从错误中学习的表现。真正懂得这两点，并且用于自身，可以大有益于学。

6·3　子华①使于齐，冉子②为其母请粟③。子曰："与之釜。"请益。曰："与之庾。"冉子与之粟五秉④。子曰："赤之适齐也，乘肥马，衣轻裘。吾闻之也：君子周⑤急不济⑥富。"原思⑦为之宰⑧，与之粟九百⑨。辞。子曰："毋，以与尔邻里乡党⑩乎！"

《注　释》

①子华：孔子的学生，姓公西，名赤，字子华。　②冉子：即冉有。③粟：古文粟米对用时，粟指带壳的谷粒，去壳以后叫做米。粟字单用时，就是指米。　④釜、庾、秉：古代量名。六斗四升为一釜；十六斗为一庾；十斗为一斛，十六斛为一秉，一秉合一百六十斗。　⑤周：周济，救济。　⑥济：接济。　⑦原思：孔子的学生原宪，字子思。　⑧为之宰：之指孔子，做孔子的家宰。　⑨九百：没有指明量名，有说九百斗，有说九百斛，不知是斗是斛。　⑩邻里乡党：古代以五家为邻，二十五家为里，一万二千五百家为乡，五百家为党。这里指家乡周围的百姓。

《大　意》

公西子华出使到齐国去，冉有为他的母亲向孔子请求补助一些粮食。孔子说："给他六斗四升。"冉有请求再加一些。孔子说："给他十六斗。"冉有却给了她八十石。孔子说："公西赤这次去齐国，乘坐的车子驾着肥马，身上穿着轻暖的皮衣。我听说过，君子是只周济急需救济的穷人而不接济富人的。"原思当了孔子家的总管，孔子给他俸米九百。原思推辞不要。孔子说："不要推辞。有多的，就给你的乡亲们吧。"

对于物质利益的取舍，孔子主张"见利思义"（14·13），不以其道不取。这一章讲的两件事，也都是关于钱财；不过不是个人的取舍，而是对他人的赠予。从此可以看到，对于钱财的赠予，也有其道。这一点也要注意。

6·4　子谓仲弓，曰："犁牛①之子骍且角②，虽欲勿用③，山川④其舍诸⑤？"

《注释》

①犁牛：耕牛。古时耕牛不作祭祀用。　②骍且角：骍（xīng），赤色。周朝以赤色为贵，祭祀用的牛也选用赤色的。角，意思是角长得周正。③用：用于祭祀。　④山川：山川之神。　⑤其舍诸：其，意义同岂。诸，之乎二字的合音。

《大　意》

孔子评论仲弓说："耕牛产下的牛犊周身赤色，角也长得整齐端正，人们虽想不用它来作祭品，但山川之神难道会舍弃它吗？"

耕牛本来不能作祭祀用，孔子以说如果耕牛之子长得好，形体符合祭祀的要求，神也舍不得抛弃它。他用这作比喻，评价仲弓，说明选用人才要看德行，不能只看出身而抛弃贤才，反映了举贤才反对任人唯亲的思想。

6·5　子曰："回也其心三月不违仁，其余则日月①至焉而已矣。"

《注 释》

①三月、日月：三月是说其长久，日月是说其短暂。

《大 意》

孔子说："颜回的心长久都不背离仁德，其余的人却只是偶尔有一时做到了仁而已。"

进德修身，贵在持久。偶一做到，不能持久，终究不能成自己所得。

6·6　季康子问："仲由可使从政也与？"子曰："由也果①，于从政乎何有？"曰："赐也可使从政也与？"曰："赐也达②，于从政乎何有？"曰："求也可使从政也与？"曰："求也艺③，于从政乎何有？"

《注 释》

①果：有决断。　②达：通达事理。　③艺：多才能。

《大 意》

季康子问孔子："仲由这个人，可以让他管理政事吗？"孔子说："仲由做事果断，对于管理政事有什么困难的？"季康子又问："端木赐可以让他管理政事吗？"孔子说："端木赐通达事理，对于管理政事有什么困难的？"又问："冉求可以让他管理政事吗？"孔子说："冉求多才多艺，对于管理政事有什么困难的？"

孔子说，子路、子贡、冉有三人各有所长，都可以在为政上发挥作用。可见虽说君子不器，但孔子并不否定技艺才能之重要；而且能了解弟子各自的特长，因材施教。

6·7　季氏使闵子骞①为费②宰，闵子曰："善为我辞焉！如有复我③者，则吾必在汶上④矣。"

《注 释》

①闵子骞：孔子的学生，名损，字子骞。　②费（mì）：季氏的封邑。季氏僭越专权，费邑的长官也屡次反叛，所以闵子骞不愿去费当官。　③复我：再来召我。　④汶：水名，在齐南鲁北境上。"必在汶上"是说要离鲁去齐国。

《大 意》

季氏要闵子骞做费邑的长官，闵子骞说："请你好好为我推辞吧，如果有人再来召我，那我一定已经逃到汶水上了。"

6·8　伯牛①有疾，子问之，自牖②执其手，曰："亡之③，命矣夫！斯人也而有斯疾也！斯人也而有斯疾也！"

《注 释》

①伯牛：孔子的学生，姓冉，名耕，字伯牛。　②牖（yǒu）：窗户。　③亡之：有两种解释：一作丧失讲，一作死亡讲，意思相近。

《大 意》

伯牛病了，孔子去探望他，从窗户外握着他的手说："丧失了这人，这是命呀！这样的人竟生这样的病！这样的人竟生这样的病！"

　　知命，是孔子思想中重要的部分。《论语》中多处谈到命。要注意从《论语》这些有关章句来理解孔子知命的思想。

　　6·9　子曰："贤哉回也！一箪①食，一瓢饮，在陋巷②，人不堪其忧，回也不改其乐③。贤哉回也！"

《注 释》

　　①箪（dān）：古代盛饭的竹器。　②巷：古时巷有两个含义：里中之道叫巷，人的住处也叫巷。这里的陋巷就是陋室的意思。　③回也不改其乐：颜回所乐的是什么？有的说是乐道；有的说是乐于学，不改好学之乐。

《大 意》

　　孔子说："颜回真是贤啊！一箪饭，一瓢水，住在简陋的小屋里，别人都忍受不了这种穷困的忧愁，颜回却没有改变他的乐趣。颜回真是贤啊！"

　　颜回的"不改其乐"和孔子对他的赞扬，反映了对人生意义的理解和根本的人生态度。本章说颜回不改其乐，7·15章说"饭疏食，饮水，曲肱而枕之，乐亦在其中矣。不义而富且贵，于我如浮云"是说孔子之乐。二章合称孔颜之乐。宋儒曾教弟子寻孔颜乐处，思考他们所乐何事？这成为读《论语》中一个经典问题。一方面，对以不正当的手段取得的富贵，看得如浮云一样；另一方面，一碗饭，一瓢水，住破屋，身处贫困而"不改其乐"，还"乐在其中"。把这些联系起来，从中思考为什么他们能不改其乐？他们乐的是什么？一般人不堪忍受的清贫，为什么孔颜能不改其乐，乐在其中？人们常说，人生最大的追求就是快乐。那么，都是追求快乐，为什么会有这样的不同？我们要追求什么样的快乐？我们自己所乐何事？认真思考这些问题，对我们领悟人生会有很好的启示。

也还可与4·9章"士志于道，而耻恶衣恶食者，未足与议也"和4·5章"富与贵是人之所欲也，不以其道得之，不处也；贫与贱是人之所恶也，不以其道得之，不去也"等章参读。

6·10　冉求曰："非不说子之道，力不足也。"子曰："力不足者，中道而废。今女画①。"

《注 释》

①今女画：女，同"汝"。画，同"划"，自己划定界限，不想前进。

《大 意》

冉求说："我不是不喜欢老师的道，是我的力量不够呀。"孔子说："力量不够是到半路才停下来，现在你是自己给自己划定了界限不想前进。"

冉求自称在学道上"力不足"，孔子批评他是不求上进，半途而废。说明修养仁德不存在心有余而力不足的问题。只要努力，就可以达到；达不到不是因为力量不足，只是自己不想前进，放弃了努力。可与4·6、12·1等章参读。

6·11　子谓子夏曰："女为君子儒，无为小人儒①。"

《注　释》

①君子儒、小人儒：《论语集解》说："君子为儒将以明道，小人为儒则矜其名。"《论语集注》说："君子儒为己，小人儒为人。"（为己、为人可参看14·25章）

《大　意》

孔子对子夏说："你要做君子儒，不要做小人儒。"

孔子提出君子儒和小人儒的区别，要求子夏做君子儒。此处君子和小人是以德划分。君子是对具有理想人格的人的称谓，《论语》中讲到君子处，多数是在这个意义上讲，从君子与小人的对比中说明对君子的要求。这是孔子思想中重要的部分，希望读者注意。

6·12　子游为武城①宰。子曰："女得人焉尔乎②？"曰："有澹台灭明③者，行不由径④；非公事，未尝至于偃之室也。"

《注　释》

①武城：鲁国地名。　②焉尔乎：语助词。　③澹台灭明：人名，姓澹台，名灭明，字子羽。后来也是孔子的学生。　④径：小路，捷径。

《大意》

子游做了武城的长官，孔子说："你在那里求得人才了吗？"子游说："有一个叫澹台灭明的，他不走捷径；没有公事从来不到我屋里来。"

这一章也反映孔子对举贤才的重视，可与12·22、13·2章参读。子游以"行不由径"作为认定澹台灭明是贤人的标准，值得注意。

6·13　子曰："孟之反①不伐。奔②而殿，将入门，策其马，曰：'非敢后也，马不进也。'"

《注释》

①孟之反：鲁国大夫，名侧。　②奔：败走。

《大意》

孔子说："孟之反不夸耀自己。打仗败退时，他走在最后，快进城门的时候，他鞭打着他的马说：'不是我敢于殿后，是马不能跑到前边呀。'"

孔子赞扬孟之反不夸耀自己。可与5·25章颜渊"愿无伐善，无施劳"联系起来读。行善完全发自内心，既不是害怕制裁，也不是谋求奖赏，只是求一己的心安；如"施惠无念，受恩莫忘""善欲人见，不是真善"，反映了14·25章所说的"为己"的精神。这是真正的道德精神，也是中华文化重要的传统精神。做了一点事，喜欢自夸，生怕人家不知道，这样的人不能说有真正的道德精神。

6 · 14　子曰："不有祝鲍①之佞，而有宋朝②之美，难乎免于今之世矣。"

《注　释》

①祝鲍（tuó）：卫国大夫，字子鱼。有口才。　②宋朝：宋国公子。有美貌。

《大　意》

孔子说："如果没有祝鲍那样的能说会道，而只有宋朝那样的美貌，那在今天的世上就难免受害了。"

6 · 15　子曰："谁能出不由户，何莫由斯道也？"

《大　意》

孔子说："谁能不从房门走出屋去呢？为什么就没有人按着道去走呢？"

这一章讲人要走正道，可与 6 · 12 章参读。

6 · 16　子曰："质胜文①则野②，文胜质则史③。文质彬彬④，然后君子。"

《注 释》

①质、文：质，朴实。文，文采。本章中质指内在品质，即仁；文指外在的礼。 ②野：古时郊外称野。乡村农夫称野人。这里引申为粗鲁、鄙野。 ③史：掌管法典和记事的官。 ④彬彬：指文和质两方面配合得很恰当。《论语集注》："物相杂而适均之貌。"

《大 意》

孔子说："质朴多于文采，就像个乡下人，流于粗鲁；文采多于质朴，就像个管文书的官。只有质朴和文采配合恰当，才是个君子。"

本章讲对君子的要求。文质彬彬，然后君子，就是说内心的道德品质和外表的礼仪，能够很好地统一起来，这样的人才是君子；质和文、仁和礼不可偏废。所以，君子必须从仁和礼两个方面进行修养。可与3·8、12·8章联系参读。

6·17 子曰："人之生也直，罔①之生也幸而免。"

《注 释》

①罔：诬罔不直的人。

《大 意》

孔子说："人的生存是靠正直，不正直的人的生存，是他侥幸地免于死亡。"

人之生也直，是从人生的本质说。只有正直才能维系社会的稳定和发展，也才能有个人的生存和发展。这是人生大道。现实中也有诬罔不直而能富贵腾达的，那只是由种种偶然条件所造成的，不是人生常道；所以说是"幸而免"。孔子指出这一点，告诫人们认清人生大道，不要心存侥幸，枉道而行。

6·18　子曰："知之者不如好之者，好之者不如乐之者。"

《大　意》

孔子说："懂得它的人，不如爱好它的人；爱好他的人，又不如以它为乐的人。"

这一章里的"之"字没有说明是指什么，一般认为是指学问。知之、好之、乐之是三种不同的境界。就道德修养来说，知道了却不喜好，不愿照着做，则所学和自己没有关系；喜好，就会去追求；又还有安仁、利仁的区别（4·2）；只有安之、乐之才是真正的道德境界。读者可以对照自己，看达到了哪个境界，并向更高境界努力。

6·19　子曰："中人以上，可以语上也；中人以下，不可以语上也。"

《大　意》

孔子说："智力在中等水平以上的人，可以给他讲高深的学问；在中等水平以下的人，不可以给他讲高深的学问。"

因材施教，是孔子教育思想的一个重要内容。根据学生智力水平的高下来决定教授的内容，是因材施教的一个方面。可与 11·21 章参读。

6·20　樊迟问知。子曰："务民之义①，敬鬼神而远之，可谓知矣。"问仁。曰："仁者先难而后获，可谓仁矣。"

《注 释》

①务民之义：《论语集注》中说："专用力于人道之所宜。"务，致力。

《大 意》

樊迟问怎样才算是智，孔子说："专心致力于治理百姓所该做的，对鬼神敬而远之，可以说是智了。"樊迟又问怎样才是仁，孔子说："仁人有难事做在人前，有收获得在人后，可以说是仁了。"

不信鬼神，面对现实，以回答现实的社会问题、人生问题为中心，是孔子思想的一个突出特点。这一章说要专心致志于治国的人事，对鬼神敬而远之，既表明了不信鬼神的理性态度，也表示了对民间鬼神信仰的尊重，比较全面地反映了孔子在这个问题上的思想。11·11 章说"未能事人，焉能事鬼""未知生，焉知死"，7·20 章"子不语怪、力、乱、神"，也都说到对鬼神的态度，可以参读。

6·21　子曰："知者乐水，仁者乐山①；知者动，仁者静；知者乐，仁者寿。"

《注　释》

①知者乐水，仁者乐山：《论语集解》引包注："知者乐运其才知以治世，如水流而不知已；仁者乐如山之安固，自然不动而万物生焉。"乐，音 yào，喜爱。今通读 lè。

《大　意》

孔子说："智者喜爱水，仁者喜爱山；智者活动，仁者安静；智者快乐，仁者长寿。"

孔子以山和水的特性作比喻，说明仁者和智者的不同品格，需用心体会。

6·22　子曰："齐一变，至于鲁；鲁一变，至于道。"

《大　意》

孔子说："齐国一改变，可以达到鲁国的样子；鲁国一改变，就可以达到先王之道了。"

6·23　子曰："觚不觚①，觚哉！觚哉！"

《注　释》

①觚（gū）不觚：觚，古代酒器，上圆下方，有棱，容量二升。觚不觚，有两种解释：一，孔子时觚做成圆形，没有了棱角，孔子慨叹名实不符，讽喻政事；二，觚有少的意思。觚容量小，劝人少饮酒。孔子时人们沉湎

于酒，虽然用觚饮酒，但不节制酒量，因此孔子慨叹。

《大　意》

孔子说："觚不像个觚，这还叫觚呀！这还叫觚呀！"

孔子慨叹觚的名实不符，也是慨叹礼坏乐崩的时势，反映了他"正名"的思想。可与12·11、13·3两章参读。

6·24　宰我问曰："仁者虽告之曰井有仁焉①，其从之也？"子曰："何为其然也？君子可逝②也，不可陷③也；可欺也，不可罔也。"

《注　释》

①井有仁焉：一说仁字当作人，又一说是在井中有救人机会。　②逝：去救的意思。　③陷：陷害。

《大　意》

宰我问道："一个仁者，别人告诉他井里掉下人去了，他会跟着下去吗？"孔子说："为什么要这样呢？君子可以到井边去救，但不会被陷入井中；他可能受骗，但不会被迷惑。"

身在井上可以救落井的人，跳入井中反不能救人。这道理极简单。仁者爱人，听说有人落井，定会前往施救，却不会跳入井内。仁知（智）统一，不知，无以为仁。

6·25　子曰："君子博学于文，约①之以礼，亦可以弗畔②矣夫。"

《注 释》

①约：有两种解释：一，约束；二，简要，使博学的文献知识归于简要。9·10章颜渊说"夫子循循然善诱人，博我以文，约我以礼"，可见约之以礼的"之"字应指人，前者较合《论语》原意。　②畔：同"叛"。

《大 意》

孔子说："君子广泛地学习文献，又以礼来约束自己，也就不至于离经叛道了。"

"博学于文，约之以礼"，是孔子教育的两个方面，"可以弗畔"是其目的。7·24章"子以四教：文、行、忠、信"，1·6章说"行有余力，则以学文"，都是说孔子的教育是从力行和学文两个方面进行。学文，要广泛学习文献；力行，礼是古代一切行为的规范，力行就是要依礼而行，也就是要"约之以礼"。"博学于文，约之以礼"正是这两个方面。

9·10章也讲到这个问题，可参读。

6·26　子见南子①，子路不说。夫子矢②之曰："予所否③者，天厌之！天厌之！"

《注 释》

①南子：卫灵公夫人，有淫乱的行为。　②矢：通"誓"。　③否：不对，指做了不正当的事。

《大 意》

孔子去见了南子，子路不高兴。孔子发誓说："如果我做了不正当的事，让天厌弃我吧！让天厌弃我吧！"

《论语》中多次讲到天和命，不同场合所讲含义不尽相同。本章孔子对天发誓，这里的天有人格化的神的意义。在这样的意义上讲到天的，还有 7·22、9·11、14·37 章。在 6·8、9·1、9·5、11·8、12·5、14·38、20·3 等章中看到的天和命，则有不同的含义；孔子是在困境中把人力不能支配的因素归之于天或命。天、命的思想，是孔子思想中比较难理解的问题，需要细心从当时背景和《论语》本文中体会。

至于孔子见南子，这件事本来没有重要的意义。只因为在批孔的潮流中有人用此事作题材编一个小剧，借以讽刺孔子，引起一场风波，才受到人们的注意。现在这一切都已成历史，不再有什么意义。

6·27　子曰："中庸①之为德也，其至矣乎！民鲜久矣。"

《注 释》

①中庸：孔子提出的道德准则。《论语集解》邢昺疏：中谓中和，庸常也。《论语集注》朱熹注："中者，无过无不及之名也。庸，平常也。"

《大 意》

孔子说："中庸作为道德，该是最高的了吧！人们缺少这种道德已经很久了。"

中庸是孔子和儒家提倡的待人处事的基本原则，它反映着中华文化的重要特点。这一章孔子称中庸为至德，可见他对中庸的重视。但一部《论语》，直接谈中庸的却很少，给读者的理解带来困难。然而《论语》不少章对具体事物的论述，如1·12、2·16、11·15、13·21、13·23等章，都体现了中庸的思想。要注意仔细体会。另外，也还需要结合儒家其他文献来理解。

6·28 子贡曰："如有博施于民而能济众，何如？可谓仁乎？"子曰："何事于仁？必也圣乎！尧舜①其犹病诸。夫仁者，己欲立而立人，己欲达而达人。能近取譬②，可谓仁之方也已。"

《注 释》

①尧舜：传说中上古时代两位天子，是孔子推崇的圣人。 ②譬：比喻。

《大 意》

子贡说："如果有人能对百姓广施恩惠，周济大众，怎么样呢？能说是做到仁了吗？"孔子说："这哪里是仁呢？一定是圣人了。就连尧舜还怕难于做到呢。至于仁就是自己想在社会上立足，就也帮助别人立足；自己想要通达，就也帮助别人通达。能就近以自己的心作比而推及别人，可以说就是为仁的方法了。"

　　这一章以"己欲立而立人，己欲达而达人"来说明仁，对于理解仁的精神十分重要。"己欲立而立人，己欲达而达人"和15·23章所说的"己所不欲，勿施于人"，共同的精神是要推己及人，从自己所欲或不欲出发，推想到别人，理解别人的所欲或不欲；也就是要时刻想到别人，要把别人看作和自己同样的人，自己希望要的别人也会希望要，自己不希望有的别人也会不希望有；也就是民间常说的要将心比心，设身处地替别人着想。这体现了儒家待人的根本精神，也是实行孔子仁学思想的出发点。仁的最基本的内涵是爱人。爱人的起点就在心里有别人，能推己及人。如果心里只有自己，只想着"只要我高兴就好"，又怎么谈得到爱别人呢？推己及人也是一切社会公德的基础，并且可以和应该成为全人类人们普遍遵行的社会生活准则。

　　有一种观点，认为"己欲立而立人，己欲达而达人"就是"以为自己想要的别人也一定想要"，"一个人想要的，也要尽量给予别人"，或"己之所欲，必加诸人"，这是曲解。原文本义，是自己有立、达之愿望，他人亦有立、达之愿望；在自己立、达之余，还须助他人立、达。不独自我完善，且尽心助人完善，这是仁者胸怀。尽己之谓忠，是说尽自己的责任以助人；立人、达人是助他人完成其立、达之愿望，并非将自己所欲加于他人；是对自身的要求，非对他人的要求。"己所不欲，勿施于人"和"己欲立而立人，己欲达而达人"虽有积极消极之别，其内涵之精神则一，均为对自己的要求，求诸己而非求诸人。所以立人、达人的基础和前提是尊重他人的愿望。以自己之所愿要求他人，非立人、达人之本义。而将违背对方愿望的要求加之于人，则有悖于"己所不欲，勿施于人"，更为不可。

7·1　子曰："述而不作①，信而好古，窃比于我老彭②。"

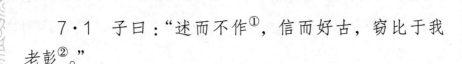

《注　释》

①述而不作：述，传述。作，创作，创造。　②老彭：商代大夫，"好述古事"。

《大　意》

孔子说："只传述而不创新，相信和爱好古代文化，我私下把自己比作老彭。"

本篇内容多是讲孔子。

"述而不作"是孔子自述为学的态度。如果真是这样，那就不会有思想的创新和发展。然而，事实上，在整理和阐述、传授古代文献的过程中，孔子作出了许多创新、发展；他创立的儒学对中华文明发展有深远的影响。他实际上是述中有作，寓作于述，在继承中创造。之所以说是述而不作，是突出了继承的重要。在汉代以后儒学的发展中，"述而不作"，通过对经典的诠释提出新思想，发展儒学，而不自立体系，也成为中国学术发展的一种传统。对于这一传统，应该认真研究、总结，认识其价值和意义，在新的条件下继承和发展。

对于述而不作，也可以与2·11章"温故而知新"联系理解。

7·2　子曰："默而识①之，学而不厌，诲人不倦，何有于我哉②？"

《注　释》

①识（zhì）：记住。　②何有于我哉：有两种解释：一，对我有什么难呢？二，谦虚之词，我有哪一点呢？联系《论语》别章内容看，前解较好些。

《大　意》

孔子说："默默地记住所学的知识，努力学习而不厌烦，教导别人不知疲倦，这在我有什么困难呀？"

上章孔子自称"述而不作，信而好古"，这一章自许"默而识之，学而不厌，诲人不倦"，反映了孔子精神面貌的一个重要方面。可与7·19章参读。

7·3　子曰："德之不修，学之不讲，闻义不能徙，不善不能改，是吾忧也。"

《大　意》

孔子说："对品德不去修养，对学问不去讲习，听到义的道理不能改变自己的想法按义的要求去做，有了不善的事不能改正，这些正是我所忧虑的。"

修德、讲学、徙义、改过，是为人、为学的四个重要方面。孔子为人们不能这样做而忧虑。我们应该向这几方面努力。徙义，改变自己以追随道义，或照道义的要求改正自己。可与"择其善者而从之"（7·21），"就有道而正焉"（1·14）参读。

把改过与修德、讲学、徙义并提，反映孔子对改正过失或"不善"的重视。5·26章孔子慨叹世人不能自见其过而自责，6·2章称赞颜渊又以"不贰过"作为好学的表现；还有1·8、15·29、19·8、19·21等章，都可参读。

7·4　子之燕居①，申申如也，夭夭②如也。

《注　释》

①燕居：闲居。②申申、夭夭：和舒貌。《论语集注》引杨氏曰："申申，其容舒也；夭夭，其色愉也。"另一解释："申申，整敕貌，衣冠整齐。"

《大　意》

孔子闲居的时候，仪态温和舒畅，脸色愉快。

7·5 子曰："甚矣吾衰也！久矣吾不复梦见周公①！"

《注 释》

①周公：姓姬，周文王的儿子，周武王的弟弟，鲁国国君的始祖。是孔子最敬服的古代圣人之一。

《大 意》

孔子说："我衰老得很厉害了，好久没有再梦见周公了。"

本章反映孔子对周公的崇敬和思念。孔子志在行周公之道，所以会在梦寐中见到周公。年老体衰，不再梦见周公，又见道不得行，因而有此慨叹。既是叹自身衰老，也是叹道之不得行。

7·6 子曰："志于道，据于德①，依于仁，游于艺②。"

《注 释》

①德：古注："德者，得也。"能把道贯彻到自己心中而不失掉就叫德。
②游于艺：艺指孔子教学生的礼、乐、射、御、书、数六艺；六艺都是日常所用。游，有不同的解释：一，艺不足以据守和依靠，所以说是游；二，游泳，习艺有游泳自如的乐趣；三，闲暇无事的时候就游憩于六艺之中，游是不匆忙急迫的意思。

《大 意》

孔子说："立志于道，据守于德，依靠于仁，游习于六艺之中。"

此章提出四个方面要求，可以说是学做人的纲要。古代道和德分别讲。道，"人伦日用之间所当行者是也"，即为人之道，做人的根本原则。志于道，立志于追求为人之道，即确立为人之目标、道路，解决人生方向的问题。朱熹说："志道，则心存于正而不他。"（《论语集注》）"志不立，直是无着力处。"（《朱子沧州精舍喻学者》）

德，得也，道之得于己者为德。对于道，自己已经把握了的，叫做德。道博大精深，对道的把握，不能一蹴而就；需在日常言行中，不断地体会、践行，积累而成。惟有自己把握了，才能够据之以指导言行。所以说"据于德"。据于德，即德行之教，将志道的追求落实于行；孝悌忠信，勇直敬让等是其要目；也惟有日常言行都能据于德而不离，才能达于道之大全。

子曰："吾道一以贯之。"孝悌忠信，勇直敬让诸德，其中有一以贯之之精神。仁，人与人相处的大道，贯穿于诸德的根本精神。依于仁，就是一切德行都要体现其中一以贯之的仁的精神。孝悌是为仁之本，但并不是有孝悌之行就是仁；只知孝敬父母，没有仁者爱人之心，不能将爱心推及他人，不能说是仁。所以在据于德的基础上还须有依于仁的教育。

艺，孔子时指礼、乐、射、御、书、数，以后范围扩展，包括琴棋书画、诗词歌赋，以至天文历算、农桑水利、医药百工，都属艺。艺属实务、技艺，非原则。游，游憩。朱熹注称其为"玩物适情之谓"；钱穆《论语新解》称其为"人之习于艺，如鱼在水"。游于艺与志于道、据于德、依于仁属不同范畴。前三项是理性的、道德的，通过博文约礼，学习修养而达到；游于艺则是感性的、艺术的，经技艺的学习而得之。前者是社会性的，人所共同；后者是个性化的，随各人兴趣条件不同而异。

志道、据德、依仁、游艺，四者相比，前三项为本，后项为末；前者重，后者轻。然四者均为成人之不可或缺，不可偏废。以为学做人只需熟读经典，志道进德，而一切技艺之学都属无用，甚至有害；或将儒学教育局限于琴棋书画、茶艺武术之类技艺之学，而不及志道进德之学，都是偏于一端，有失儒学教育之真精神。

7·7　子曰："自行束脩①以上，吾未尝无诲焉。"

《注　释》

①束脩：脩（xiū），干肉，又叫脯。束脩就是十条干肉，是古代一种最菲薄的见面礼。

《大　意》

孔子说："只要自己拿着十条干肉为礼来见我，我从没有不给他教诲的。"

这一章既表现了孔子诲人不倦（7·2、7·33）的精神，也反映了他有教无类（15·38）的教育思想。可与这几章及有关章参读。

7·8　子曰："不愤①不启，不悱②不发。举一隅不以三隅反，则不复也。"

《注　释》

①愤：用心思索想弄清楚而还没有想通的意思。　②悱（fěi）：口里想

说而说不出来的样子。

《大 意》

孔子说："不到他努力想弄清楚而又想不通的时候，不去开导他；不到他想说而说不出来的时候，不去启发他。举出一个角落讲给他听而他不能由此推知其他三个角，那就不再教他了。"

孔子教育重启发。从教的方面说，在学生充分思考的基础上再去开导、启发；从学的方面说，要求能举一反三。这些思想，符合教学的规律，具有普遍的意义。1·15、2·9、5·8、11·3等章从不同的方面接触到这个问题，可以参读。

7·9　子食于有丧者之侧，未尝饱也。子于是日哭，则不歌。

《大 意》

孔子在有丧事的人旁边吃饭，从来没有吃饱过。孔子在这一天为吊丧而哭过，就不再唱歌。

在有丧事的人旁边从不吃饱，吊丧哭过当天不歌唱，都反映出孔子对丧者的同情之心，由此可见仁的情怀。

7·10　子谓颜渊曰："用之则行，舍之则藏①，惟我与尔有是夫②！"子路曰："子行三军，则谁与？"子曰："暴虎冯河③，死而无悔者，吾不与也。必也临事而惧④，好谋而成者也！"

《注　释》

①用之则行，舍之则藏：行和藏都是指道言，意思是：有能用我之道的，我就推行这道；没有用这道的，我就把道隐藏起来。舍同"捨"，不用的意思。　②惟我与尔有是夫：尔，指颜渊。是，指"道"。即"用之则行，舍之则藏"的"道"。　③暴虎冯河：暴虎，徒手与虎搏斗；冯河，徒步涉水过河。冯同"凭"。　④惧：谨慎小心。

《大　意》

孔子对颜渊说："有能用我之道的，就去推行它；没有用此道的，就把它隐藏在身，只有我与你能这样吧。"子路说："老师您如果率领军队，那找谁共事呢？"孔子说："赤手空拳和老虎搏斗，徒步涉水过河，死了也不后悔的人，我是不和他共事的。我要找的，一定要是临事小心谨慎，认真谋划而能成功的人。"

人生道路是复杂、曲折的，时运是不断变化的，人的一生总会经历种种不同的遭遇。面对不同的环境、情况，怎样自处，是人生一大问题。本章就是谈这个问题。孔子以弘道为人生的使命。"用之则行，舍之则藏"，行、藏指的是道。能用则用，不见用则藏。8·13、14·1、14·4、14·13、15·6、15·8、19·1等章都谈到这个问题，可参读。

智、仁、勇，是孔子提倡的三项美德。《中庸》说："知、仁、勇，三者天下之达德也。"知、仁、勇三者统一。不仁无知，不仁无勇。孔子不赞成暴虎冯河，死而无悔一类的做法，要求临事而惧，好谋而成，说明勇也必须与智相联系，不是盲目蛮干。可与9·28、14·30、17·23章参读。

7·11 子曰："富而可求①也，虽执鞭之士②，吾亦为之。如不可求，从吾所好。"

《注　释》

①富而可求：可求是指合于道，可以去求。可与4·5章"不以其道得之，不处也"联系起来理解。　②执鞭之士：古代天子和诸侯出入时，手执皮鞭开路的人。意思是指地位低下的职事。

《大　意》

孔子说："富如果合于道而可以去求，虽然是给人执鞭的下等差事，我也愿意去做。如果富不合于道而不可去求，那就还是按我的爱好去做。"

本章谈对致富的态度。可与4·5章和相关各章参读。

7·12 子之所慎：齐①、战、疾。

《注　释》

①齐：同"斋"，古人在祭祀前沐浴更衣，不吃荤，不饮酒，不与妻

妾同寝，整洁身心，表示虔诚，叫做斋、斋戒。

《大　意》

孔子所谨慎对待的是：斋戒、战争和疾病。

7·13　子在齐闻韶①，三月不知肉味，曰："不图为乐之至于斯也。"

《注　释》

①韶：舜时乐曲名。

《大　意》

孔子在齐国听到了韶乐，有三个月尝不出肉味来，说："想不到韶乐的美竟能达到这样的境界。"

本章谈孔子闻韶乐后的感受，由此可见乐之感人至深。

7·14　冉有曰："夫子为①卫君②乎？"子贡曰："诺，吾将问之。"入，曰："伯夷、叔齐何人也？"曰："古之贤人也。"曰："怨乎？"曰："求仁而得仁，又何怨。"出，曰："夫子不为也。"

《注　释》

①为：帮助的意思。　②卫君：指卫出公辄，是卫灵公的孙子。卫灵

公驱逐了太子蒯聩，灵公死后辄立为国君。晋国又把其父蒯聩送回卫国，与他争夺君位，蒯辄拒不让位。父子争夺君位，与伯夷、叔齐兄弟互相推让的行为正好相反。所以子贡用伯夷、叔齐的事试探孔子对卫君的态度。

《大　意》

冉有问："老师帮助卫君吗？"子贡说："嗯，我要去问问他。"子贡进去，问孔子说："伯夷、叔齐是什么样的人？"孔子说："是古代的贤人呀。"子贡又问："他们有没有怨恨后悔呢？"孔子说："他们追求仁而得到了仁，又有什么怨恨后悔呢？"子贡出来说："老师不会帮助卫君的。"

伯夷、叔齐虽然抛弃了君位，饿死在首阳山上，但他们所作的一切，都是为了坚守道义，不改其志，以求心安。最后他们做到了这一点。所以孔子说，他们求仁而得仁，有什么怨恨后悔呢？孔子之教，全在"守死善道"（8·13），以求心安，除此别无他求。"求仁而得仁，又何怨"反映了这种精神。孔子既赞扬伯夷叔齐这样的精神，自然不会去帮助卫出公。

可与14·25、17·21等章参读。

7·15　子曰："饭疏食①，饮水，曲肱而枕之②，乐亦在其中矣。不义而富且贵，于我如浮云。"

《注　释》

①饭疏食：饭，作动词，吃的意思。疏食，粗粮。　②曲肱而枕之：枕着胳膊睡觉。肱（gōng），胳膊。枕，作动词用。

《大　意》

孔子说："吃粗粮，喝白水，弯起胳膊当枕头，乐趣也就在这中间了。用不正当的手段得到的富贵，在我看来就像浮云一样。"

本章与 6·9 章谈孔子、颜回的"乐"，合称"孔颜之乐"，可联系参读。

7·16　子曰："加①我数年，五十以学《易》②，可以无大过矣。"

《注　释》

①加：有不同解释。一，依本义；二，同"假"，给予。　②五十以学《易》：《易》，指《周易》。过去认为孔子学《易》后作《易传》，不可信。《鲁论》这一章"易"字作"亦"，全文是："子曰：'加我数年，五十以学；亦可以无大过矣。'"孔子学《易》的时间，也有几种解释：一，依原文，孔子五十学《易》，此语是孔子四十多岁时说；二，孔子学《易》在七十岁以后，加字同"假"，原文五十有误；三，孔子学《易》在五十六七岁到七十岁之间周游列国期间，加字同"假"，借用意。意思如"如果我年轻几岁，五十就学易"。

《大　意》

孔子说："再给我几年，到五十岁时去学习《周易》，就可以没有大的过错了。"（孔子说："如果我年轻几岁，五十就学《周易》，那就也可以没有大的过错了。"）

孔子晚年喜《易》，据古籍记载"居则在席，行则在囊"（《帛书易传·要》），"韦编三绝"（《孔子世家》）。在家时放在身边，外出时带在行囊中，随时阅读，以致连接竹简的皮带磨断了三次。《论语》中关于孔子谈《易》的记载很少，孔子关于《易》的思想，需要通过学习其他文献来了解。

7·17　子所雅言①，《诗》《书》、执礼，皆雅言也。

《注 释》

①雅言：又称正言，当时把西周京城地方人的语言叫雅言。相当于现在的普通话。

《大 意》

孔子用雅言的场合，诵读《诗》《书》，执行礼事，都是用雅言。

7·18　叶公①问孔子于子路，子路不对。子曰："女奚不曰，其为人也，发愤忘食，乐以忘忧，不知老之将至云尔②。"

《注 释》

①叶公：楚国大夫沈诸梁，字子高。任叶城的地方官，自称叶公。②云尔：云，代词，如此。尔同"耳"，而已，罢了。

《大 意》

叶公向子路问孔子是什么样的人，子路没有回答他。孔子说："你为什么不说，他这个人，发愤用功，连吃饭也忘了，快乐得把一切忧虑都忘了，连自己快要老了都不知道，如此而已。”

这一章是孔子自述。对自己，孔子一向只说好学。本章描述出他好学的心态。发奋而忘食，是在还没有学到时的状态；乐而忘忧，是学有了收获时的状态；不知老之将至，反映了他一生孜孜不倦，把学习看作生命主要内容的心态。关于孔子自述好学，可与2·4、5·27、7·2、7·19、7·33等章参读。

7·19　子曰：“我非生而知之者，好古，敏以求之者也。”

《大　意》

孔子说：“我不是生来就知道的，我是爱好古代文化，勤快地去追求的人。”

孔子否认自己是生而知之者，但他并没有根本否认生而知之。可与16·9章参读。“好古，敏以求之”，一是好古，二是勤学，这是孔子自己总结他学习修养的主要精神。可与5·27、7·1、7·2等章参读。

7·20　子不语怪、力、乱、神。

《大　意》

孔子不讲怪异、强力、叛乱、神道。

关于力，可参读3·16、14·6、14·35、15·1等章；关于鬼神，可参读 6·20、11·11 章。

　　7·21　子曰：“三人行，必有我师焉。择其善者而从之，其不善者^①而改之。”

《注 释》

①善者、不善者：指同行人的善与不善的品德。有的解释为，同行二人，一人善，一人恶，二人都是我师。这样解释似太拘泥于“三人”的字义，反离开了原意。

《大 意》

孔子说：“三个人同行，其中就一定有我的老师。我选择他善的品德向他学习，看到他不善的地方就作为借鉴改掉自己的缺点。”

“三人行，必有我师焉”，与人交往，随时随地都可以向他人学习；无论其人善与不善都可以为师，由此可见孔子真心好学的精神。可与 19·22 章“夫子焉不学？而亦何常师之有”，4·17 章“见贤思齐焉，见不贤而内自省也”参读。

　　7·22　子曰：“天生德于予，桓魋^①其如予何？”

《注 释》

①桓魋（tuí）：宋国司马向魋，是宋桓公后代，因此又称桓魋。《史记》

上记载，一次桓魋要杀害孔子，孔子说了这句话。

《大　意》

孔子说："上天把德赋予了我，桓魋能把我怎么样？"

天生德于予的"德"，代表孔子全部信仰、思想和行为。孔子的意思是说，天把德给了我，我所信、所想、所说、所为都是本于天命，符合天命的，桓魋能把我怎么样？9·1章说孔子"与命与仁"，知命是孔子思想的重要方面。本章是涉及孔子知命思想的重要的一章，可与2·4、6·8、9·5、11·8、14·37、14·38、16·8、20·3等章参读。

7·23　子曰："二三子①以我为隐乎？吾无隐乎尔。吾无行而不与二三子者，是丘也。"

《注　释》

①二三子：这里指孔子的学生们。

《大　意》

孔子说："你们以为我有什么隐瞒你们吗？我是毫无隐瞒的。我所有的行为无不和你们在一起，这就是我孔丘呀。"

弟子们以为孔子之道高深，怀疑孔子有所隐瞒，没有全部教给弟子。孔子回答说自己日常行为无不和大家在一起，特别提出一个"行"字，是告诉弟子，孔子所教是为人之道，此道就在其身，孔子日常行为也即是其教，并非另有一套高深理论。弟子们天天和孔子生活在一起，都了解孔子其人，也就可以了解孔子之道。所以说孔子没有对弟子们有所保留或隐瞒。这也告诉我们，学为人之道，不能只向书本、理论学，更要向人学；读《论语》不能只读文本，更要了解孔子其人，学孔子。

7·24　子以四教：文①、行②、忠、信③。

《注　释》

①文：文献知识。　②行：指德行。　③忠、信：见1·4章注。

《大　意》

孔子以文、行、忠、信四项内容教学生。

旧注云："教人以学文修行而存忠信也。"文，文献；行，德行。1·6章"行有余力，则以学文"；6·25章"博学于文，约之以礼"，都反映这两个方面。忠信是做人的根本。1·8章说，君子要"主忠信"，以忠信为主。

7·25　子曰："圣人，吾不得而见之矣！得见君子者，斯可矣。"子曰："善人，吾不得而见之矣！得见有恒者，斯可矣。亡而为有，虚而为盈，约而为泰①，难乎有恒矣。"

《注　释》

①约而为泰：有两种解释：一，泰，奢侈、豪华。实际穷困，却要表现豪华；二，泰，安泰。内心困约而外表安泰。总之，与亡而为有、虚而为盈一样，都是虚伪矫饰的行为。

《大 意》

孔子说："圣人我是看不到了，能见到君子就可以了。"孔子说："善人我是看不到了，能见到始终如一保持一定操守的人就可以了。没有却装作有，空虚却装作充实，穷困却装作奢侈富足，这样就难于有恒了。"

圣人、君子是就一个人的境界来说的，善人、有恒者是就修身处事的态度来说的。有恒者不必定成为圣人，但人如果不能有恒，决不可能成圣。孔子期望得见有恒者，指出无而为有，虚而为盈，约而为泰等态度是不能有恒的重要原因。是告诫人们进德修养要从诚实有恒开始。

可与2·17、7·27章参读。

7·26　子钓而不纲①，弋②不射宿③。

《注 释》

①纲：用大绳挂鱼网，横拦在河道中捕鱼，叫做纲。　②弋（yì）：用系有生丝的箭来射。　③宿：歇宿了的鸟。

《大 意》

孔子用鱼竿钓鱼，但不用大绳拉网捕鱼；射鸟不射归巢歇宿的鸟。

旧注有说，用大网把鱼一网打尽，乘鸟儿夜宿出其不意把它射杀，孔子不做这样的事，"可见仁人之本心矣"。《论语新解》则认为，孔子钓、射，是为"娱心解劳"，而用大绳拉网捕鱼，射杀宿鸟，是专为捕杀猎物，是孔子所不为。此章说的是游于艺之事，不是依于仁的事。今则有人以为本章反映了孔子的生态伦理思想。生态伦理思想产生于现代，孔子的时代，应还没有生态伦理思想。以生态伦理释本章，有牵强附会之嫌。仔细比较体会不同的注释，定可有所启发。

7·27 子曰："盖有不知而作之者，我无是也。多闻，择其善者而从之，多见而识之，知之次也。"

《大 意》

孔子说："大概有自己不懂却在那里凭空创造的吧，我没有这种事。多听，选择其中好的，接受和听从它；多看，并且记在心里，这是次一等的智慧了。"

孔子反对"不知而作之"，可与2·17章"知之为知之，不知为不知"参读。这一章进一步提出，对自己所不知的，应该多闻、多见，努力学习。这也就是16·9章所说的"学而知之"，因此孔子说这是"知之次也"。

7·28 互乡①难与言，童子见，门人惑。子曰："与②其进也，不与其退③也，唯何甚？人洁己④以进，与其洁也，不保其往⑤也。"

《注 释》

①互乡：地名。 ②与：赞许。 ③进、退：有两种解释：一，进步、退步；二，进，进见请教。退，退出以后的作为。 ④洁己：洁身自好，努力修养，

使自己成为有德的人。这里有改正错误的意思。　⑤不保其往：保有两种解释：一，担保；二，守，抓住不放的意思。往也有两种解释：一，指过去；二，指将来。因此不保其往也有两种解释：一，不担保其将来；二，不抓住过去的错误不放。

《大　意》

互乡地方的人难于交谈，一个童子却得到了孔子的接见，学生们都疑惑不解。孔子说："我们赞许他的进步，不赞许他的退步。何必太过分呢？人家改正了错误以求进步，我们赞许他的改正错误，不要死抓住他的过去不放。"

孔子接见了互乡童子。孔子解释说，"与其洁也，不保其往也""与其进也，不与其退也"，这是肯定他"洁己以进"，改正错误来求教的态度；只要愿意改正错误，追求进步，就予以肯定、鼓励和教诲，而不问他过去的错误，也不预测他未来会进步还是退步。体现出孔子"成人之美""诲人不倦"的精神。可与7·2、7·33、12·16章参读。

7·29　子曰："仁远乎哉？我欲仁，斯仁至矣。"

《大　意》

孔子说："仁离我们很远吗？我想要仁，仁就来了。"

这一章可与4·6章"有能一日用其力于仁矣乎？我未见力不足者"，12·1章"为仁由己，而由人乎哉？"及17·2章"性相近也，习相远也"联系起来看。在孔子看来，仁道本于人心，因此为仁就全靠自己，不假外力，

"我欲仁，斯仁至矣"，只要自己努力，就可以做到。自省的修养方法，也是在这一思想基础上提出的。它强调了人进行道德修养的自觉能动性，一方面指出道德修养必须依靠自觉，不能依靠外力；另一方面也指出只要自觉努力，人人都可以成为道德高尚的仁人。既给人以鞭策，也给人以信心。

7·30　陈司败①问："昭公②知礼乎？"孔子曰："知礼。"孔子退，揖巫马期③而进之，曰："吾闻君子不党④。君子亦党乎？君取⑤于吴，为同姓⑥，谓之吴孟子⑦。君而知礼，孰不知礼？"巫马期以告。子曰："丘也幸，苟有过，人必知之。"

《注 释》

①陈司败：陈，国名。司败，官名，即司寇。也有人说陈司败是人名。②昭公：鲁国国君，名稠。　③巫马期：孔子的学生，姓巫马，名施，字子期。④党：偏私，包庇。　⑤取：同"娶"。　⑥为同姓：鲁国和吴国的国君同姓姬。周礼规定同姓不婚，昭公娶同姓女，是违礼的行为。　⑦谓之吴孟子：当时称呼国君夫人一般是以她出生的国名加上她的本姓。鲁昭公娶于吴，姓姬，应称吴姬。为了掩盖同姓通婚的事实，所以称吴孟子。

《大 意》

陈司败问："鲁昭公懂礼吗？"孔子说："懂礼。"孔子走后，陈司败作揖请巫马期来，对他说："我听说君子是没有偏私的，难道君子还包庇别人的错误吗？鲁君在吴国娶了位夫人，是国君的同姓，称她做吴孟子。

要是鲁君也算懂得礼，还有谁不懂礼呢？"巫马期把陈司败的话告诉孔子。孔子说："我是幸运的。如果有错，人家一定会知道。"

　　陈司败问孔子，只是泛问昭公是否知礼，没有特别提出昭公娶于吴一事；当时礼制又有"为尊者讳"的要求，所以孔子不必也不能就此指出昭公违礼。可是事后陈司败却提出昭公违礼之事，指责孔子。孔子既没有为昭公辩解，也不为自己做解释，但孔子又没有正面接受陈司败的指责，只说如果自己有过，人必知之，是自己的幸事。如此回答，"委婉而严正"（钱穆《论语新解》）；亦体现了"闻过则喜"的精神。

7·31　子与人歌而善，必使反之，而后和之。

◎大　意◎

　　孔子与别人一起唱歌，如果唱得好，一定要请他再唱一遍，然后和他一起唱。

7·32　子曰："文莫吾犹人也①。躬行君子，则吾未之有得。"

◎注　释◎

　　①文莫吾犹人也：有几种解释：一，讲到书本知识我不如别人。莫，无也。二，就书本知识说，大约我和别人差不多。莫，大约。三，文莫连读，是

忞慢的假借。忞，自强。慢，勉力。忞慢，努力。全句意思是：勤勉我是能和别人相比的。

《大　意》

孔子说："就勤勉来说，我能和别人相比。做一个身体力行的君子，那我还没有做到。"

7·33　子曰："若圣与仁，则吾岂敢？抑①为之②不厌，诲人不倦，则可谓云尔已矣。"公西华曰："正唯弟子不能学也。"

《注　释》

①抑：助词。　②为之：指前文圣与仁。

《大　意》

孔子说："如果说圣与仁，那我怎么敢当？在这些方面不厌烦地去做，不疲倦地教人，则可以这样说吧。"公西华说："这正是我们所学不到的。"

7·2章说"学而不厌，诲人不倦"，这一章讲"为之不厌，诲人不倦"，两者是一致的。为仁的基础在好学，学又要重在能行，不能停留在口头上。因此，学而不厌包含了为之不厌的意思，为之不厌也包含了学而不厌的意思。

可与上章联系起来读。这一章说"若圣与仁，则吾岂敢"，上一章说"躬行君子，则吾未之有得"，孔子不仅否认自己是生而知之，也不以圣、仁和完美的君子自居。圣与仁本是须终身求之的，唯有学而不厌，才能逐步接近和达到。孔子不以圣、仁自居，不是简单的自谦，而是出于他对学道、行道深刻的体悟。唯有真正懂得道的博大，才能"学而不厌，诲人不倦"。公西华说"正唯弟子不能学也"，真正难的，正是在这对道的体悟和自觉的学习践行上。

7·34　子疾病①，子路请祷。子曰："有诸②？"子路对曰："有之。诔③曰：'祷尔于上下神祇④。'"子曰："丘之祷久矣⑤。"

《注　释》

①疾病：生病，轻者叫疾，重者叫病。疾病二字连用，是病重的意思。②有诸：诸，之乎的合音。有两种解释：一，有无祷之鬼神之事；二，有无祷之鬼神之理。　③诔（lěi）：应作"讄"。祈祷文，用于生者的称讄，用于死者的称诔。　④祷尔于上下神祇（qí）：这是子路引用的祈祷文。古代称天神为神，地神为祇。　⑤丘之祷久矣：孔子认为自己的言行都合乎神明，所以说自己已经祷告很久了，意思是不必再向神祇祷告。

《大　意》

孔子病重，子路请求向鬼神祈祷。孔子说："有这样的事吗？"子路说："有的。祈祷文上说：替你向天地神灵祈祷。"孔子说："我已经祈祷很久了。"

孔子认为自己平日言行都合乎天命，实际上等于一直在祈祷，所以不必再作祈祷，反映了他对鬼神的态度。可与6·20、7·20、11·11等章参读。

7·35　子曰："奢则不孙①，俭则固②。与其不孙也，宁固。"

《注 释》

①孙：同"逊"，恭顺。不孙有越礼的意思。　②固：鄙陋。这里有达不到礼的要求的意思。

《大 意》

孔子说："奢侈了就不恭顺，节俭了就简陋。与其不恭顺，宁可简陋。"

奢的弊病在败坏精神，俭的弊病则在物质，所以奢的危害大于俭，宁可失于俭，也不失于奢。也反映了以精神生命为上的精神。

7·36　子曰："君子坦荡荡①，小人长戚戚②。"

《注 释》

①坦荡荡：坦，平坦；荡荡，宽广的样子。　②戚戚：忧愁的样子。

《大 意》

孔子说："君子心胸平坦宽广，小人经常局促忧愁。"

可与12·4章"君子不忧不惧"参读。

7·37　子温而厉，威而不猛，恭而安。

《《大　意》

孔子温和而又严肃，有威仪但不凶猛，恭敬而又安详。

这是记孔子日常的容貌，体现着中和、不偏不倚的气象。外在的仪态容貌，是内心情感的表现，修身要内外兼修，对自己的仪态容貌，也要经常注意检视和改进。

8·1　子曰：“泰伯①其可谓至德也已矣。三以天下让，民无得而称焉②。”

《注 释》

①泰伯：周朝始祖古公亶父的长子。传说古公亶父知道三子季历的儿子姬昌有圣德，想传位给季历，泰伯知道后便与二弟仲雍一起避居到吴。古公亶父死，泰伯不回来奔丧，后来又依吴地习俗断发文身，表示终身不返，把君位让给了季历，季历传给姬昌，即周文王。到文王之子武王时，便灭了殷商，统一了天下。　②民无得而称焉：有两种解释：一，泰伯让君事迹不明白，“无迹可见”，因此百姓找不到什么事实来称赞他；二，百姓找不出合适的词句来称赞他。

《大 意》

孔子说：“泰伯可以说是道德最高尚的了。他三次让了天下，百姓却找不到什么事迹来赞扬他。”

礼让是中华传统美德,《论语》中有多处讲到,可与1·10、4·13等章参读。孔子赞泰伯,又说"民无得而称焉",既让天下,又不求他人知道,百姓都找不到什么事迹称赞他。14·25章"古之学者为己,今之学者为人",提倡为己之学。为己就是只求心安,别无他求。泰伯让国而百姓不知,是为己精神的体现。既让又不求人知,所以为至德。还可与5·25章参读。

8·2　子曰:"恭而无礼则劳①,慎而无礼则葸②,勇而无礼则乱,直而无礼则绞③。君子④笃⑤于亲,则民兴于仁;故旧不遗,则民不偷⑥。"

《注 释》

①劳:劳苦。　②葸(xǐ):畏惧。　③绞:有两种解释:一,绞刺,尖刻刺人;二,急切。　④君子:这里是指在上位的人。　⑤笃:笃厚,真诚。⑥偷:淡薄。

《大 意》

孔子说:"恭敬而不以礼作指导,就会劳苦;谨慎而不以礼作指导,就会畏惧;勇敢而不以礼作指导,就会作乱;正直而不以礼作指导,就会尖刻刺人。在上位的人厚待他的亲属,百姓就会兴起仁的风气;不遗弃老朋友,百姓就不会对人冷漠无情。"

这一章谈恭、慎、勇、直等规范与礼的关系,指出这些道德规范都要以礼为准绳。从此可以体会礼的重要。1·12章说"和为贵……不以礼节之,亦不可行也";1·13章说"恭近于礼,远耻辱也",可以参读。

8·3　曾子有疾，召门弟子曰："启①予足，启予手。《诗》云②：'战战兢兢，如临深渊，如履薄冰。'而今而后，吾知免③夫！小子！"

《注　释》

①启：有两种解释：一，开启，曾子要学生掀开被子看自己的手脚；二，同啓，看。　②《诗》云：这三句诗见《诗经·小雅·小旻》。　③免：有两种解释，一说以《孝经》为依据，说身体发肤，受之父母，不敢毁伤，死时能全而归之，是孝的表现；免就是全而归之。一说依据《论语》称南容"邦无道，免于刑戮"，认为免是指免于刑戮。本书采后说。

《大　意》

曾子有病，把学生们召集来说："看看我的脚，看看我的手，《诗经》上说：'警惕呀，小心呀，像面临着深渊，像行走在薄冰上。'从今以后，我知道可以免于刑戮毁伤了。"

8·4　曾子有疾，孟敬子①问之。曾子言曰："鸟之将死，其鸣也哀；人之将死，其言也善。君子所贵乎道者三：动容貌②，斯远暴慢③矣；正颜色④，斯近信矣；出辞气⑤，斯远鄙倍⑥矣。笾豆⑦之事，则有司⑧存。"

《注 释》

①孟敬子：鲁国大夫仲孙捷。　②动容貌：把内心的感动表现于面容。这里可解释为真诚热情地待人。　③暴慢：粗暴，放肆。　④正颜色：使自己的脸色端庄严肃。　⑤出辞气：辞，言语；气，声气。注意说话的言语、声气。⑥鄙倍：鄙，粗野。倍同"背"，背理。远暴慢，近信，远鄙倍三句，有两种解释：一说三者都指自己；一说三者都指别人，即别人不会以暴慢、不信和鄙倍相待。　⑦笾豆：祭器。笾是竹制，豆是木制。　⑧有司：管事的小吏。

《大 意》

曾子病了，孟敬子去探问他。曾子说："鸟将死的时候的叫声是悲哀的，人将死的时候说的话是善意的。君子所重视的道有三个方面：注意自己的容貌，就可以避免粗暴放肆；端正自己的脸色，就近于诚信；注意自己的言辞语气，就可以避免粗野和背理。至于祭祀和礼仪，自有主管这些事的官吏在负责。"

曾子说，容貌、颜色、辞气是君子所应重视的三个方面，而祭祀的具体事务则可以交给管事的小吏。人的一言一行，形体姿态；待人的脸色和说话的辞气，是内心情感的外在表现。对这些外在仪表的修养，正是为了培养和端正内心的情感，是修身的重要方面。

可与6·16、7·37章参读。

8·5　曾子曰："以能问于不能，以多问于寡；有若无，实若虚；犯而不校①，昔者吾友②尝从事于斯矣。"

《注 释》

①校（jiào）：计较。　②吾友：旧注一般认为是指颜渊。

《大 意》

曾子说："自己有才能却向没有才能的人请教，自己知识多却向知识少的人请教；有学问却好像没有学问，知识很充实却好像很空虚；被人侵犯也不计较。从前我的朋友就曾这样做过了。"

"以能问于不能，以多问于寡"，不耻下问，是为学应有的态度。而"有若无，实若虚"，始终保持谦虚不自满的态度，则是做到这一点的条件。可以与5·14章参读。

8·6　曾子曰："可以托六尺之孤①，可以寄百里之命②；临大节而不可夺也。君子人与？君子人也。"

《注 释》

①托六尺之孤：古人以七尺指成年，六尺指十五岁以下。托孤，受前君之命辅佐幼君。　②寄百里之命：指代理国政。百里，大国。

《大 意》

曾子说："可以把年幼的君主托付给他，可以委托他代理国家政事，面临生死存亡的紧急关头而不动摇屈服，这样的人是君子吗？是君子啊。"

本章提出了君子的另一个方面，就是要能出仕从政，承担国家重任。君子以修身为本，而修身不只是为了完善自己，也是为了承担起社会责任，为建立理想社会而奋斗。这两方面是统一的。下章说士要"仁以为己任"，也包含了这两个方面。还可与 14·45、18·7 章参读。这两方面的要求，也统一在孔子的教育思想里，可以与有关章参读。

8·7　曾子曰："士不可以不弘毅①，任重而道远。仁以为己任，不亦重乎？死而后已，不亦远乎？"

《注 释》

①弘毅：弘大强毅。

《大 意》

曾子说："士不能不弘大而刚强有毅力，因为他责任重大，路程遥远。以实现仁作为自己的责任，岂不是很重吗？为此要奋斗终生，到死才停止，岂不是很远吗？"

这一章谈士的人生追求。曾子说，士要"仁以为己任，死而后已"。孔子所提倡的仁，不仅是个人道德修养的最高要求，也是一种社会理想。仁以为己任，就是以弘扬仁道，建立理想社会为自己的责任；一息尚存，自身对仁道的追求，不可少懈；理想社会的建立，亦需为之奋斗终生；所以士的一生是一个任重而道远的旅程。这反映了儒家和中华传统文化对人生的理解。

可与 4·9、13·20、13·28、14·3、19·1 章参读。

8·8　子曰："兴①于《诗》，立于礼，成于乐。"

《注 释》

①兴：兴起、发动。这里是开始的意思。

《大 意》

孔子说："（人的修养）开始于学《诗》，自立于学礼，完成于学乐。"

这一章孔子提出教育的三个重要内容：诗、礼和乐，分别指出了三者的不同作用。关于诗，还可与2·2、3·20、13·5、16·13、17·9、17·10等章参读。

8·9　子曰："民可使由之，不可使知之。"

《大 意》

孔子说："老百姓只能使他们照我们的意见去做，不可能使他们懂得为什么要这样做。"

孔子主张"为政以德"，重视教化，要求做到民"有耻且格"，这应该说是要使民"知之"。但这里又提出"民可使由之，不可使知之"。通观《论语》，在谈到"使民""使人"的时候，孔子反复强调的是在上位的人要"好礼""好义""好信""临之以庄"，以及"宽""惠"等等，这些的着眼点，都在"使民由之"，而不是"使民知之"。可见，讲教化，孔子强调使民"有耻且格"，但实际上真能做到这一点的只是少数；讲实际的行政，孔子又强调"可以使由之，不可使知之”。这是互相矛盾又互相补充的两个方面。把这两个方面统一起来才能全面把握孔子的为政思想。

对这一章的解释，有许多不同意见。古代的注释，一种意见以"可"与"不可"为"可以"与"不可以"，认为治国不可以使民知其所以然，百姓知其所以然后就会不服统治；另一说以"可"与"不可"为"可能"与"不可能"，认为百姓的特点是"日用而不知"，不可能使其知而只能"使由之"。本书取后说。

近代以来，更是众说纷纭。一种意见认为，这一章反映了孔子的愚民思想。也有人以为这样解释有损于孔子的形象，认为应读为"民可，使由之；不可，使知之"。意思是百姓认可，就让他们照着去做；百姓不认可，就给他们说明道理。这样断句，于古汉语语法不合。照此解释，古汉语应作"民可，则使民由之；不可，则使之知之"才通。还有人认为"这可说是孔子倡行的民主政治，甚至是施政的群众路线"。其实，"民可使由之，不可使知之"只是对百姓"日用而不知"这一实际情形的描述和反映，说不上愚民的问题。即使用前一解释，说不可以让百姓知道，有愚民的思想，也并不奇怪。对于一个生活在古代等级制社会里，维护等级秩序的人来说，这是极其自然的。古代早期对这句话的解释，对这一点是共同的，并不回避、掩饰。今天我们即使承认孔子思想中有诸如愚民思想之类的糟粕，也无损于孔子作为伟大思想家的光辉形象。而把这一章解释为民主政治、群众路线，则是把近代的政治观念加给孔子，拔高孔子。我们应该充分认识和肯定优秀的传统文化，却不应该把今天的思想加之于古人，拔高古人；不应该把古人和古代经典看作完美无缺、不能批评的。

8·10　子曰：“好勇疾①贫，乱也。人而不仁，疾之已甚，乱也。”

《注 释》

①疾：憎恨。

《大 意》

孔子说：“喜好勇力而又恨自己穷困，就会作乱。对于不仁的人痛恨太过分，也会出乱子。”

勇是美德，运用不当可以为乱。可与8·2、17·23章参读。对不仁，应痛恨，痛恨过度亦可以为乱。可与4·3、11·15章参读。

8·11　子曰：“如有周公之才之美，使骄且吝，其余不足观也已。”

《大 意》

孔子说：“即使有周公那样美好的才能，如果他骄傲而又吝啬，那其他方面就不值得一看了。”

这一章反映孔子重德甚于重才的态度，也反映孔子对骄、吝的厌恶。

8·12　子曰："三年学，不至于榖①，不易得也。"

《注　释》

①榖：一，善。全章意思是人学习三年而不至于善的是很少的；二，指俸禄，至字与志同。全章是说学习三年而不求做官的人是难得的。

《大　意》

孔子说："学了三年而不求做官的人，是难得的。"

8·13　子曰："笃信好学，守死善道，危邦不入，乱邦不居。天下有道则见①，无道则隐。邦有道，贫且贱焉，耻也；邦无道，富且贵焉，耻也。"

《注　释》

①见：同"现"。

《大　意》

孔子说："坚定地相信，努力地学习，坚持固守以至于死，完善为人的大道。不进入危险的国家，不在动乱的国家居住。天下有道就出来做官，天下无道就隐居不出。国家有道，还是贫贱，是耻辱；国家无道，却能富贵，也是耻辱。"

"笃信好学，守死善道"是对道应持的根本态度。"守死善道"，是谈对道的坚持。全章所说，都是为了坚持和卫护道。有道则见，无道则隐；危邦不入，乱邦不居。不同情况下作不同处置，都是为了善道。而要能守死善道，必须笃信好学；不好学不能笃信，不笃信不能坚守。

　　"邦有道，贫且贱焉，耻也；邦无道，富且贵焉，耻也"是从另一角度讲。天下有道要出仕行道，不求进取安于贫贱，是耻辱，就是"有道则见"；天下无道要坚守气节，贪图富贵同流合污，也是耻辱，就是"无道则隐"，这也是为了善道。可与 14·1 章参读。"见"和"隐"都是为了善道。

　　本章所说，可以说是孔子谈处世之道的纲。《论语》多处谈到这个问题；有直接论说的，有通过对人的评价说的，要综合这些，仔细认真体会。

8·14　子曰："不在其位，不谋其政。"

《大　意》

　　孔子说："不在那个职位上，就不考虑那职位上的事。"

　　"不在其位，不谋其政"，14·27 章重出。与 14·28 章说"君子思不出其位"，意思相同，可以参读。人处于各种社会关系中，有其确定的身份和位置，一言一行都须合乎身份和位置的要求，这就是"不在其位，不谋其政""思不出其位"，也就是要"安分守己"。这是"正名"的具体要求，可联系有关章节理解。也可与 12·1 章"非礼勿视，非礼勿听，非礼勿言，非礼勿动"参读。

　　"不想当将军的士兵不是好士兵"说的是另一方面。人不应安于现状，不求上进；应有远大理想抱负，在身心修养、知识积累等各方面努力完善自己，准备迎接和担负重任。但这绝不是说可以好高骛远，不安于职守，或越俎代庖，四处插手。一旦当士兵，就应履行士兵的职责，遵守士兵的纪律。安分守己也不是只能唯唯诺诺，安于现状，没有理想，没有追求。

8·7章说"士不可以不弘毅，任重而道远"，要求人们志存高远。远大理想抱负不能成为不安于职守的理由，安分守己也不妨碍有远大理想抱负，二者是相辅相成的两个方面。

8·15　子曰："师挚之始①，《关雎》之乱②，洋洋乎盈耳哉！"

《注释》

①师挚之始：师挚，鲁国乐师，名挚。始，乐曲的开始，一般由太师演奏，挚是太师，所以说师挚之始。　②《关雎》之乱：《关雎》，《诗经·国风》的第一篇，也是全书的第一篇。乱，乐曲的结尾。

《大意》

孔子说："从太师挚演奏的序曲，到最后《关雎》的结尾，丰富而美妙的音乐充满了我的耳朵啊！"

8·16　子曰："狂①而不直，侗②而不愿③，悾悾④而不信，吾不知之矣。"

《注释》

①狂：急躁、激进。即13·21章"狂者进取"的意思。　②侗（tóng）：儿童，引申为幼稚无知。　③愿：谨慎、朴实。　④悾悾（kōng）：无能貌。

《大　意》

孔子说："激进而又不直爽，幼稚而又不朴实，无能而又不守信用，这样的人，我真不知道他是怎么回事了。"

人的优点常与缺点相伴，有缺点者往往有优点之一面：急躁者往往直率，幼稚者往往朴实，无能者往往可信。发挥他优点的方面，可以有助于克服他缺点的方面。如果一个人像本章所说的那样，只有其缺点而没有其优点的一面，就难办了。孔子说"吾不知之矣"，是对这样的人不抱希望的意思。

8·17　子曰："学如不及，犹恐失之。"

《大　意》

孔子说："学习即使像总赶不上那样，也还怕会有所丢失。"

"学如不及，犹恐失之"，生动地表现出孔子学而不厌的精神和求知的迫切心情，告诫人们不可有片刻懈怠。可与5·27、7·2、7·18、7·19等章参读。

8·18　子曰："巍巍①乎，舜禹②之有天下也而不与③焉！"

《注　释》

①巍巍：高大貌。　②舜、禹：禹是夏朝第一个国君。舜是传说中

的圣君，尧禅让帝位给舜，舜又禅让帝位给禹。　③与：参与。不与，不相关的意思。有三说：一，舜、禹有天下，选贤任能，无为而治；二，舜、禹以禅让得天下，非求而得之；三，舜、禹有天下，而处之泰然，似与己无关，不以君位为乐。今从第二说。

《大　意》

孔子说："多么崇高啊！舜和禹的得到君位，不是自己去求来的。"

尧、舜禅让是古代传说。本章赞扬舜、禹通过禅让而得君主之位，关注的重点不在禅让的制度，而在舜、禹接受禅让不是自己去追求，而是因自己的德和能。1·10章说孔子到每一处都能了解到当地政事，是"夫子温、良、恭、俭、让以得之"，意思与本章相近，都是说能否在位或参与政事，不是靠求，而要立足于自身的德和能。可参读。

8·19　子曰："大哉尧之为君也！巍巍乎，唯天为大，唯尧则①之。荡荡②乎，民无能名③焉。巍巍乎其有成功也，焕④乎其有文章。"

《注　释》

①则：有两种解释：一，效法；二，则，准也。只有尧可以与天相平。②荡荡：广大的样子。　③名：称说、形容。　④焕：光辉。

《大　意》

孔子说："伟大啊，尧这样的君主。多么崇高啊！只有天最高大，只有尧能效法于天。多么广大啊，百姓都无法用言语来形容。他的功绩是多么崇高呀，他制定的礼仪制度是多么光辉啊！"

8·20　舜有臣五人而天下治。武王曰："予有乱臣^①十人。"孔子曰："才难，不其然乎？唐虞之际^②，于斯为盛。有妇人焉^③，九人而已。三分天下有其二，以服事殷。周之德，其可谓至德也已矣。"

《注 释》

①乱臣：治国之臣。　②唐虞之际，于斯为盛：唐虞，尧称唐尧，舜称虞舜，唐虞即尧舜。这句话有几种解释：一，唐虞之际比周初更盛；二，唐虞之际不如周初；三，唐虞之际与周初两个时期为盛，于解释为与；四，际解释为边际，唐虞之际即唐虞以后。　③有妇人焉：武王的"乱臣十人"中有武王的妻子邑姜。

《大 意》

舜有五位贤臣，就天下太平。周武王说："我有治国之臣十人。"孔子说："人才难得，不正是这样吗？尧舜之际和周初时候，人才算是最盛了，其中还有一个妇女，只有九人而已。周文王得了天下的三分之二，还服事殷朝，周朝的道德可以说是最高的了。"

本章前半讲人才的重要和难得。后半赞扬周德的崇高。

8·21　子曰："禹，吾无间①然矣。菲②饮食而致孝乎鬼神，恶衣服而致美乎黻冕③，卑宫室而尽力乎沟洫。禹，吾无间然矣。"

《注　释》

①间：空隙。这里指就其空隙而进行非难、批评。　②菲：菲薄。③黻冕：黻（fú），祭祀时穿的礼服。冕（miǎn），祭祀时戴的帽子。

《大　意》

孔子说："对于禹，我没有什么批评的了。他自己饮食菲薄而尽心孝敬鬼神，自己衣服破旧而尽量把祭服做得华美，自己宫室很低矮而尽力修治农田水利。对于禹，我是没有什么批评的了。"

孔子赞扬禹自奉俭薄而尽心于国事民事。

以上四章都是对尧、舜、禹的赞扬，其中寄托了孔子的政治理想。

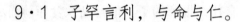

9·1　子罕言利，与命与仁。

《注 释》

这一章有两种解释：一，与，赞许义。孔子很少谈利而赞成命、赞成仁；二，孔子罕言利、命、仁三者，因为谈利会害义，而命与仁则难以理解和达到。《论语集注》引程子曰："计利则害义，命之理微，仁之道大，皆夫子所罕言也。"但从《论语》看，孔子讲仁是最多的，讲命的也不少，说他罕言仁和命，与《论语》的实际情况不符。

《大 意》

孔子很少谈利而赞成命和仁。

这一章只有八个字，但对理解、把握孔子思想十分重要。这里单举出命和仁两点是孔子所赞成，可见"命"和"仁"是孔子思想中的两个重要的方面，"命"在孔子思想中有重要地位。这一点还可参看2·4、16·8、20·3等章。孔子讲命常与天连言，即天命，有时又单独讲天。关于孔子所说天和命的含义,不同解释很多,但许多是脱离孔子当时的背景和《论语》实际语境,按自己的想法臆测。要真正了解孔子知命的思想,最好的办法是根据《论语》本身,对《论语》中谈到命和天的部分,逐章研读,从当时背景和孔子的原话,体会其"知命"的含义。可参读 6·8 、7·22 、9·5、11·8、14·37、14·38 各章。

"子罕言利",可与谈到义利关系的有关各章参读。

9·2　达巷党人①曰:"大哉孔子!博学而无所成名②。"子闻之,谓门弟子曰:"吾何执?执御乎?执射乎?吾执御矣。"

◎注 释◎

①达巷党人:古时五百家为党。达巷,党名。 ②博学而无所成名:有两种解释:一,学问广博,可惜没有一艺之长以成名;二,学问广博,因此不能以某一方面来称道他。

◎大 意◎

达巷地方有人说:"孔子真伟大啊!他学问广博,可惜不能以某一方面的专长成名于世。"孔子听说了,对他的学生说:"我要专于哪一方面呢?赶车呢?还是射箭呢?还是赶车吧!"

9·3　子曰："麻冕①，礼也；今也纯②，俭③。吾从众。拜下④，礼也；今拜乎上，泰⑤也。虽违众，吾从下。"

《注 释》

①麻冕：麻织的帽子。　②纯：黑色的丝。　③俭：用麻织帽子，比较费工，所以说改用丝织是俭。　④拜下：指臣子见君主，要先在堂下跪拜，然后升堂再拜。到孔子时，许多人不再在堂下拜，而直接到堂上拜了。　⑤泰：骄纵。

《大 意》

孔子说："用麻织帽子，这是礼的规定。现在改用黑丝，这比过去节省了，我也照大家的做法去做。见国君要先在堂下跪拜，这也是礼的规定。现在都到堂上拜，这是骄纵的表现，虽然和大家的做法不一样，我还是主张先在堂下拜。"

礼不是一成不变的，随着时世的发展，礼也发生变化。对于礼的变化，孔子不是一味守旧。麻改为丝，更为节省，又不影响礼的实质，孔子从众；拜下改为拜上，反映出人们的骄纵，影响了对国君的敬，孔子违众而从下。从这里可以窥见孔子在礼的损益上的态度。

9·4　子绝四：毋意，毋必，毋固，毋我①。

《注 释》

①意、必、固、我：意，主观猜测；必，期必，对于事物的发展，期望其必定这样或那样。无期必，也就是知命；固，固执己见；我，私心。

无私心，是志于道的表现。今人常把必解释为绝对肯定，把我解释为自以为是，恐非《论语》本意。

《大　意》

孔子杜绝了四种毛病：没有主观的臆测，没有定要怎样的期望，没有固执己见，没有自私之心。

可与 2·17、17·14 章参读。

9·5　子畏于匡①，曰："文王既没，文不在兹②乎？天之将丧斯文也，后死者③不得与于斯文也；天之未丧斯文也，匡人其如予何？"

《注　释》

①畏于匡：匡，地名。孔子自卫去陈时经过匡。匡人曾受到鲁国阳虎的掠夺、残杀，孔子相貌与阳虎相像，匡人误以为孔子是阳虎，将他围困。畏有几种解释：一，有戒心；二，拘囚的意思；三，古人称私斗叫畏，匡人拘孔子是私斗，所以说畏于匡。　②文不在兹：文指礼乐制度，或说文化。兹，这里，孔子指自己。　③后死者：孔子自称。

《大　意》

孔子在匡地被拘，他说："周文王死后，周代的礼乐制度文化遗产不都保存在我这里吗？天如果要消灭这种文化，那我也不能掌握这种文化了；天如果不想消灭这种文化，那匡人又能把我怎么样呢？"

可与 11·8 章（讲天），6·8 和 14·38 章（讲命）参读。孔子在遇到危难或不可抗拒的灾害时,把人力所不能及的因素归之于天、命。孔子讲仁,说"为仁由己"(12·1),"未见力不足者"(4·6),为政、为人立足于人的主观努力,不信鬼神。他一生周游各国,聚徒讲学,都表现了这种精神。但他总不见用,屡遭困厄,又使他感到许多事非人力所能决定。他把这归之于天命,反映出一种无可奈何的心情。然而他又不是消极地听天由命。他相信自己所行是天所赋予自己的使命,在危难面前他说"匡人其如予何?""公伯寮其如命乎?""桓魋其如予何?"在这一点上建立起坚强的信心。知命又是他的精神支柱。他强调人的主观努力,但又不得不承认天命;他强调知命,但又不是消极地听天由命,以知命为精神支柱,不放弃为仁的主观努力,尽管意识到"道之不行",也不能放弃天赋予的使命,甚至被人称为"知其不可而为之者"(14·41)。这是孔子思想中矛盾而又统一的两面,"与命与仁"是这种状况的反映。

9·6　太宰①问于子贡曰:"夫子圣者与? 何其多能也?"子贡曰:"固天纵之将圣②,又多能也。"子闻之,曰:"太宰知我乎! 吾少也贱,故多能鄙事。君子多乎哉? 不多也。"牢③曰:"子云,吾不试④,故艺。"

《注　释》

①太宰:官名。这个太宰是谁,不清楚。　②天纵之将圣:纵,不加限量的意思;将,大的意思。　③牢:孔子的学生子牢。　④试:用,指被任用。

《大　意》

太宰问子贡说:"你们先生是个圣人吗? 为什么这样多才多艺呢？" 子

贡说："这本是天让他成为大圣，又多才多艺的。"孔子听说之后说："太宰了解我呀！我因为小时贫贱，所以会许多卑贱的技艺。君子是这样多能的吗？不是多能的。"子牢说："孔子说过，我没有被任用，所以学到了许多技艺。"

孔子说圣人未必多能，自己多能是因为早年贫贱，否定了自己因是圣人而多能的看法。可与7·19章参读。

9·7　子曰："吾有知乎哉？无知也。有鄙夫问于我，空空如也[①]。我叩其两端而竭焉[②]。"

《注　释》

①空空如也：有两种解释：一，指孔子自己心中空空无知；二，指来问的鄙夫心中空空。　②叩其两端而竭焉：叩，叩问。两端，两头，事物都有终始、本末、上下、精粗等正反两个方面。竭：尽量。对这句的意思有两种解释：一，从孔子教人的态度方面解释，即使鄙夫来问，也竭尽所知教给他；二，从孔子教人的方法方面解释，通过叩问两端，竭尽两端而使问题得到解决。两种解释都通。

《大　意》

孔子说："我是有知识吗？其实是无知的。有农民来问我，我对他问的内容一无所知，我只是从问题的两端去问，这样来穷尽问题的全部。"

事物都有多个方面，两端是概括而言。"叩其两端而竭焉"，把事物的正反两个方面都探究清楚，这样来把握事物，求得问题的解决，这体现了中庸思想的要求。所谓中，就是无过无不及，不偏不倚。不偏不倚不是在两端之间取中间点，不是各打五十大板，而是要在把握全面的基础上，恰如其分地对待每一端。"叩其两端而竭之"是做到这一点的唯一正确方法。可与11·15及有关各章参读。

9·8 子曰："凤鸟不至，河不出图①，吾已矣夫！"

《注 释》

①凤鸟不至，河不出图：凤鸟是传说中的神鸟。河出图，传说伏羲时有龙马从黄河中出，背上有八卦图文。凤鸟至，河出图，是古代传说中圣王将要出世时祥瑞的征兆。

《大 意》

孔子说："凤鸟不来了，黄河里也不出现八卦图了。我这一生也完了吧！"

孔子哀叹"吾已矣夫"，反映出他在晚年感到其道不行后的心情，可与5·6、14·37章参读。

9·9 子见齐衰①者、冕衣裳者②与瞽③者，见之，虽少必作④；过之必趋⑤。

《注 释》

①齐衰（zī cuī）：古代麻布做的丧服。 ②冕衣裳者：冕，贵族戴的帽子；衣，上衣；裳，下衣。冕衣裳者指贵族。 ③瞽（gǔ）：眼瞎。

④作：站起来。⑤趋：快步走。

《大意》

孔子遇见穿丧服的人、穿贵族服装的人和盲人，相见的时候，虽然他们年轻，孔子一定要站起来；走过他们的身旁，一定要快步走。

本章记孔子日常生活中对尊者、服丧者和残疾人的态度。所记的这些做法，应是当时礼的规定。他这样做，反映了他平日一丝不苟，依礼而行的态度，也是他对尊者敬，对服丧者、残疾人哀悯同情的内心情感的自然流露。读者须注意从这样一些细微处，体会孔子思想。15·41章记师冕见孔子时情景，与此章相类，可参读。

9·10　颜渊喟①然叹曰："仰之弥②高，钻之弥坚。瞻之在前，忽焉在后。夫子循循然善诱人③，博我以文，约我以礼，欲罢不能。既竭吾才，如有所立卓尔④。虽欲从之，末由也已⑤。"

《注释》

①喟（kuì）：叹声。　②弥：更加。　③循循然善诱人：循循，有次序貌。诱，劝导。　④卓尔：高大，超群。　⑤末由也已：末，没有。由，路径。没有路径，没有办法的意思。

《大意》

颜渊感叹地说："我抬头仰望，越看越觉得高；我努力钻研，越钻研越觉得不可穷尽。看着他在前面，忽而又到了后面。老师一步步地诱导我，

用文献丰富我的知识，用礼来约束我的言行，使我想停止学习都不可能。我用尽了我的才力，像是见到了它高高地矗立在前，我虽然想要追随上去，却没有前进的路径了。"

　　这是颜渊对孔子的学问、道德高深不可穷尽的赞叹，同时也反映出颜渊的好学。孔子之道，确有高深而难以达到之处，所以颜渊会有这样的感叹。但孔子思想又不是什么玄虚而不可测的东西，叫人无法了解。孔子之道，就在《论语》所记的那些具体可见的内容中。颜渊说夫子博我以文，约我以礼，准确反映了孔子的教育思想。12·15章"博学于文，约之以礼"；7·24章"子以四教：文、行、忠、信"；1·6章"行有余力，则以学文"。学文和德行是孔子教育的两端。德行之教的具体落实，就是"约之以礼"（6·25）。2·3章则说"齐之以礼"，也是相同的意思。

　　《论语》中孔子弟子谈孔子的记述，还有19·23、19·24、19·25等章，可参读。

　　9·11　子疾病，子路使门人为臣。病间^①，曰："久矣哉，由之行诈也。无臣而为有臣。吾谁欺？欺天乎？且予与其死于臣之手也，无宁^②死于二三子之手乎？且予纵不得大葬^③，予死于道路乎？"

《注　释》

①间：病情减轻。　②无宁：宁可。　③大葬：指大夫的葬礼，旧注："谓以君臣礼葬。"

《大 意》

孔子病重，子路派了孔子的学生做家臣为孔子准备后事。孔子病情减轻一些的时候说：“仲由做这种弄虚作假的事已经很久了。没有家臣而要装作有家臣，我骗谁呢？骗天吗？而且我与其在家臣的侍候下死去，不是宁可在你们这些学生的侍候下死去更好些吗？而且即使我不能以大夫的葬礼安葬，难道就会被丢在路边没人埋吗？”

当时大夫去世，丧事由家臣治理。孔子当时不在位，没有家臣。子路想让孔子的弟子作家臣为孔子治丧，没有家臣却装作有家臣。孔子批评子路“诈”。子路的本意，是表示对老师的尊敬，但却违背了礼的规定，因而受到孔子批评。从此可见孔子自觉守礼的态度。

9·12　子贡曰：“有美玉于斯，韫匵①而藏诸？求善贾②而沽诸？”子曰：“沽③之哉，沽之哉！我待贾者也。”

《注 释》

①韫匵（yùn dú）：韫，收藏；匵，柜子。　②贾：有两种解释：一，同“价”；二，音 gǔ，商人。　③沽：卖。

《大 意》

子贡说：“这里有一块美玉，是把它放在柜子里收藏起来呢，还是求一个好价钱把它卖掉呢？”孔子说：“卖掉，卖掉，我就是等着人家出价钱的。”

子贡以为孔子有道而不想出仕，所以向孔子提出这个问题。孔子自喻“待贾者”，又说“吾岂匏瓜也哉？焉能系而不食”（17·7），说明他不是不想出仕。

孔子以天下为己任，希望能行道于天下，变天下无道为天下有道；也希望有人用他，给他机会行他的道。他周游列国，没有得到诸侯的任用，所以有"待贾"之说。可与 13·10、17·5、17·7 等章参读。子贡问的是要不要"求善贾而沽"，孔子回答则是"我待贾者也"。"求"和"待"的区别，表现了子贡与孔子的不同态度。"用之则行，舍之则藏"（7·10）；一味求之，难免牺牲原则，背离道义。

9·13　子欲居九夷①。或曰："陋②，如之何？"子曰："君子居之，何陋之有？"

《注　释》

①九夷：古代对东方少数民族的通称。　②陋：鄙野，文化闭塞。

《大　意》

孔子想搬到东方去住。有人说："那地方偏僻闭塞，怎么好住呢？"孔子说："君子到那里去，还有什么闭塞的呢？"

孔子想去东夷之地，亦有"乘桴浮于海"（5·6）之意。

9·14　子曰："吾自卫反鲁①，然后乐正②，《雅》《颂》各得其所③。"

《注　释》

①自卫反鲁：孔子从卫国返回鲁国是在鲁哀公十一年冬。　②乐正：

有的解释为正其乐章，调整乐曲的篇章；有的解释是正其乐音，整理了乐曲的音律。 ③《雅》《颂》各得其所：《雅》和《颂》是《诗经》中两类不同的诗的名称，同时也是两类不同的乐曲的名称。

《大　意》

孔子说：“我从卫国回到鲁国，乐才得到整理，《雅》乐和《颂》乐各自有了它们应有的位置。”

12·17章说“政者正也”。乐正，是其中的一个方面；本章又用“各得其所”说明乐正。可以联系起来理解。正，就是各得其所。《雅》《颂》各得其所，就是乐正；正名，“君君、臣臣、父父、子子”，就是使君、臣、父、子各得其所。宋儒说：“圣人所以能使天下顺治，非能为物作则也，唯止于各于其所而已。”

9·15　子曰：“出则事公卿，入则事父兄，丧事不敢不勉，不为酒困，何有于我哉？”

《大　意》

孔子说：“出外便奉事公卿，在家便奉事父兄，有丧事不敢不尽心去办，不被酒所困扰，这些在我有什么困难呀？”

9·16　子在川上曰：“逝者如斯夫，不舍昼夜。”

《大 意》

孔子在河边说：“消逝的时光就像这河水一样啊，不分昼夜地流去。”

孔子慨叹时光像河水一样不停地流逝，有的认为是反映孔子老年心境；有的认为主要在勉励弟子进学不已。触景生情，离不开当事人当时、当地的环境背景和心情，后人的解释，也离不开解释者的处境和心情。不必拘于前人所说，要联系孔子一生遭遇来体会，也可从自身的生活经历来体会。

9·17　子曰：“吾未见好德如好色者也。”

《大 意》

孔子说：“我没有见过能像爱好女色那样爱好德的人。”

德，精神的人文的追求；色，物质的自然本能的追求。好德和好色，是不同的人生追求的反映。孔子所叹世人重色轻德的现象，今天同样存在，或更甚于古时，值得引起思考。

9·18　子曰：“譬如为山，未成一篑①，止，吾止也；譬如平地，虽覆一篑，进，吾往也。”

《注 释》

①篑（kuì）：土筐。

《大 意》

孔子说："譬如用土堆山，只差一筐土就完成了，这时停下来，是我自己要停的；又譬如在平地上，虽然是只倒了一筐土，这时继续前进，也是我自己要前进的。"

孔子强调功亏一篑而止和虽覆一篑犹进都是取决于自己，用此来说明学习、修养都要依靠个人的自觉，不在外部条件和他人。可与4·6、6·10、7·29等章参读。

9·19　子曰："语之而不惰者，其回也与！"

《大 意》

孔子说："我讲给他听而能毫不懈怠地听的，大概就是颜回吧。"

9·20　子谓颜渊曰："惜乎！吾见其进也，未见其止也。"

《大 意》

孔子评论颜渊说："可惜呀！我只见他不断前进，没有见他停止过呀。"

此章是颜渊死后孔子叹息颜渊的话。"进""止"二字与前面9·18章的"进""止"同义，可参读。

9·21　子曰："苗而不秀①者有矣夫；秀而不实者有矣夫！"

《注　释》

①秀：稻麦等吐穗扬花。

《大　意》

孔子说："庄稼出了苗而不能吐穗扬花的情形是有的；吐穗扬花而不灌浆结实的也是有的。"

对本章，有的认为是慨叹颜渊的短命，有的以为是激励弟子，或以为二者都有。从人世常情说，好苗不一定能开花结实，人的成长也是如此；历来多有"天才""神童"夭折这样苗而不秀的事例，对此应有所警惕。

9·22　子曰："后生可畏，焉知来者之不如今也？四十五十而无闻焉，斯亦不足畏也已。"

《大　意》

孔子说："年轻人是值得敬畏的，怎么知道后一辈就一定不如现在这一代呢？如果到了四十、五十岁还默默无闻，那就没有什么可敬畏的了。"

孔子说后生可畏，相信年轻人能够超过前辈，又说人到四十、五十岁还没有成就就不足敬畏了，对青年既是期望，又是鼓励。7·19章孔子说自己是"好古，敏以求之者也"，本章说"后生可畏"，结合这两章讲的两个方面，可以体会到孔子的人生态度。

9·23　子曰："法语之言①，能无从乎？改之为贵。巽与之言②，能无说乎？绎③之为贵。说而不绎，从而不改，吾末如之何也已矣。"

《注 释》

①法语之言：以礼法规则正言规劝。　②巽与之言：巽（xùn），恭顺；与，赞许。恭顺赞许的话。　③绎：推究，寻求。

《大 意》

孔子说："合于礼法的正言规劝，能不听从吗？但要改正错误才是可贵的；恭顺赞许的话，听了能不高兴吗？但要认真推究它的真意才是可贵的。只是高兴而不去推究其真意，只是表示听从而不改正错误，那我对他就没有办法了。"

对正言规劝要照着去改正错误，对恭维赞扬要探究其真意，这两点，对于我们正确听取各种意见，可以有所启发。

9·24　子曰："主忠信，无友不如己者，过则勿惮改。"

这段话重出，见1·8章。

9·25　子曰："三军①可夺帅也，匹夫②不可夺志也。"

《注　释》

①三军：一万二千五百人为一军，三军是说其多。　②匹夫：平民，普通百姓。

《大　意》

孔子说："三军之众，可以夺去他的主帅；匹夫立志，却是谁也夺不去的。"

志，志向，指理想、信念。"匹夫不可夺志"，反映了孔子对坚定的理想信念，或说个人独立人格的重视。对人，要懂得志不可夺，尊重个人志向，不强求改变；对己，要坚守己志，保持人格尊严，不受威胁利诱之所动；这也就是要坚守气节。可与8·13、15·6、15·8、18·8章参读。

9·26　子曰："衣①敝缊袍②，与衣狐貉③者立而不耻者，其由也与？'不忮不求，何用不臧④？'"子路终身诵之。子曰："是道也，何足以臧？"

《注　释》

①衣：动词，当"穿"讲。　②敝缊袍：敝，坏。缊（yùn），旧絮。③狐貉：用狐和貉的皮做的裘皮衣服，是裘皮中的贵重者。　④不忮不求，何用不臧：这两句引自《诗经·邶风·雄雉》。忮（zhì），害。臧，善、好。

《大　意》

孔子说："穿着破旧的丝棉袍，与穿着狐貉皮袍的人站在一起而不以为耻的，大概只有仲由吧。'不害人，不贪求，还会有什么不好呢？'"从此子路就反复背诵这些话。孔子说："只做到这样，怎么能算够好了呢？"

子路不以贫穷为耻，不贪求富贵，孔子给以赞扬。子路听后反复背诵，反映出沾沾自喜，不求进取的情绪。所以孔子又提醒他仅仅这样还是很不够的。可见孔子对弟子的循循善诱。

可与4·9章参读。

9·27　子曰："岁寒然后知松柏之后彫①也。"

《注　释》

①彫：同"凋"，凋零。

《大　意》

孔子说："天气冷了然后才知道松柏是最后凋零的。"

孔子提出，对人要"听其言而观其行""视其所以，观其所由，察其所安"，又强调君子为仁，要"造次必于是，颠沛必于是"。愈是在艰难困苦的恶劣环境下，愈能考验人的品质、意志；也愈须要自觉磨炼，坚定意志。

这一章以自然现象喻人，说明要在艰难困苦的环境中锻炼自己和考验一个人的品格。

9 · 28　子曰："知者不惑，仁者不忧，勇者不惧。"

《大 意》

孔子说："智者不迷惑，仁人不忧虑，勇士不畏惧。"

智、仁、勇，是孔子提倡的三项美德。14 · 30 章说，这三者是君子之道。《礼记 · 中庸》说："知、仁、勇，三者天下之达德也。"

9 · 29　子曰："可与共学，未可与适道①；可与适道，未可与立②；可与立，未可与权③。"

《注 释》

①适：往。适道，志于道，追求道的意思。　②立：坚持道而不变。③权：秤锤。这里引申为权衡轻重，按照不同情况灵活处理。

《大 意》

孔子说："可以在一起学习，但未必能一起走向道；可以一起走向道的，未必能一起坚持道而不变；可以一起坚持不变的，未必能一起权衡轻重，灵活处事。"

这一章提出"共学""适道""立""权"这样四个层次，可以对我们为学和交友有所启发。而孔子把"权"作为最高的要求，更值得注意。由此可见孔子对于权衡轻重，灵活应用的重视。14·17、14·18、18·1、18·8等章对管仲等人的评价，具体地体现了"权"的思想，可注意参读。各章都体现了"权"的思想，是其相同处；各章所说的"权"又有不同的含义，又是其不同处，也应注意。

9·30　"唐棣之华，偏其反而①。岂不尔思，室是远而②。"子曰："未之思也，夫何远之有？"

《注 释》

①唐棣之华，偏其反而：唐棣，花名。华，即"花"字。偏，同"翩"；反，同"翻"。都是形容花摇动的样子。　②岂不尔思，室是远而：诗人从前两句引出，抒发情思："不是不想念你啊，只是住得太远了。"这四句是逸诗，不知出处。两个"而"字都是语助词，无意义。

《大 意》

（有一首诗说）："唐棣的花啊，翩翩地摇摆。我岂是不想念你啊，只是住得太遥远。"孔子说："他还是没有想念呀，如果真的想念，还有什么遥远的呢？"

此章没有明说所指何事。是说学习，或修养、或求道，或思念亲人、情人？读者可自己设想、体会。孔子的评说"如果真的思念，何远之有？"有深意，值得玩味。

原不分章，现依朱熹《论语集注》分为18节（其中一节重出，所以朱熹称17节）。

本篇记述孔子在各种场合的容色言动。通过这些记载，可以具体地看到当时礼的规定和孔子生活的一些情况，也可以进一步感受到孔子的精神面貌。

10·1　孔子于乡党，恂恂①如也，似不能言者。其在宗庙朝廷，便便②言，唯谨尔。

《注 释》

①恂恂（xún xún）：恭顺貌。　②便便：辩，善于辞令。

《大 意》

孔子在乡里间显得很温顺，像是不会说话的样子。他在宗庙里朝廷上却很善于言辞，只是很谨慎罢了。

10·2　朝，与下大夫言，侃侃①如也；与上大夫言，訚訚②如也。君在，踧踖③如也，与与④如也。

《注 释》

①侃侃：温和快乐的样子。　②訚訚（yín yín）：正直、和颜悦色而又能直言诤辩。　③踧踖（cù jí）：恭敬而不安的样子。　④与与：威仪适中的样子。

《大 意》

上朝的时候，同下大夫说话，温和而快乐的样子；同上大夫说话，和颜悦色而又直言诤辩。君主在的时候，恭敬而不安，但又仪态适中。

10·3　君召使摈①，色勃如②也，足躩③如也。揖所与立，左右手，衣前后④，襜⑤如也。趋⑥进，翼如也。宾退，必复命曰："宾不顾矣。"

《注 释》

①摈：同"傧"，接待宾客。　②色勃如：脸色庄重。　③躩（jué）：盘旋的样子。形容古时一种回旋周转、曲折进退的礼节。　④衣前后：衣服随着作揖时身体的俯仰而前后摆动。　⑤襜（chān）：整齐。　⑥趋：快步走。

《大 意》

国君召孔子去接待宾客，孔子总是脸色庄重，脚步盘旋。向和他一起站立迎宾的人作揖，手向左向右，衣服前后摆动，却整齐不乱。快步向前的时候，像鸟儿展开两翅一般。宾客走后，一定向国君回报说："客人已经不回头了。"

10·4 入公门，鞠躬如①也，如不容。立不中门，行不履阈②。过位，色勃如也，足躩如也，其言似不足者。摄齐③升堂，鞠躬如也，屏气似不息者。出，降一等④，逞⑤颜色，怡怡如也。没阶⑥，趋进，翼如也。复其位，踧踖如也。

《注 释》

①鞠躬如：鞠躬有两种解释：一，作曲身讲；二，谨慎恭敬的样子。如解释为曲身，依语法不应加如字。 ②阈（yù）：门槛。 ③摄齐：齐（zī），衣服的下摆。摄，提起。 ④降一等：走下一级台阶。 ⑤逞：舒展。 ⑥没阶：走完台阶。

《大 意》

孔子进朝廷的门，谨慎而恭敬的样子，好像没有他的容身之地。不站在门中间，也不踩门槛。经过国君所立的位置，就面色庄重，脚步盘旋，说话好像中气不足一样。提起衣服下摆上堂的时候，恭敬谨慎，憋住气像不呼吸一样。退出来，走下一级台阶，脸色便舒展了，怡然自得的样子。下完台阶快步向前的时候，像鸟儿展开翅膀一样。回到自己的位置上，是恭敬和不安的样子。

10·5　执圭①，鞠躬如也，如不胜。上如揖，下如授。勃如战色②，足蹜蹜如有循③。享礼④，有容色⑤。私觌⑥，愉愉如也。

《注　释》

①圭：一种玉器。出使邻国，大夫拿着圭作为代表君主的凭信。　②战色：战战兢兢的样子。　③蹜蹜如有循：脚步密而小，只举起前趾，脚跟不离地，像是沿着脚下的东西行走。　④享礼：使臣向邻国君主献礼的仪式。　⑤有容色：满脸和气。　⑥私觌（dí）：觌，会见。私觌，以私礼会见。

《大　意》

孔子出使别国，拿着圭，恭敬谨慎，像是举不起来的样子。举在上面时像是作揖，放在下面时像是递东西给人。面色战战兢兢，脚步细小，脚跟不离地。到献礼物的时候，满脸和气。和国君作私人会见的时候，更轻松愉快了。

10·6　君子不以绀緅饰①，红紫不以为亵服②。当暑，袗絺绤③，必表而出之④。缁衣，羔裘⑤；素衣，麑⑥裘；黄衣，狐裘。亵裘长，短右袂⑦。必有寝衣⑧，长一身有半。狐貉之厚以居⑨。去丧，无所不佩。非帷裳⑩，必杀⑪之。羔裘玄冠不以吊⑫。吉月⑬，必朝服而朝。

《注　释》

①绀缅饰：绀（gàn），深青色中透红的颜色。缅（zōu），黑中透红的颜色。饰，衣服的镶边。绀缅是斋戒和祭祀时礼服用的颜色，所以不用来镶边。　②红紫不以为亵服：亵（xiè）服，平常家居穿的衣服，即便服。红紫古时认为不是正色，便服不用红紫，可见更不用于正服。③袗绤绤：袗（zhěn），单衣。绤（chī），细葛布。绤（xì），粗葛布。　④表而出之：先穿内衣，把葛衣穿在外面。　⑤缁衣，羔裘：缁（zī），黑色。羔裘，羔皮衣。古代羔裘都是用黑羊皮，毛皮向外。缁衣羔裘及下面两句，是说罩衣的颜色要与裘皮衣服的颜色相称。　⑥麑（ní）：小鹿，白色。　⑦短右袂：袂（mèi），袖子。右袖短一点，是为了便于做事。　⑧寝衣：睡衣。一说是小被。　⑨居：坐。　⑩帷裳：上朝和祭祀时穿的礼服，用整幅布制作，不用裁剪，腰间缝成褶子。　⑪杀：裁去。　⑫羔裘玄冠不以吊：古代丧事用白色，黑色用于吉服。羔裘玄冠是黑色，因此不用于丧事。　⑬吉月：有几种解释：一，每月初一；二，应该作"告月"，每月月底负责历法的官员把下月初一报告给国君；三，正月初一。

《大　意》

君子不用深青透红或黑中透红的布做衣服的镶边，不用红色紫色的布做日常穿的便服。夏天穿葛布单衣，但一定套在内衣外面。黑色的罩衣配紫羔皮衣，白色的罩衣配麑裘衣，黄色的罩衣配狐裘衣。在家穿的皮衣做得长一些，右边的袖子短一些。睡觉一定要有睡衣，有一身半长。用狐貉的厚毛皮做坐垫。除了服丧期间以外，衣带上佩带各种装饰品。不是上朝和祭礼用的帷裳，一定要剪裁。紫羔衣和黑色帽子都不在吊丧时穿戴。大年初一，一定要穿着上朝的礼服去朝见君主。

10·7　齐①，必有明衣②，布。齐，必变食③，居必迁坐④。

《注　释》

①齐：斋。　②明衣：斋前沐浴后穿的浴衣。　③变食：改变平常的饮食，如不饮酒，不吃葱蒜等。　④迁坐：改换卧室。古时斋戒一定要迁到"外寝"，不与妻妾同房。

《大　意》

斋戒的时候，一定有浴衣，用布做。斋戒时一定改变饮食，迁移卧室。

10·8　食不厌精，脍①不厌细。食饐而餲②，鱼馁而肉败③，不食。色恶，不食。臭恶，不食。失饪，不食。不时④，不食。割不正⑤，不食。不得其酱⑥，不食。肉虽多，不使胜食气⑦。惟酒无量，不及乱⑧。沽酒市脯不食。不撤姜食，不多食。祭于公，不宿肉⑨，祭肉⑩不出三日。出三日，不食之矣。食不语，寝不言。虽疏食菜羹，瓜祭⑪，必齐⑫如也。

《注　释》

①脍（kuài）：细切的鱼、肉。　②饐（yì）而餲（ài）：食物经久而腐败变味。　③馁、败：鱼腐烂叫馁，肉腐烂叫败。　④不时，有两种解释：一，不合时

令的食物，五谷不成，果实未熟之类；二，不是吃饭的时候。 ⑤割不正：有两种解释：一，指宰杀牛羊时没有按规定的方法割截分解；二，肉切得不方正。 ⑥不得其酱：吃不同的肉用不同的酱，用酱不适合就叫不得其酱。⑦食气：指饭食。 ⑧乱：指酒醉。 ⑨不宿肉：古时大夫助国君祭祀，祭祀完毕后可以得到国君赐的祭肉。但天子诸侯的祭礼要进行两天。这样在得到赐肉时，肉已经放了两三天，不能再过夜了。 ⑩祭肉：这是指家中祭祀用的肉。 ⑪瓜祭：有的本子作必祭。古人临吃前把席上各种食品拿出少许，放在食具之间，以祭祖先最早发明饮食的人，表示不忘本。 ⑫齐：严肃恭敬的样子。

《大　意》

粮食不嫌舂得精，鱼和肉不嫌切得细。饮食腐败变味了，鱼和肉腐烂了，都不吃。食物颜色变了不吃，气味变了不吃，烹调不当不吃。不合时令的东西不吃，没照正规方法割的肉不吃，没有适当的调味品不吃。肉虽然多，但吃的量不让它超过饭食。只有酒没有限量，但不喝醉。从市上买的酒和肉干不吃。吃完饭后，不撤掉姜碟，但也不多吃。参加国君祭祀得到的肉，不留到第二天。自己家里的祭肉，存放不出三天。超过三天，就不吃了。吃饭的时候不交谈，睡觉的时候不说话。即使吃的是粗米饭、菜汤，临吃也要祭一祭，而且表情严肃恭敬。

10·9　席不正，不坐。

《大　意》

席子放得不正，不坐。

10·10　乡人饮酒①，杖者②出，斯出矣。乡人傩③，朝服而立于阼阶④。

《注　释》

①乡人饮酒：指当时的乡饮酒礼。　②杖者：指老人。　③傩（nuó）：古代一种迎神以驱逐疫鬼的风俗。　④阼（zuò）阶：东面的台阶，是主人迎送宾客时站立的地方。

《大　意》

行乡饮酒礼之后，等老年人出去之后，自己这才出去。乡里人迎神驱鬼，就穿上朝服站在东边的台阶上。

10·11　问①人于他邦，再拜而送之②。康子馈药，拜而受之。曰："丘未达，不敢尝。"

《注　释》

①问：问候，古代问候都致送礼物。　②再拜而送之：两次拜送使者。

《大　意》

派使者向别国友人问候，向使者拜两次给他送行。季康子送药给孔子，孔子拜谢之后接受了，说："我还不了解这药的药性，不敢尝。"

10 · 12　厩焚。子退朝，曰 :"伤人乎？"不问马。

《大　意》

马棚失火了。孔子退朝回来，说 :"伤人了吗？"不问马的情况。

从这一章可见孔子仁者爱人的胸怀。

10 · 13　君赐食，必正席先尝之。君赐腥①，必熟
而荐②之。君赐生，必畜之。侍食于君，君祭，先饭③。疾，
君视之，东首④，加朝服，拖绅⑤。君命召，不俟驾行矣。

《注　释》

①腥:生肉。②荐:供奉先祖。③先饭:古时君主吃饭要有人先尝一尝，
君主才吃。先饭就是先吃，表示自己不敢以客人自居，而是像给君主尝食
一样。　④东首:这是说卧病在床时的情形，东首就是头朝东。　⑤加朝服，
拖绅:在身上加盖朝服和大带。绅是束在腰间的大带。

《大　意》

国君赐给吃的，一定要摆正席子先尝一尝。国君赐给生肉，一定要烧
熟了供奉祖先。国君赐给活物，一定要饲养起来。侍奉君主一起吃饭，在
国君祭的时候，自己先吃饭。孔子病了，国君来探视，他头朝东躺着，身
上盖着朝服，拖着大带。国君召唤，不等驾好车就先步行走去。

10·14 入太庙,每事问。

此一条重出,见3·15章。

10·15 朋友死,无所归,曰:"于我殡①。"朋友之馈,虽车马,非祭肉,不拜。

《注释》

①殡:停放灵柩和埋葬都可以叫殡。这里泛指丧葬事务。

《大意》

朋友死了,没有亲属负责敛埋,孔子说:"丧事由我来办吧。"朋友馈赠物品,即使送的是车马,只要不是祭肉,孔子接受的时候都不拜。

10·16 寝不尸,居不容①。见齐衰②者,虽狎,必变。见冕者与瞽者,虽亵,必以貌。凶服者式③之。式负版者④。有盛馔,必变色而作。迅雷风烈必变。

《注释》

①居不容:有两种解释:一,居家不必像祭祀或会见宾客时那样注重仪容;二,"容"字应为"客",居家可以不像会客或作客时一样庄敬。

②齐衰（zī cuī）：丧服。　③式：同"轼"，古代车辆前部的横木。这里作动词用，俯身伏在轼上的意思，表示敬意的礼节。　④负版者：有两种解释：一，背负国家图籍的人；二，负版应作负贩，做买卖的人，虽然低贱，也要伏轼以表示敬意。

《大　意》

睡觉时不像死尸那样直挺挺地，平时在家不像接待宾客或作客时那样严肃庄重。见到穿丧服的人，即使是很亲近的人，也一定改变表情，表示哀悼。见到戴礼帽的人和盲人，即使是很熟悉的，也一定有礼貌。在车上遇到穿丧服的人，便俯身伏在车前横木上。遇见背负国家图籍的人，也这样做。有丰盛的菜肴，一定改变神色，站起来致谢。遇见迅雷大风，一定改变神色。

10·17　升车，必正立，执绥①。车中不内顾②，不疾言③，不亲指。

《注　释》

①绥：拉着它上车的带子。　②内顾：回头看。　③疾言：有两种解释：一，很快地讲话；二，高声说话。

《大　意》

上车时，一定先端正地站好，拉着扶手带上车。在车里不回头看，不很快地说话，不用手指指点点。

10·18　色斯举矣①，翔而后集。曰："山梁雌雉，时哉！时哉！"子路共②之，三嗅③而作。

《注　释》

①色斯举矣：举，起的意思。这句话是说鸟看见人颜色不善就飞起来。②共：同"拱"。　③嗅：当是"臭"字。臭（jù），鸟张开两翅。唐代石经《论语》中作"戛"字，鸟长叫声。

《大　意》

雉见到人们面色不善就起身飞了，盘旋飞翔了一阵，又停了下来。孔子说："这些山梁上的雌雉，也懂得时宜呀！懂得时宜呀！"子路听了向它们拱拱手，那雉振振翅膀飞走了。

此章难解，不同解释很多，却没有为大家满意的。这里的"大意"是依据《论语新解》的译文。

11·1　子曰："先进于礼乐，野人①也；后进②于礼乐，君子也。如用之，则吾从先进。"

《注释》

①野人：乡野平民或朴野粗鲁的人。　②先进、后进：有多种解释。这里介绍两种：一，指孔子学生中的前辈后辈。前辈如颜渊、闵子骞、仲弓、子路等人，后辈如子游、子夏。全章大意是说，先进的一辈在礼乐方面比较质朴，像是朴野之人，后进的一辈则于礼乐的规定上讲得较为细密，"文胜其质"，像是君子。在这两种人中孔子宁要质朴的先进一辈。二，指先学习礼乐然后做官的人与先当了官再学习礼乐的人。前者是平民，所以称野人；后者是贵族世家，所以是君子。在用人时孔子主张用前一种人。

《大意》

孔子说："先学习礼乐而后做官的，是原来没有爵禄的平民；先当了官再学习礼乐的，是原来就有爵禄的君子。如果要选用人才，那我主张用先学习礼乐的人。"

11·2　子曰："从我于陈、蔡①者，皆不及门②也。"
德行：颜渊、闵子骞、冉伯牛、仲弓。言语：宰我、子贡。
政事：冉有、季路。文学③：子游、子夏。

《注　释》

①从我于陈、蔡：陈、蔡，国名。孔子曾在从陈去蔡的途中，被陈、蔡人围困，以至绝粮。当时有不少学生跟着他。　②不及门：有两种解释：一，及门指及仕进之门，即当官；二，不在门，即不在孔子身边。　③德行、言语、政事、文学：言语指善于辞令和外交应对，文学指通晓诗书礼乐等古代文献。这段话从这四个方面分别说明了十个学生的特长。

《大　意》

孔子说："在陈蔡之间遭难时跟随我的人，现在都不在我这里了。"德行好的有颜渊、闵子骞、冉伯牛、仲弓。善于辞令的有宰我、子贡。擅长政事的有冉有、季路。通晓文献知识的有子游、子夏。

孔子将此十名弟子分列四科，指出其各自所长，可见孔子教育之因材施教。孔子的教育是全面的成人的教育，以培养君子、成人为目标。四科的分类，并不是如现代学科分类那样，是四项分别的专业。德行贯穿于一切，言语、政事、文学的能力也是所有弟子所必需具备。十名弟子分列四科，只是指出他们各自的特长。孔子的教育，既以全面发展为目标，又能发挥弟子个性特长。孔子的弟子，既能成为有德君子，又能各有特长。值得认真研究以继承和发扬。

可与 2·12 章 "君子不器"，14·13 章 "子路问成人" 章参读。

11·3　子曰："回也非助我者也，于吾言无所不说。"

《大　意》

孔子说："颜回不是对我有帮助的人，他对我说的话没有不心悦诚服的。"

助我，可以联系 3·8 章来理解。子夏问《诗》，孔子回答后，子夏又说 "礼后乎"，孔子受到启发，说 "起予者商也"。弟子提出自己的问题和体会，启发了老师，达到了教学相长的效果。

11·4　子曰："孝哉闵子骞！人不间①于其父母昆② 弟之言。"

《注　释》

①间：非难、批评的意思。参见 8·21 注释。　②昆：兄。

《大　意》

孔子说："闵子骞真是孝啊！别人对于他父母兄弟称赞他的话从来没有什么异议。"

对本章有两种解释。一说，闵子的父母兄弟都称赞闵子孝，外人都没有不同意见；一说，做到他人对父母兄弟都没有非难和批评，是孝的要求。

闵子做到了这一点，是大孝。

11·5 南容三复白圭①，孔子以其兄之子妻之。

《注 释》

①南容三复白圭：白圭，出自《诗经·大雅·抑》中的诗句："白圭之玷，尚可磨也；斯言之玷，不可为也。"意思是白玉上的污点还可以磨掉，我们言论中有毛病就没法挽回了，告诫人们言语要谨慎。南容读到这里，再三反复念这几句话，说明他也慎于言语。

《大 意》

南容反复诵读"白圭之玷，尚可磨也；斯言之玷，不可为也"的诗句。孔子把侄女嫁给了他。

这一章反映了孔子对"慎言"的重视。

11·6 季康子问："弟子孰为好学？"孔子对曰："有颜回者好学，不幸短命死矣，今也则亡。"

《大 意》

季康子问："你的学生中哪个好学？"孔子回答说："有个颜回好学，可惜短命死了，现在没有了。"

鲁哀公也问过同样的问题，孔子的回答较为详细。见6·2章。

11·7　颜渊死，颜路①请子之车以为之椁②。子曰：
"才不才，亦各言其子③也。鲤④也死，有棺而无椁。吾
不徒行以为之椁。以吾从大夫之后，不可徒行也。"

《注 释》

①颜路：颜渊的父亲，名无繇，也是孔子的学生。　②椁：外棺。
③才不才，亦各言其子：才，有才华。不才，无才华。分指颜渊和孔鲤。
句意是，不管颜渊、孔鲤有才还是无才，总还各是你我的儿子。　④鲤：
孔子的儿子，字伯鱼。

《大 意》

颜渊死了，颜路请求孔子把车子卖掉给颜渊做一个椁。孔子说："不
管有才能还是没才能，总都是自己的儿子。孔鲤死的时候，也是有棺无椁。
我没有卖了车自己步行来给他买椁。因为我还跟随在大夫之后，是不可以
步行的。"

孔子因身为大夫不可步行，而不给儿子孔鲤和颜渊办椁，反映了孔子
守礼的态度。

11·8　颜渊死，子曰："噫！天丧予！天丧予！"

《大 意》

颜渊死了，孔子说："唉！是天要我的命呀！是天要我的命呀！"

11·9　颜渊死，子哭之恸①。从者曰："子恸矣。"曰："有恸乎？非夫之人②为恸而谁为？"

《注释》

①恸：哀伤过度。　②夫（fú）之人：夫，指示代词。夫之人指颜渊。

《大意》

颜渊死了，孔子哭得极其悲痛。跟随的人说："你悲痛过度了。"孔子说："我是悲痛过度了吗？我不为他而悲痛过度，又为谁呢？"

11·10　颜渊死，门人欲厚葬之。子曰："不可！"门人厚葬之。子曰："回也视予犹父也，予不得视犹子也。非我也，夫①二三子也。"

《注释》

①夫：语助词。

《大意》

颜渊死了，孔子的学生们想要厚葬他。孔子说："不可以。"学生们还是厚葬了颜渊。孔子说："颜回看待我就像父亲一样，而我却不能像对儿子那样看待他。这不是我要这样，是那些学生们这样做的呀。"

以上四章都讲颜渊之死，可见孔子和弟子们对颜渊的深厚情意。孔子不同意卖车置椁和厚葬，反映了孔子严守礼制的态度。

11·11　季路问事鬼神。子曰："未能事人，焉能事鬼？"曰："敢问死。"曰："未知生，焉知死？"

《大意》

子路问怎样奉事鬼神。孔子说："还没有能奉事人，怎么能奉事鬼呢？"子路说："请问死是怎么一回事？"孔子说："对生的道理还不知道，怎么能知道死呢？"

生死、鬼神是人生面对的重要问题。本章孔子说，不懂得人生，就不能懂得怎样对待鬼神；不懂得生，就不懂得死；懂得了生的道理，也就能懂得死。反映了孔子重视现实人生的态度，代表了儒家和中国文化的基本思想。

在鬼神生死问题上，中西文化间有根本的差异；旧注对此章也有不同理解和解释，要注意认真求解。可与6·20、7·20章参读。

11·12　闵子侍侧，訚訚如也；子路，行行①如也；冉有、子贡，侃侃②如也。子乐。"若由也，不得其死然。"

《注释》

①行（hàng）行：刚强貌。　②訚訚、侃侃：参见10·2注释。

《大意》

闵子骞侍立在孔子身旁，一派中正的样子；子路是一派刚强的样子；冉有、子贡是一派温和快乐的样子。孔子高兴了。但孔子说："像仲由这样，怕会不得好死的。"

11·13　鲁人为长府①。闵子骞曰："仍旧贯②，如之何？何必改作？"子曰："夫人不言，言必有中。"

《注　释》

①长府：国家储藏财物或文书的地方叫府。长府是府名。　②贯：事，例。仍旧贯，照旧制的意思。

《大　意》

鲁国要改建长府。闵子骞说："还照老样子怎么样？何必改建呢？"孔子说："这个人不说话则已，一说话必然是中肯的。"

11·14　子曰："由之瑟①，奚为于丘之门？"门人不敬子路。子曰："由也升堂矣，未入于室②也。"

《注　释》

①瑟：古代乐器。这里孔子是不满意子路所弹的音调。　②升堂、入室：比喻学习程度的深浅。堂是正厅，室是内室。已升堂而未入室，比喻已得大体但还不精深。

《大　意》

孔子说："仲由弹瑟的音调，为什么出自我的门里呀。"孔子的学生听了因此就不敬子路。孔子说："仲由在学习上是已经升堂了，只是还没有入室罢了。"

孔子批评子路弹瑟的音调，门人因而不敬子路，孔子又作解释。孔子和门人的态度，都值得玩味。

11·15　子贡问："师与商①也孰贤？"子曰："师也过，商也不及。"曰："然则师愈与？"子曰："过犹不及。"

《注　释》

①师与商：师，颛孙师，子张。商，卜商，子夏。两人都是孔子的弟子。

《大　意》

子贡问："师与商二人谁好一些？"孔子说："师常有些过头，商常有些不够。"子贡说："那么是师好一些了？"孔子说："过头和不够是一样的。"

6·27章说"中庸之为德也，其至矣乎"，"过犹不及"是对"中庸"的具体说明。朱熹注"中庸"，说"中"就是"不偏不倚，无过无不及"，是对这一思想的正面表述。"无过无不及"，就是适度。只有保持适度，既不过度也不"不及"，才能达到和谐，促进事物的正常发展。从这一点上看，"过"与"不及"都是不利于事物的和谐、发展的。这是极重要的思想。常见的片面性，走极端，左右摆摆，从一个极端跳向另一个极端，就是不懂得"过犹不及""无过无不及"的道理的结果。做任何事，最重要的就是要学会把握中道，即把握事物的度，做到"无过无不及"。上章中门人因孔子对子路的批评而不敬子路，就是对孔子的批评作了过度的理解，孔子的解释正是帮助门人把握正确的度。3·20章讲"乐而不淫，哀而不伤"，也是说哀乐不要过分而要适度。

11·16　季氏富于周公，而求也为之聚敛①而附益之。子曰："非吾徒也。小子鸣鼓而攻之②，可也。"

《《注　释》》

①聚敛（liǎn）：收集。这里指冉有增加赋税为季氏搜括财富。　②鸣鼓而攻之：公开宣布其罪行并指责批评的意思。

《《大　意》》

季氏的富有超过了周公，而冉求还帮他搜括来增加他的钱财。孔子说："他不是我的学生了，你们可以打着鼓去声讨他呀。"

可与7·15章参读，看孔子对不义之财的态度：对己而言，"不义而富且贵，于我如浮云"；对敛不义之财者，深恶痛绝，"鸣鼓而攻之可也"。

11·17　柴①也愚②，参与鲁③，师也辟④，由也喭⑤。

《《注　释》》

①柴：高柴，字子羔，孔子的学生。　②愚：《论语集解》注："愚直之愚。"指愚而耿直。　③鲁：迟钝。　④辟：有两种解释：一，偏，邪；二，只注意外表形式而内心不诚实叫辟。　⑤喭（yàn）：鲁莽，粗鲁。也有的解释为刚猛。

《大 意》

高柴愚直，曾参迟钝，颛孙师偏激，仲由鲁莽。

11·18　子曰："回也其庶①乎，屡空②。赐不受命，而货殖③焉，亿④则屡中。"

《注 释》

①庶：庶几，相近。这里是指颜渊的学问道德接近完善。　②空：匮乏、穷困。　③赐不受命，而货殖：货殖，做买卖。对命字有不同解释：一，天命；二，禄命，不受命就是不做官；三，古代经商都要受命于官，子贡则是没有受命于官而自己去做买卖，所以叫不受命而货殖。　④亿：同"臆"，猜度。

《大 意》

孔子说："颜回已经差不多近道了吧，但他常在穷困中。端木赐不安于命而去做买卖，但他猜测行情却常能猜中。"

11·19　子张问善人①之道，子曰："不践迹②，亦不入于室③。"

《注 释》

①善人：指本质善而没有学习的人。　②践迹：照着别人的脚印走。践，依循。　③入于室：比喻学问、修养达到了精深的地步，参看11·14注。

《大　意》

子张问善人的行为。孔子说："善人不踩着别人的脚印走，但学问、修养也不能到家。"

善人不学，不能登堂入室；本质虽善，也不能不学。

11·20　子曰："论笃是与①，君子者乎？色庄者乎？"

《注　释》

①论笃是与：论，言论。笃，笃实。与，赞许。对说话笃实表示赞许。

《大　意》

孔子说："听到人议论笃实就表示赞许，哪知道他真是君子呢？还是只是外表庄严呢？"

可与5·9章"听其言而观其行"参看。

11·21　子路问："闻斯行诸？"子曰：有父兄在，如之何其闻斯行之？"冉有问："闻斯行诸？"子曰："闻斯行之。"公西华曰："由也问闻斯行诸，子曰有父兄在，求也问闻斯行诸，子曰闻斯行之。赤也惑，敢问。"子曰："求也退①，故进之；由也兼人②，故退之。"

《注 释》

①求也退：冉有性懦弱，遇事退缩不前。 ②由也兼人：子路好勇过人。

《大 意》

子路问："听到了就去做吗？"孔子说："父兄还在，怎么能听到就做呢？"冉有问："听到了就去做吗？"孔子说："听到了就要去做。"公西华说："仲由问听到了就去做吗，你回答有父兄健在，冉求问听到了就去做吗，你回答听到了就要去做。我弄糊涂了，敢再问个明白。"孔子说："冉求总是退缩，所以我鼓励他；仲由好勇过人，所以我约束他。"

对子路和冉求所问的同一个问题，孔子针对他们的不同情况作了不同的回答。生动地反映出孔子教育方法的一个特点——因材施教。怎样真正做到这一点，今人其犹病诸！

11·22　子畏于匡，颜渊后。子曰："吾以女为死矣。"曰："子在，回何敢死？"

《大 意》

孔子在匡被围困。颜渊失散了，后来才逃出来。孔子说："我以为你已经死了呢。"颜渊说："夫子还在，我哪敢轻易去死呢？"

古时弟子对老师就像儿子对父亲，父在，子不敢轻易去死。曾子说士应"仁以为己任，死而后已"，因为有明道传道的责任在，也不敢轻易去死。

11·23　季子然①问："仲由、冉求可谓大臣与？"
子曰："吾以子为异之问，曾②由与求之问。所谓大臣者，
以道事君，不可则止。今由与求也，可谓具臣③矣。"曰：
"然则从之者与？"子曰："弑父与君，亦不从也。"

《注　释》

①季子然：鲁国大夫季氏的子弟。当时仲由、冉求都是季氏的家臣，
季子然自以为得人，所以这样问。　②曾：乃。　③具臣：只是备位充数的臣子。

《大　意》

季子然问："仲由和冉求可以称得上大臣吗？"孔子说："我以为你会
问别的什么，原来你只是问由和求呀。所谓大臣，应该按照道的要求来事
奉君主，如果行不通就辞职不干。现在仲由和冉求，只能算是充数的臣子
罢了。"季子然说："那么他们是一切顺从君主的人吗？"孔子说："如果
要杀父弑君，他们也不会听从的。"

孔子提出臣事君的原则是"以道事君，不可则止"。即使是"具臣"，对
君也有所不从。14·23章还说要"勿欺也，而犯之"，联系到孔子对君主提出
了"帅以正""使臣以礼"的要求，又批评了君主以无人违抗自己为乐的思想
（13·15），可见在君臣关系上孔子也是以道和礼作为准绳，要求君和臣都遵
守道和礼的规范，而不主张臣对君无条件地绝对服从。3·19章说"臣事君以
忠"，也应从这一基本思想来理解，"事君以忠"是"以道事君"的一个方面，
与后世提倡的对君绝对服从的愚忠是不同的。关于事君，《论语》里还谈到"事
君尽礼"（3·18）"事君，敬其事而后其食"（15·37）等，可以参读。

11·24　子路使子羔为费宰。子曰:"贼夫人之子①。"子路曰:"有民人焉,有社稷②焉,何必读书,然后为学?"子曰:"是故恶夫佞者。"

《注　释》

①贼夫人之子:贼,害。夫人之子指子羔。孔子认为子羔没有经过很好的学习就去从政会害了他自己。　②社稷:社,土神。稷,谷神。两神共祀于社稷坛。

《大　意》

子路让子羔去做费城的长官。孔子说:"这是害了这个年轻人了。"子路说:"那里有老百姓,有社稷,治理百姓和祭祀神灵都是学习,为什么一定要读书才算学习呢?"孔子说:"所以我厌恶那种花言巧语狡辩的人。"

本章也是讲读书的重要。力行实践也是学,但不可代替读书。

11·25　子路、曾皙①、冉有、公西华侍坐。子曰:"以吾一日长乎尔,毋吾以也②。居③则曰不吾知也,如或知尔,则何以哉④?"子路率尔⑤而对曰:"千乘之国,摄⑥乎大国之间,加之以师旅,因之以饥馑,由也为之,比及⑦三年,可使有勇,且知方也⑧。"夫子哂⑨之。"求,尔何如?"对曰:"方六七十⑩,如⑪五六十,求也为之,比及三年，可使足民。如其礼乐，以俟君子。”“赤，尔何如？”对曰：“非曰能之，愿学焉。宗庙之事⑫，如会同⑬，端章甫⑭，愿为小相⑮焉。”“点，尔何如？”鼓瑟希⑯，铿尔，舍瑟而作⑰，对曰：“异乎三子者之撰。”子曰：“何伤乎？亦各言其志也。”曰：“莫⑱春者，春服既成。冠者⑲五六人，童子六七人，浴乎沂⑳，风乎舞雩㉑，咏而归。”夫子喟然叹曰：“吾与点也！”三子者出，曾皙后。曾皙曰：“夫三子者之言何如？”子曰：“亦各言其志也已矣。”曰：“夫子何哂由也？”曰：“为国以礼。其言不让，是故哂之。”“唯㉒求则非邦也与？”“安见方六七十如五六十而非邦也者？”“唯赤则非邦也与？”“宗庙会同，非诸侯而何？赤也为之小，孰能为之大？”

《注　释》

①曾皙：名点，曾参的父亲，也是孔子的学生。　②以吾一日长乎尔，毋吾以也：虽然我年龄比你们稍长一些，不要因为我年长而不敢说话。③居：平日。　④则何以哉：何以即何以为用的意思。　⑤率尔：轻率、急忙。⑥摄：迫。摄于大国之间是夹在大国之间的意思。　⑦比（bì）及：等到。⑧且知方也：方，方向。这里指礼义。　⑨哂：微笑。　⑩方六七十：纵横各六七十里，指小国。　⑪如：或者的意思。　⑫宗庙之事：指祭祀。　⑬会同：诸侯会见，时见叫会，众见叫同。　⑭端章甫：端，玄端，衣名；章甫，帽名。都是古代的礼服。　⑮相：赞礼的人。　⑯希：同“稀”。　⑰作：站起来。

⑱莫：同"暮"。　⑲冠者：成年人。古人年二十岁行冠礼，表示已成年。
⑳浴乎沂：浴，盥濯，就水边洗头面手足。沂，水名。　㉑舞雩（yú）：
地名，祭天求雨的地方。　㉒唯：语气词，无意义。

《大　意》

　　子路、曾晳、冉有、公西华陪孔子坐着。孔子说："我年龄比你们大
一点，不要因为我年长而不敢说。你们平时常说别人不了解自己，如果有
人了解了你们，你们怎么去做呢？"子路赶忙答道："一个有兵车一千辆的
国家，夹在大国之间，大国军队常来侵犯，加上国内又闹饥荒，让我去治理，
三年以后，就可以使百姓勇敢，并且懂得礼义。"孔子微微一笑。问："冉求，
你怎么样？"冉求答道："国土纵横六七十里或五六十里的小国，让我去治
理，三年以后，就可以使百姓丰衣足食，至于礼乐教化，就要等君子来施
行了。"孔子又问："公西赤，你怎么样？"公西华答道："我不敢说已经
能够做到了，只是愿意学习罢了。宗庙祭祀或者诸侯会盟，我愿意穿着礼服，
戴着礼帽，做一个赞礼的小相。"孔子又问："曾点，你怎么样？"曾晳正
在弹瑟，他逐渐放慢声调，接着"铿"的一声，放下瑟站起来，回答道："我
想的和他们三人讲的不同。"孔子说："那有什么关系呢？也就是各人讲自
己的志向而已。"曾晳说："暮春三月，已经穿上春装的时节，约上五六个
成年人，六七个童子，一起到沂水边洗洗澡，到舞雩台吹吹风，一路唱着
歌走回来。"孔子长叹一声说："我赞成曾点的想法呀！"子路、冉有、公
西华出去了，曾晳留在后面，问孔子道："他们三人的话怎么样呢？"孔子
说："也就是各人讲自己的志向而已。"曾晳说："夫子为什么要笑仲由呢？"
孔子说："治国要讲礼，他讲话不谦让，所以我笑他。"曾晳说："那么是
不是冉求讲的不是治理国家呢？"孔子说："哪里有纵横六七十里或五六十

里的土地还不是一个国家的呢？"曾皙又说："那么是不是公西赤讲的不是治国呢？"孔子说："宗庙祭祀和诸侯会盟，这不是诸侯的事又是什么？像赤这样的人如果只能做一个小相，那谁又能做大相呢？"

孔子与四弟子谈志向，对于子路、冉求、公西华所说，孔子未作评论，唯独表示了对曾皙的赞许，对此有不同的理解和解释：一说孔子是肯定曾点"知时而不求为政"，一说曾点志向只在"即其所居之位，乐其日用之常"，无志于社会民生。

孔子知时。孔子讲知命，也就是知时，但不是"不求为政"。孔子周游列国，未尝放弃过为政行道的努力，以至于被人称为"知其不可而为之"。

清张履祥《备忘录》说，四人志向反映着为政的先后次序，曾皙所说是反映了尧舜禹三代治世"化行俗美，民生和乐"的景象，和孔子向往三代的志向相契合，所以引起孔子感叹。他排列的为政次序颇为牵强，而对曾皙所说的评论则有一定道理。子路、冉有、公西华三人所言，都属具体政事，而曾皙所言，则不是具体政事而是为政所追求的一种理想境界。孔子独许曾皙，反映孔子之志重在天下归仁，百姓得安的终极目标，而不在一时一事上之成就。

12·1　颜渊问仁。子曰："克己复礼①为仁。一日克己复礼，天下归仁焉②。为仁由己，而由人乎哉？"颜渊曰："请问其目③。"子曰："非礼勿视，非礼勿听，非礼勿言，非礼勿动。"颜渊曰："回虽不敏，请事④斯语矣。"

《注　释》

①克己复礼：有不同的解释：一，克，克制、约束；复，践行。克制和约束自己来践行礼。二，克，胜；复，返回。战胜自己离开了礼的言行回归到礼的要求上来。两种解释意思相近。　②天下归仁焉：有几种解释：一，归是与、赞许的意思，一旦做到了克己复礼，便会得到天下人的赞许。二，专指君主如果能克己复礼，天下人都会归顺这仁德之君。三，一旦做到克己复礼，天下的一切就都归于仁了。程子注："克己复礼，则事事皆仁，故曰天下归仁。"以第三种解释较合理。这里"克己复礼"的主语似不是

指个人，而泛指众人。即如果大家都能做到克己复礼，天下就都归于仁了。四，《论语新解》说，本文说"归仁焉"，"焉"是"在这里"的意思，原文的意思应是如果能一日克己复礼，即在此处，便见天下尽归入我之人心中。　③目：条目。　④事：从事，实行。

《**大　意**》

颜渊问怎样才是仁。孔子说："约束自己，一切都照着礼的要求去做，就是仁。一旦做到了这一点，天下就都归于仁了。实行仁德全在于自己，还能靠别人吗？"颜渊说："请问实行仁德的条目。"孔子说："不合于礼的不要看，不合于礼的不要听，不合于礼的不要说，不合于礼的不要做。"颜渊说："我虽然资质迟钝，让我照这些话去做吧！"

克己复礼包括了两个方面，克己是个人修养的工夫，复礼是修养的标准和要达到的目标；克己是对内心道德情感的修养，复礼是对视听言动等外在行为的规范。孔子希望人们通过自己的道德修养自觉遵守礼的规定。这也就是"道之以德，齐之以礼"。从当政者为政的方针说，是"道之以德，齐之以礼"；从个人的修养方面说，就是要"克己复礼"。这是孔子的基本思想，贯穿于《论语》全书，可注意联系起来研究、把握。

"克己复礼为仁"，说明仁的要求体现在礼上，仁的精神要由礼的规定来体现和落实，离开礼，仁就无所依托。所以，仁依赖于礼，依礼而行是仁的根本要求。3·3章说："人而不仁，如礼何？"是说明仁是礼的基础和灵魂，礼要靠仁来维护，离开仁，礼就徒具形式，失去了意义。仁是内在的，礼是外在的。一内一外，互为表里，紧密结合不可分。只有把《论语》不同章句的不同论述联系起来理解，才能得到全面的认识。看到一面，忽略了另一面，就会陷入片面性。这一点很值得注意。

　　克己，有人解释为克制私欲。其实，不仅是私欲需要克制，人的喜怒哀乐都需要有所克制。喜怒哀乐之情是一切行为的原始基础，人与外界相接触，内心的情感就表现为行为。喜怒哀乐是人之常情，本身没有是非善恶。感情的表现则会受到外在因素的影响，有是非善恶的区别，因此需要有所克制。后文说"非礼勿视，非礼勿听，非礼勿言，非礼勿动"，说明对己的约束、克制要体现在日常言行的一切方面。

　　复礼，曾经有人解释为恢复旧礼，是复辟，这是有意曲解。复是践行的意思，复礼就是按礼的要求去做。礼的具体内容是随着社会的发展而不断变化的，今天说克己复礼，不是要恢复古代的礼，而是要求我们遵守当代社会的规范。

　　本章特别提出"为仁由己"，是修养的根本原则。仁道的修养，克己复礼，全在于自己，而不由他人。可与4·6、6·10、7·29 等章参读。

　　12·2　仲弓问仁。子曰："出门如见大宾，使民如承大祭①；己所不欲，勿施于人；在邦无怨，在家无怨②。"仲弓曰："雍虽不敏，请事斯语矣。"

《注　释》

①出门如见大宾，使民如承大祭：接见贵宾和进行重大的祭祀，都要求谨慎恭敬。这句话是说出门办事和役使百姓，都要像接见贵宾和进行大祭时那样恭敬谨慎，也就是说要敬。　②在邦无怨，在家无怨：在邦指在诸侯国做官，在家指在卿大夫家做事。无怨有两种解释：一，指仁的效果。

做到了前面所说的敬和恕，别人对自己便没有怨恨。二，指自己而言，前文所说敬、恕都是发自内心的要求，在任何情况下都无怨无悔，不怨天尤人。

《大　意》

仲弓问怎样才是仁？孔子说："出门办事像会见贵宾一样，役使百姓像进行重大祭祀一样；自己不愿意要的，不要加于别人；在诸侯的邦国里不怨恨，在大夫的家中也不怨恨。"仲弓说："我虽然资质迟钝，让我按照这些话去做吧。"

"出门如见大宾，使民如承大祭"，是敬；"己所不欲，勿施于人"是恕；是修养仁道的两个要点。无怨，是"为己"精神的体现，是修养应具的基本态度。

12·3　司马牛问仁。子曰："仁者其言也讱①。"曰："其言也讱，斯谓之仁已乎？"子曰："为之难，言之得无讱乎？"

《注　释》

①讱：难、迟钝。《史记》记载，司马牛多言而躁。孔子的话是针对他的缺点而说的。

《大　意》

司马牛问怎样才是仁？孔子说："仁人说话迟钝。"司马牛说："说话迟钝，这就叫做仁了吗？"孔子说："做起来很难，说起来能不迟钝吗？"

《论语》几处讲到"讷"是仁的要求。"讷"与这一章讲的"讱"是一个意思。这一章用"为之难"解释了为什么"讱""切"是仁的要求。这说明孔子并不是赞赏形式上的说话迟钝，而是考虑到言行一致，为了避免说了做不到，说得多做得少，才要求说话谨慎。可与2·13、4·22等章参读。

12·4　司马牛①问君子。子曰："君子不忧不惧。"曰："不忧不惧，斯谓之君子已乎？"子曰："内省不疚，夫何忧何惧？"

《注　释》

①司马牛：旧注说这个司马牛是宋国桓魋的兄弟。桓魋和他的几个兄弟一起谋反，失败后有的死了，有的逃亡在外。只有司马牛不赞成兄弟们的谋反行动，但也流亡在外。《论语译注》认为，桓魋的弟弟司马牛和孔子的学生司马牛是两个人，不能混为一谈。

《大　意》

司马牛问怎样才是君子。孔子说："君子不忧愁，不畏惧。"司马牛说："不忧愁，不畏惧，这就叫做君子了吗？"孔子说："内心自省而问心无愧，还有什么忧愁和畏惧呢？"

孔子回答司马牛的问话说君子不忧不惧，是针对司马牛的具体情况而说的，但同时又有着普遍的意义。为什么君子能不忧不惧呢？孔子说是因为内省不疚。自己的思想行为端正，问心无愧，自然也就心地坦荡，不忧不惧。7·36章说"君子坦荡荡"，14·30章说"仁者不忧，知者不惑，勇者不惧"，都可联系起来理解。要做到这些，基础就是"内省不疚"。

12·5　司马牛忧曰："人皆有兄弟，我独亡①。"子夏曰："商闻之矣：死生有命，富贵在天。君子敬而无失，与人恭而有礼，四海之内，皆兄弟也。君子何患乎无兄弟也？"

《注 释》

①人皆有兄弟，我独亡：亡同"无"。司马牛的兄弟都参与谋反，逃亡在外，而司马牛反对谋反，与兄弟们分道扬镳，因此而有独无兄弟的感叹。

《大 意》

司马牛忧愁地说："别人都有兄弟，唯独我没有。"子夏说："我听说过：死生都由命决定，富贵都在天的安排。君子严肃谨慎而没有过失，对人恭敬而有礼，那么天下人就都是兄弟。君子哪愁没有兄弟呢？"

12·6　子张问明。子曰："浸润之谮①，肤受之愬②，不行焉，可谓明也已矣。浸润之谮，肤受之愬，不行焉，可谓远③也已矣。"

《注 释》

①浸润之谮：谮（zèn），谗言。浸润之谮，像水浸润物件那样开始不易觉察的谗言，即暗中的中伤。 ②肤受之愬：愬（sù），诬告。肤受之愬，像感受到切肤之痛那样的诬告，即直接的诽谤。 ③远：明之至也。明智

的最高境界。

《大 意》

　　子张问怎样才是明智。孔子说："像水的浸润那样的谗言和像有切肤之痛那样的诽谤，在他面前都行不通，那就可以说是明智了。像水的浸润那样的谗言和像有切肤之痛的诽谤，在他面前都行不通，那就可以说是很有远见了。"

　　浸润之谮，像温水煮青蛙，不易察觉；肤受之愬，易于被激怒，难以冷静处置。然而他却能不受影响，所以称他明智。

　　12·7　子贡问政。子曰："足食，足兵，民信之矣。"子贡曰："必不得已而去，于斯三者何先？"曰："去兵。"子贡曰："必不得已而去，于斯二者何先？"曰："去食。自古皆有死，民无信不立。"

《大 意》

　　子贡问怎样治理政事。孔子说："要使粮食充足，军备充足，百姓信任政府。"子贡说："如果不得不去掉一项，那么在这三项中先去哪一项呢？"孔子说："去掉军备。"子贡说："如果不得不再去掉一项，那么在剩下的两项中先去那一项呢？"孔子说："去掉粮食。自古以来人总是要死的，没有了百姓的信任国家就不能存在。"

　　孔子谈为政，提出"足食、足兵、民信"三项，而把"足食"放在第一位，反映了他对民生的重视。13·9章提出"庶、富、教"的三步骤；

20·2章又主张对百姓"惠而不费""因民之所利而利之";1·5章说"节用而爱人,使民以时";12·9章说"百姓足,君孰与不足?百姓不足,君孰与足",可以联系起来参读。

"足食、足兵、民信"是为政的基本要求,而民生是基础,三个方面不能兼顾的时候,先去兵、去食,是特殊情况下的特殊处置;"民无信不立",说明孔子认为百姓的信任是政权存在的根本基础。这两个方面是统一的,联系起来看,才能全面把握孔子的思想。

12·8　棘子成①曰:"君子质而已矣,何以文为?"子贡曰:"惜乎,夫子之说君子也,驷不及舌②。文犹质也,质犹文也。虎豹之鞟③犹犬羊之鞟。"

《注 释》

①棘子成:卫国大夫。　②驷不及舌:话一出口,四匹马也追不回来,即"一言既出,驷马难追"。　③鞟(kuò):去掉毛的皮,即革。

《大 意》

棘子成说:"君子只要有好的本质就够了,还要那礼节仪式上的文采有什么用?"子贡说:"遗憾啊,你是这样谈论君子。一言既出,驷马难追。本质就像文采,文采就像本质,同样重要。虎豹的皮革,失去了毛的文采,就和犬羊的皮革一样了。"

这一章也是说文与质、仁与礼必需很好地配合。可与12·1章"克己复礼",6·16章"文质彬彬"参读。

12·9　哀公问于有若曰："年饥，用不足，如之何？"有若对曰："盍彻乎①？"曰："二②，吾犹不足，如之何其彻也？"对曰："百姓足，君孰与不足？百姓不足，君孰与足？"

《注　释》

①盍彻乎：盍，何不。彻，西周的田税制度，从收获中抽取十分之一为田税。"什一而税谓之彻"。　②二：指抽取十分之二的赋税。

《大　意》

鲁哀公问有若说："遭了饥荒，国家用度不足，怎么办呢？"有若回答说："何不实行彻法，只抽十分之一的田租呢？"哀公说："现在抽十分之二，我还不够，怎么能实行彻法呢？"有若回答说："百姓富足了，国君怎么会不够？百姓贫困，用度不够，国君又怎么会够呢？"

"百姓足，君孰与不足？百姓不足，君孰与足？"藏富于民，是很有价值的思想。

12·10　子张问崇德①、辨惑，子曰："主忠信，徙义②，崇德也。爱之欲其生，恶之欲其死；既欲其生，又欲其死，是惑也。'诚不以富，亦祇以异③。'"

《注　释》

①崇德：提高道德修养。　②徙义：徙，迁移。改变自己的思想使之

合于义。　③诚不以富，亦祇以异：《诗经·小雅·我行其野》诗句。引在这里很费解，有人认为是错简，此句应放在16·12"齐景公有马千驷"一章。《论语译注》译作"这样的确对自己毫无好处，只是使人奇怪罢了"。

《大　意》

子张问怎样提高道德修养和辨别迷惑。孔子说："以忠信为主，使自己的思想合于义，这就是提高道德修养。对一个人，爱他的时候就希望他活，厌恶他的时候就巴不得他死；既要他活，又要他死，这就是迷惑。"

《论语》1·8、9·24章都说到"主忠信"，还有多处说到"忠信"，可见孔子对忠信的重视，对这一点要认真领会。12·21章也谈崇德辨惑，可参读。

12·11　齐景公①问政于孔子。孔子对曰："君君、臣臣、父父、子子。"公曰："善哉！信如君不君，臣不臣，父不父，子不子，虽有粟，吾得而食诸？"

《注　释》

①齐景公：齐国国君，名杵臼。

《大　意》

齐景公向孔子问治国之道，孔子答道："君要行君道，臣要行臣道，父要行父道，子要行子道。"景公说："说得好呀！如果君不行君道，臣不行臣道，父不行父道，子不行子道，尽管有粮食，我能吃得上吗？"

孔子"君君、臣臣、父父、子子"的主张，是针对春秋时期社会变动，君臣父子的等级名分遭到破坏的局面而提出的，可与13·3章参读。人的生活是社会性的，每一个人都生活在种种社会关系中，在这些关系中处于一定的地位，充当一定的角色，有他相应的权利、义务和责任，要遵守一定的规范。每一个人都能遵守他应守的规范，尽他应尽的义务和责任，同时也享有他应有的权利，是保证社会秩序稳定的必要条件。孔子所说君君、臣臣、父父、子子，就是体现了这个要求。不同时代、不同社会下人们的社会关系是不同的，孔子当时所要求的君君、臣臣、父父、子子的具体内容，今天不再适用了，君君、臣臣、父父、子子的原则仍然是重要的。

13·3章说"正名"，9·14章说"各得其所"，可以参读。

12·12　子曰："片言①可以折狱者，其由也与②？"子路无宿诺③。

《注　释》

①片言：诉讼双方中一方的言辞，古时也叫"单辞"。　②其由也与：从来断案都要有原告和被告双方的陈述和供辞，为什么子路可以仅凭一方的单辞断狱？有几种解释：一，子路明决，凭单辞就可作出判断；二，子路为人忠信，人们信服他，在他面前不讲假话，因此他可以只听一面之辞来断案；三，子路忠信，所说的话决无虚假，所以只听子路的一面之辞，就可断案。　③宿诺：有两种解释：一，宿解释为"预"，预先的许诺；二，宿解释为"留"，拖延诺言的实现。

《大　意》

孔子说："只听了一方的话就可以断狱的，大概只有仲由吧。"子路履行自己的诺言从不拖延。

断狱应该听取双方的陈述，不可只凭一方之言。本章只是对子路的评价，不是对断狱的主张。

12·13　子曰："听讼①，吾犹人也。必也使无讼②乎！"

《注　释》

①听讼：审理诉讼案件。　②使无讼：通过道德教化来消灭诉讼案件。

《大　意》

孔子说："审理诉讼案件，我同别人也是一样。重要的是一定要做到没有诉讼案件才好。"

无讼是孔子的理想，但是在现实社会中这是不可能实现的。

12·14　子张问政。子曰："居之无倦，行之以忠。"

《大　意》

子张问怎样治理政事。孔子说："身居官位不要懈怠，处理政事要忠心。"

12·15　子曰:"博学于文,约之以礼,亦可以弗畔矣夫!"

这一章重出,见6·25章。

12·16　子曰:"君子成人之美①,不成人之恶。小人反是。"

《注　释》

①成:帮助促成。成人之美是助人为善的意思。

《大　意》

孔子说:"君子助成别人善的方面,而不促成别人的恶处。小人则正相反。"

成人之美或成人之恶,反映君子小人存心的不同。自身存心向善,自然成人之美;自身存心向恶,自然助人为恶。

12·17　季康子问政于孔子。孔子对曰:"政者正也。子帅①以正,孰敢不正?"

《注　释》

①帅:同"率",带头。

《大　意》

季康子问孔子怎样治理政事。孔子答道："政就是正的意思。你自己带头走正道，谁敢不走正道呢？"

"政者正也"是孔子为政治国的根本理念，他把为政治国的实质概括为一个"正"字。本章中，这个"正"说的是"正人"，而正人的关键是在位者"帅以正"；正人先正己。13·3章又提出"正名"，12·11章提出"君君、臣臣、父父、子子"，说的是社会秩序的"正"。所以，"政者正也"包含正名和正人两个方面；正名的根本在正人，正人的关键在正己。9·14章说"乐正，《雅》《颂》各得其所"，说明"正"就是各得其所。

2·1章"为政以德"，2·3章"道之以德，齐之以礼"，则是实现"正"的目标的方法、途径。

12·18　季康子患盗，问于孔子。孔子对曰："苟子之不欲，虽赏之不窃。"

《大　意》

季康子苦于盗贼太多，向孔子求教。孔子答道："如果你自己不贪求财货，即使你奖励偷盗，他们也不会去偷。"

12·19　季康子问政于孔子曰："如杀无道以就^①有道，何如？"孔子对曰："子为政，焉用杀？子欲善而民善矣。君子之德风，小人之德草。草上之风^②必偃^③。"

《注　释》

①就：成就，成全。　②草上之风：上，一作尚，加。草上之风就是风加之于草。　③偃：仆，倒。

《大　意》

季康子向孔子问怎样治理政事，说："如果杀掉无道的人来成全有道的人，怎么样？"孔子答道："你治理政事，哪里用得着杀戮的手段呢？只要你想善，百姓就也会善。在上位的人的品德好比风，在下位的人的品德好比草。风加到草上，草一定会顺风倒下的。"

以上二章都是说正人先正己的道理。13·6、13·13章也是讲同一道理，可参读。本章说"君子之德风，小人之德草。草上之风必偃"，指出民风不好的责任在上不在下，社会风气之正，关键在于"官风"之正。此章有深刻意义，尤其应引起在上位者的重视。

12·20　子张问："士何如斯可谓之达①矣？"子曰："何哉，尔所谓达者？"子张对曰："在邦必闻，在家必闻。"子曰："是闻也，非达也。夫达也者，质直而好义，察言而观色，虑以下人②。在邦必达，在家必达。夫闻也者，色取仁而行违，居之不疑。在邦必闻，在家必闻。"

《注 释》

①达：通达，显达。　②下人：居于人下，指对人谦恭。

《大 意》

子张问："士要怎样才可以算是达了呢？"孔子说："你所说的达是什么意思？"子张答道："无论在国内还是在卿大夫的家中，都必定有名声。"孔子说："这是闻，不是达呀。所谓达，那是要品质正直，爱好礼义，能分析别人的言论，观察别人的脸色，总是存着谦让之心，居于人下，因此无论在国内或卿大夫家中都能显达。所谓闻，只是外表上装出仁的样子而行动上却正是违背仁，自己还心安理得，不怀疑自己，但他无论在国内或在卿大夫家中都能有名声。"

子张把"达"理解为在家里和社会上都有好名声。孔子答子张问，特别说明"闻"和"达"的区别，强调"达"是自身修养良好所自然带来的结果，要注重自身的修养，而不是自我作秀，言行不一，追求在人们心目中的好名声。可以与14·25"为己""为人"章参读。1·10章说孔子所以每到一处都能与闻政事，是"温、良、恭、俭、让得之"，也可参读。

12·21　樊迟从游于舞雩之下，曰："敢问崇德、修慝①、辨惑。"子曰："善哉问！先事后得②，非崇德与？攻其恶，无攻人之恶，非修慝与？一朝之忿，忘其身，以及其亲，非惑与？"

《注释》

①修慝：慝（tè），恶。《论语集注》引胡注："恶之匿于心者。"即邪恶的念头。修，治，改正的意思。　②先事后得：有的解释为先付出劳动然后收获。15·37章说："事君，敬其事而后其食"，6·20章说"仁者先难而后获"，都是说要先致力于事，而把利禄放在后面。先事后得也是这个意思。

《大意》

樊迟跟随孔子在舞雩台下闲游，说道："请问怎样提高品德修养，改掉邪念，辨别迷惑？"孔子说："问得好！以做事为先，得利为后，不就是提高品德修养吗？检讨自己的过失，而不指责别人的过失，不就是改掉自己的邪念吗？因为一时的气愤，就忘了自身的安危，以至牵连自己的亲人，不就是迷惑吗？"

12·10章也谈到崇德辨惑，可参读。

12·22　樊迟问仁。子曰："爱人。"问知。子曰："知人。"樊迟未达。子曰："举直错诸枉，能使枉者直。"樊迟退，见子夏曰："乡①也吾见于夫子而问知，子曰'举直错诸枉，能使枉者直'，何谓也？"子夏曰："富哉言乎！舜有天下，选于众，举皋陶②，不仁者远③矣。汤有天下，选于众，举伊尹，不仁者远矣。"

《注 释》

①乡（xiàng）：同"向"。过去。　②皋陶（gāo yáo）：舜的臣子。　③远：远去。这里有能使枉者直，不仁者化而为仁的意思。

《大 意》

樊迟问什么是仁。孔子说："爱人。"樊迟问什么是智，孔子说："了解人。"樊迟没有理解。孔子说："选拔正直的人，放到邪恶的人的地位之上，能够使邪恶的人归于正直。"樊迟退出来，见到子夏说："我去见老师问他什么叫智，他说'选拔正直的人，使其地位居于邪恶的人的地位之上，能使邪恶的人归于正直'，这是什么意思？"子夏说："涵义多么丰富的话呀！舜有了天下，在众人中挑选，把皋陶选拔出来，不仁的人就远去了；汤有了天下，在众人中挑选，把伊尹选拔出来，不仁的人就远去了。"

樊迟问仁，孔子答"爱人"，是对仁的根本精神的说明。《说文解字》："仁，亲也。从人，从二。"仁就是从人和人的相处来看人，而人和人之间的基本关系就是爱。爱人有着丰富的内涵，要联系《论语》的全部内容来理解和把握。孔子对"知"回答"知人"，也是从人和人相处说"知"（1·16

章也谈到"知人"的重要，可参读）。樊迟不理解，孔子以"举直错诸枉"作说明，子夏又举历史事实作解释，进一步说明知人的意义，可与2·19章参读。

12·23　子贡问友。子曰："忠告而善道之，不可则止，毋自辱焉。"

《大 意》

子贡问交友之道，孔子说："要忠言直告又要恰当地引导，如果不听也就罢了，不要自取侮辱。"

4·26章也谈到这个问题；孔子谈到交友之道的，还有1·8、4·1、5·16、12·24、15·9、16·4等章，可以参读。

12·24　曾子曰："君子以文会友，以友辅仁。"

《大 意》

曾子说："君子用文章学问来聚合朋友，靠朋友来帮助培养仁德。"

13·1　子路问政。子曰："先之劳之①。"请益。曰："无倦②。"

《注　释》

①先之劳之：之，指百姓。先之，做在百姓之先，身先百姓。劳之，使百姓勤劳工作。据《国语·鲁语》记载，公父文伯之母敬姜说："民劳则思，思则善心生；逸则淫，淫则忘善，忘善则恶心生。"　②无倦：不要倦怠。按照上面所说的去做不要倦怠。

《大　意》

子路问怎样管理政事。孔子说："做在百姓之先，然后让百姓勤劳地工作。"子路请求再讲一点。孔子说："不要倦怠。"

13·2   仲弓为季氏宰，问政。子曰："先有司^①，赦小过，举贤才。"曰："焉知贤才而举之？"曰："举尔所知。尔所不知，人其舍诸？"

《注　释》

①先有司：有司，负责管理各种具体事务的官吏。先有司，先让有司各负其责的意思。

《大　意》

仲弓做了季氏的总管，问怎样管理政事。孔子说："先责成有司各负其责，赦免他们的小过错，选拔贤才来任职。"仲弓说："怎样才能知道谁是贤才而选拔他呢？"孔子说："选拔你所知道的。你所不知道的，别人难道会丢弃他们吗？"

13·3   子路曰："卫君^①待子为政，子将奚先？"子曰："必也正名^②乎！"子路曰："有是哉，子之迂^③也！奚其正？"子曰："野哉，由也！君子于其所不知，盖阙^④如也。名不正则言不顺，言不顺则事不成，事不成则礼乐不兴，礼乐不兴则刑罚不中，刑罚不中则民无所错^⑤手足。故君子名之必可言也，言之必可行也。君子于其言，无所苟而已矣。"

《注 释》

①卫君：卫出公辄，卫灵公孙。其父蒯聩被卫灵公驱逐出国。卫灵公死后，蒯辄继位。蒯聩要回国争夺君位，遭到蒯辄拒绝。　②正名：名，事物的称号。孔子认为卫君与父亲争位，破坏了"君君、臣臣、父父、子子"的等级名分，使君、臣、父、子的名与实不相符，所以提出首先要正名。③迂：迂阔，不切实情。　④阙：同"缺"，存疑的意思。　⑤错：同"措"，安置的意思。

《大 意》

子路对孔子说："卫君等着你去治理政事，你打算从哪里做起？"孔子说："首先必须正名吧。"子路说："你真是迂阔到这等地步呀，这名怎么正呀！"孔子说："仲由，真粗野啊。君子对于他所不知道的事，总是采取存疑的态度。如果名不正，说话就不顺当合理。说话不顺当合理，事情就办不成。事情办不成，礼乐也就不能兴盛。礼乐不兴盛，刑罚就不会得当。刑罚不得当，老百姓就会手足无措，不知怎样做才好。所以君子定下一个名一定要说得出来，说出来一定要可以实行。君子对于自己的言论，没有一点马虎的地方罢了。"

正名，是孔子的基本政治主张，是孔子"政者正也"理念中"正"的核心内容。"君子名之必可言也，言之必可行也"，定下的名（名词、概念），一定要能体现在实际生活中。当时礼崩乐坏，诸侯国争相扩张，周王室衰微，卿大夫篡位专权，政局动荡，形成"君不君，臣不臣"，社会秩序混乱的局面。孔子提出正名，是要恢复正常的社会秩序。其具体内容，就是12·11章孔子答齐景公问时提出的"君君、臣臣、父父、子子"，使君、臣、父、子各得其所。在当时，孔子正名的实际内容是要恢复西周的礼乐制度，这是它的时代性，而任何社会要能稳定发展，都必须做到名实相符，使各部分人各得其所，这是正名主张的普遍意义。

13·4　樊迟请学稼。子曰："吾不如老农。"请学为圃①。曰："吾不如老圃。"樊迟出。子曰："小人哉，樊须也！上好礼，则民莫敢不敬；上好义，则民莫敢不服；上好信，则民莫敢不用情②。夫如是，则四方之民襁负其子而至矣，焉用稼？"

《注　释》

①稼、圃：种五谷叫稼，种蔬菜的地叫圃。为圃，种菜。　②用情：情，情实。用情，以真心实情来对待。

《大　意》

樊迟请求学种庄稼。孔子说："我不如老农。"又请求学种菜。孔子说："我不如老菜农。"樊迟退出之后，孔子说："樊迟真是小人。在上位的人只要重视礼，百姓就不敢不敬；在上位的人重视义，百姓就不敢不服；在上位的人重视信，百姓就不敢不用真心实情来对待你。做到这样，四方的百姓都会背着自己的小孩来投奔，哪里用得着自己去种庄稼呢？"

这一章反映了孔子的教育思想。孔子的教育，在教人学道，培育君子。如本章所说，君子只需学习礼、义、仁、信等等就够了，种田、种菜等生产知识不在其教育内容之中。这曾被批评为轻视生产知识。其实孔子这样的教育思想反映了教育的本质和古代社会对教育的要求。孔子说"性相近也，习相远也"。指出人性相近，而现实人们之间的差别都来自后天。这就从根本上说明了学习和教育的重要和必要。人需要通过后天的学习和教育提升自己，使自己从自然的人上升为社会的人，以适应社会生活的需要。培养和提高人的人文素质，这就是教育的本质要求和根本使命。所以孔子之教，以"成人"（14·13）为目标。在孔子思想里，教育又是和为政紧密联系在一起的。他把教育看作实现"政者正也"理念的手段，他的教育是要培养治国的贤才，由他们来治国，使"四方之民襁负其子而至"；是要使百姓"有耻且格"。对教育本质和目标的这种认识，决定了他的教学内容，不需要教耕稼、园圃的知识，而只需要礼、义、仁、信等政治、道德的修养。这一思想在《论语》其他章也有反映。

至于生产知识，在机器用于生产，科学与直接生产相分离之前，生产知识是和生产劳动直接联系在一起的，它只是生产者的经验积累，依靠劳动者一代代地积累和传授，并不需要特别的教育。生产知识引进教育是近代以来机器用于生产，机器工业发展以后的事。社会的发展不断提高着对人的素质的要求，人的素质要求发展了，教育的功能、内容也就随着发展。科学在生产中的应用，愈来愈要求通过教育培养有文化的劳动者（包括科学技术专家和具有科学知识的生产劳动者），智育在教育中也就有了愈来愈重要的地位，这是现代教育与古代教育的重要区别。可是，智育重要性的提高并不改变教育培养提高人的人文素质的根本本质，孔子的教育思想仍有着重要意义，因为科学技术的发展和智育的重要性日益提高而忽视德育，模糊了对教人做人的根本本质的认识，是一种片面性，应该纠正；因强调教人做人的根本本质而忽视智育，也是一种片面性，应该避免。对于孔子的教育思想，既要充分肯定和继承他对关于教育本质的基本思想，又要适应时代需要，赋予它新的内容，有所发展。

可与 2·21、6·25、13·5、19·4、19·7、19·13 诸章参读。

13·5　子曰："诵《诗》三百[①]，授之以政，不达；使于四方，不能专对[②]。虽多，亦奚以[③]为[④]？"

《注 释》

①《诗》三百：指《诗经》。　②专对：独立对答的意思。　③以：用。④为：表疑问的语气词。

《大 意》

孔子说："熟读了《诗经》三百篇，让他处理政务，却办不通；让他出使外国，又不能独立谈判。虽然学了很多，有什么用呢？"

孔子说熟读《诗经》而不能处理政事，是没有用的。体现了学以致用的要求，也反映了对学习《诗经》意义的理解。

13·6　子曰："其身正[①]，不令而行；其身不正，虽令不从。"

《注 释》

①其身正：12·17 章孔子说："政者正也。子帅以正，孰敢不正？"可见这里的"其"是指在上位的执政者。

《大　意》

孔子说："自身正了，不用发令百姓就会去做，自身不正，即使发布命令百姓也不会听从。"

这一章和13·13章孔子提出为政必先正己，自身不正，虽令不从，不能正人。孔子谈为政，首先对在上位者提出要求：在位者要做表率，正人先正己；要求百姓做到的，首先在位者自己先要做到；上梁不正下梁歪，自身不正，无以正人。这是古今中外普遍适用的道理。可与2·19、12·17、12·19章参读。

13·7　子曰："鲁卫之政，兄弟也。"

《注　释》

鲁国是周公旦的封地，卫国是康叔的封地，周公旦和康叔是兄弟。而且当时两国政治状况也相似。

《大　意》

孔子说："鲁和卫两国的政事，像兄弟一样。"

13·8　子谓卫公子荆①："善居室②。始有，曰：'苟③合④矣。'少有，曰：'苟完矣。'富有，曰：'苟美矣。'"

《注 释》

①卫公子荆：卫国大夫。 ②善居室：善于居家理财过日子。 ③苟：苟且，将就。 ④合：足。

《大 意》

孔子谈到卫国的公子荆说："他善于居家理财。刚开始有一点，他说：'凑合着也就够了。'稍多一点时，他说：'将就算是完备了。'更多一点时，他说：'将就算是很美了。'"

卫公子治家，不急于求富、求尽美，不为更高的欲求烦恼和操心，又能不断有所改善，所以孔子赞他善于理财。

13·9　子适卫，冉有仆①。子曰："庶矣哉！"冉有曰："既庶②矣，又何加焉？"曰："富之。"曰："既富矣，又何加焉？"曰："教之。"

《注 释》

①仆：驾车。 ②庶：众多。这里指卫国人口多。

《大 意》

孔子去到卫国，冉有给他赶车。孔子说："人口真多呀！"冉有说："人口已经够多了，还要再做什么呢？"孔子说："使他们富起来。"冉有说："富了以后又还要做些什么呢？"孔子说："对他们进行教化。"

这一章可与12·7章联系起来读。这一章说富之、教之，富之在先；12·7章说足食、足兵、民信，足食在先，都是把解决民生问题放在首位，说明孔子对这个问题的重视。12·7章又说自古谁无死，民无信不立，主张在必不得已而去的情况下，去兵、去食而存信。在正常情况下，先富后教，以足食为先；在不可得兼的特殊情况下，又以信为重，宁可去食而存信。孔子思想的这两个方面，要注意全面地把握、理解。

13·10　子曰："苟①有用我者，朞月②而已可③也，三年有成。"

《注 释》

①苟：如果。 ②朞月：朞（jī），同"期"，期月，一整年。 ③可：仅仅可以却仍不足的意思。

《大 意》

孔子说："如果有人用我，只要一年就可以搞出个样子来，三年就一定会有成效。"

这是孔子得不到任用的情况下说的，《史记》认为是因卫灵公不用孔子而说。

13·11　子曰："'善人为邦百年，亦可以胜残①去杀②矣。'诚哉是言也。"

《注 释》

①胜残：使残暴的人不再作恶。 ②去杀：废除刑罚杀戮。

《大　意》

孔子说："'善人治理国政一百年，也可以消除残暴，废除刑罚杀戮了。'这话真对呀。"

通过善人的德治，最后达到胜残去杀，消除残暴恶行，废除刑罚杀戮的境界，这是孔子的理想。他希望善人为政百年就能实现这一理想目标，带有空想的成分。从实际的为政来说，孔子并没有完全否定刑罚的必要，这是现实的一面；而他主张的刑罚也是为实现废除刑罚的理想的一种手段。可与12·13"必也使无讼乎"和13·3章"刑罚不中则民无所错手足"参读。

13·12　子曰："如有王者，必世①而后仁。"

《注　释》

①世：古代三十年为一世。

《大　意》

孔子说："如果有王者兴起，也一定要三十年才能使仁道行于天下。"

13·13　子曰："苟正其身矣，于从政乎何有？不能正其身，如正人何？"

《大　意》

孔子说："如果能使自身正了，对于治理政事还有什么困难呢？不能正自身，怎么去正人呢？"

"不能正其身，如正人何？"也是说明"正人先正己"的思想，足以为一切当政者戒。可与13·6章参读。"苟正其身矣，于从政乎何有？"把正身看作了从政唯一的充足的条件，却夸大了正身的意义和作用，这也导致对法制的忽视和人治思想的形成。

13·14　冉子退朝①。子曰："何晏也？"对曰："有政。"子曰："其事也？如有政，虽不吾以，吾其与闻之。"

《注　释》

①朝：朝廷。或指鲁君的朝廷，或指季氏议事的场所。解释不一。

《大　意》

冉求退朝回来，孔子说："怎么这样晚呀？"冉求回答说："有政务。"孔子说："只是一般事务吧？如果有政务，虽然不用我，我也该知道的。"

13·15　定公问："一言而可以兴邦，有诸？"孔子对曰："言不可以若是其几也①。人之言曰：'为君难，为臣不易。'如知为君之难也，不几乎一言而兴邦乎？"曰："一言而丧邦，有诸？"孔子对曰："言不可以若是其几也。人之言曰：'予无乐乎为君，唯其言而莫予违也。'

如其善而莫之违也，不亦善乎？如不善而莫之违也，不几乎一言而丧邦乎？"

《注　释》

①言不可以若是其几也：几有两种解释：一，期望。这句话的意思是不能期望言语必然有这样的效果，即说话不能这样绝对的意思。二，近。这句话断作"言不可以若是，其几也"，意思是："说话不可能有这样的作用，只是近似这样吧。"

《大　意》

鲁定公问："一句话可以振兴国家，有这样的事吗？"孔子说："话不可以说得这样绝对。有句话说：'做君难，做臣不易。'如果知道了做君的难，那不近于是一句话可以使国家兴盛吗？"定公说："一句话可以亡国，有这样的事吗？"孔子回答说："话不可以说得这样绝对。有句话说：'我对做国君不觉得有什么可快乐的，唯一感到快乐的只是我说话没有人敢违抗。'如果说得对而没有人违抗，不也好吗？如果说得不对而没有人违抗，那不近于是一句话可以亡国吗？"

一言兴邦，一言丧邦，虽不可说得那么绝对，然而国君居心之正或邪，确实对国家兴亡有重要的影响，这点很值得重视，尤其孔子批评国君以无人敢于违抗自己意志为乐的态度，认为这样就近乎是一言可以丧邦了，更应引为鉴戒。可与11·23、14·23章参读。

13·16　叶公问政。子曰："近者说①，远者来。"

《注　释》

①说：同"悦"。

《大　意》

叶公问怎样管理政事。孔子说："使近处的人高兴，远方的人来归附。"

"近者说，远者来"，不是靠强力、征战扩展疆土，胁迫百姓归服；而是靠德政取得百姓信任和拥护，吸引远方百姓主动归服，是孔子的政治理想。可与13·4章"四方之民襁负其子而至矣"及16·1章参读。

13·17　子夏为莒父①宰，问政。子曰："无欲速，无见小利。欲速则不达，见小利则大事不成。"

《注　释》

①莒父：鲁国邑名。

《大　意》

子夏做莒父的长官，问怎样治理政事。孔子说："不要求速成，不要图小利。求速成反而达不到目的，图小利就做不成大事。"

"欲速则不达，见小利则大事不成"，急功近利者应牢记，引为鉴戒。

13·18　叶公语孔子曰："吾党①有直躬者②，其父攘③羊，而子证④之。"孔子曰："吾党之直者异于是：父为子隐，子为父隐，直在其中矣。"

《注 释》

①党：乡党，古代五百户为党。　②直躬者：正直的人。　③攘：偷窃。④证：告发。

《大 意》

叶公告诉孔子说："我们乡党有一个正直的人，他父亲偷了羊，他告发了父亲。"孔子说："我们乡党的正直的人不是这样。父亲为儿子隐瞒，儿子为父亲隐瞒，正直就在这中间了。"

孔子与叶公的讨论反映了一个重要的问题：法制与人情的关系问题。父子相隐，是人情之常，孔子说父子相隐，直在其中，是从人情的角度，肯定这样做是人间真情的表现，没有矫饰。叶公则是从法制的角度，强调对于违法的人和事，知情人应该举报。这两个方面之间存在着冲突，如何协调这两个方面，兼顾法和情两个方面，是值得研究的重要问题。

13·19　樊迟问仁。子曰："居处恭，执事敬①，与人忠。虽之②夷狄，不可弃也。"

《注 释》

①恭敬:严肃、谨慎而有礼貌,表现在外叫恭,含于内心叫敬。 ②之:动词,到。

《大 意》

樊迟问怎样才是仁。孔子说:"平常在家要恭敬有礼,办事要严肃谨慎,待人要忠心诚意。即使到了夷狄地区,也是不可废弃的。"

第15·5章中"子张问行",孔子的回答与本章类似,可以参读。

13·20　子贡问曰:"何如斯可谓之士矣?"子曰:"行己有耻,使于四方,不辱君命,可谓士矣。"曰:"敢问其次。"曰:"宗族称孝焉,乡党称弟焉。"曰:"敢问其次。"曰:"言必信,行必果①,硁硁②然小人哉!抑亦可以为次矣。"曰:"今之从政者何如?"子曰:"噫!斗筲之人③,何足算也。"

《注 释》

①果:果断、坚决。 ②硁(kēng)硁:硁,敲击石头的声音,引申为像小石块那样坚硬,这里有固执的意思。 ③斗筲之人:一斗十升。筲(shāo),竹器,容一斗二升(一说容五升)。斗筲之人是比喻器量狭小之人。

《大 意》

子贡问道:"怎样才可以叫做士?"孔子说:"自己行为有知耻之心,出使外国能完成君主的使命,可以叫做士了。"子贡说:"请问次一等的呢?"

孔子说：“宗族中人称赞他孝，乡党之人称赞他悌。”子贡又说：“请问再次一等的呢？”孔子说：“说到一定做到，干事一定干到底，不问是非地固执己见，那是小人啊。但也可以说是再次一等的士了。”子贡说：“现在执政的那些人怎么样呢？”孔子：“唉！这些器量狭小的人，那里数得上啊！”

本章谈到士的三个不同的层次和境界。立身行事有知耻之心，能自觉修身，对国事，能担负重任，不辱君命，德才兼备，可称为士；能做到孝悌，得到家族、乡党的称道，是次一等的士；能谨守“言必信，行必果”的原则，说到做到，做事做到底，可以算是最低一等的士。三个层次的差别，要仔细体会。旧说，次一等的士是“本立而材不足者”，其不足只在材上。但孝悌只是德行的一项，不能代表德的全部，仅能孝悌，德行方面也仍是不足。而“言必信，行必果”只是“小行”，必须以义为依据。合于义的，言必信，行必果；不合于义的，言不必信，行不必果。只知“言必信，行必果”，不懂得辨别是非对错，虽然有向善的要求，也只能算是其次的；而如果对不义的言行“言必信，行必果”，那就是小人了。

关于士，可与 4·9、8·7、13·28、14·3、19·1 章参读。

关于“言必信，行必果”，可与 15·36 章参读。

13·21 子曰：“不得中行①而与之，必也狂狷②乎！狂者进取，狷者有所不为③也。”

《注 释》

①中行：指行为合乎中庸的人。 ②狂狷：狂，志大激进而不能完全做到

的人；狷（juàn），拘谨。　③有所不为，不与不良现象同流合污。《孟子·尽心下》解释“狂狷”说：“（狂者）其志嘐嘐然，曰：‘古之人！古之人’。夷考其行而不掩焉者也。狂者又不可得，欲得不屑不洁之士而与之，是獧（狷）也。”

《大　意》

孔子说：“得不到行为合乎中庸的人与之相交往，也一定要找狂或狷的人相交往。因为狂者勇于进取，狷者则能不同流合污。”

这一章可以与7·11章“用之则行，舍之则藏”联系起来参读。孔子要求进能行道，退能有所不为，在不同的情况下能取不同的态度。兼有这两方面，才是合乎中道，即本章所说的“中行”。狂者勇于进取，狷者有所不为，虽各有可取之处，却都偏于一面，而于另一面则又不足，因此不合中庸的要求。

“狂”和“狷”，不是过和不及的关系，中行也不是在“狂”和“狷”之间。从这里我们也可以体会中庸的另一层含义。

13·22　子曰：“南人有言曰：‘人而无恒，不可以作巫医①。’善夫！”“不恒其德，或承之羞。”②子曰：“不占而已矣。”

《注　释》

①巫医：用卜筮给人治病的人。　②不恒其德，或承之羞：《周易》恒卦的爻辞。

《大　意》

孔子说：“南方人有句话说：‘人如果不能始终如一，不可以当巫医。’

这话说得好啊。"《周易》上说："不能始终如一地保持自己的道德操守，随之而来的常常是羞辱。"孔子说："这样的人不去占卦就罢了。"

本章的主旨讲恒，人的修身、行事都要有恒。

13·23　子曰："君子和而不同①，小人同而不和。"

《注 释》

①和、同：不同的东西和谐地配合叫做和：比如做汤，要使水、火、酱、醋、盐与鱼、肉等调配得当，才能做出好的滋味；比如奏乐，要有清浊、大小、短长、快慢、哀乐、刚柔、高低等等互相补充，和谐地配合，才能奏出悦耳的声音。同样的东西相加叫做同：比如把水加到水里面；奏乐只有一种乐器、一个声调。用在人事上，晏婴说："君所谓克，而有否焉，臣献其否，以成其可；君所谓否，而有可焉，臣献其可，以去其否。"这是和；"君所谓可，臣亦曰可；君所谓否，臣亦曰否"，这就是同。

《大 意》

孔子说："君子能取长补短，协调各种不同的意见，但不盲从附和；小人只求完全一致（或盲从附和），不讲不同意见的协调。"

"和"是中华文化重要的核心理念。《论语》直接讲到"和"的，有这一章与1·12"礼之用，和为贵"章。春秋时期，史伯就提出"和实生物，同则不继"。和是指多种成分或因素共处组成一个统一体；同是指同一成分或因素的存在或叠加。是和衍生了万物，如果只是同一事物相加，以同裨同，尽乃弃矣，就不能继续发展；和，才有世界，才有万物，才有发展；

破坏了和，宇宙和万物就失去了存在的基础。这是中华文化的宇宙观，《周易》讲"大和"，《中庸》说"中和"，就都是对这个宇宙观的说明。

所以，"和为贵"不单纯是一种善良的愿望，它是以"和实生物"的宇宙观为基础的；认识到"和实生物"，认识到和是客观的要求，所以"以和为贵"。"和实生物"是天之道，"以和为贵"则是人之道。

"和而不同"是从"和实生物"和"以和为贵"的认识引申出的待人处事的基本态度。所谓"和而不同"，就是承认不同的存在，不要求消除不同，完全一致，在承认不同的基础上求不同事物、不同意见和利益之间的协调、平衡和和谐。这是处理人际关系，一切经济、政治、文化、思想关系，以及人与自然的关系的一个基本原则。

所谓"同而不和"，就是不承认不同的存在，一味求同。只顾自身，不顾他人，要求一切服从自己利益；容不得不同意见，排斥持不同意见者，经营"一言堂"；盲从附和，唯唯诺诺，没有独立主见，唯上唯书；赞同我者是友，反对我者是敌，拉帮结派等等，都是"同而不和"的表现。可与2·14章参读。

13·24　子贡问曰："乡人皆好之，何如？"子曰："未可也。""乡人皆恶之，何如？"子曰："未可也。不如乡人之善者好之，其不善者恶之。"

《大　意》

子贡问道："一乡的人都喜欢他，这个人怎样？"孔子说："还不能肯定。"子贡又问："一乡的人都厌恶他，这个人怎样？"孔子说："还不能肯定。不如乡里的善人都喜欢他，乡里的坏人都厌恶他。"

　　本章谈对人的考察，提出众人的好恶不足为依据，"不如乡人之善者好之，其不善者恶之。"15·27章又说"众恶之，必察焉；众好之，必察焉"。听取众人意见固然重要，但人的好恶，各有不同：善人赞扬善人贬斥恶人，恶人赞扬恶人贬斥善人。如果人人说好，可能是八方讨好，没有原则的人；人人厌恶，则可能是怪诞不能与人相处，或一无是处的人。所以单纯从众，不足以辨善恶，要看是什么人赞扬他，什么人贬斥他，要看善人赞扬、恶人贬斥的人。

　　可与4·3、4·7章参读。

　　13·25　子曰："君子易事①而难说②也。说之不以道，不说也；及其使人也，器之③。小人难事而易说也。说之虽不以道，说也；及其使人也，求备焉。"

《注　释》

　　①易事：容易与他共事，或说易于服侍。　②说：同"悦"。　③器之：按其器材来用他，量才使用。

《大　意》

　　孔子说："在君子手下工作容易而讨他喜欢却难。不按着正道去讨他喜欢，他是不会喜欢的；但他用人的时候，却能量才使用。在小人手下工作难而讨他喜欢却容易；你只要讨好他，尽管是搞歪门邪道，他也喜欢。

但他用人时，却是求全责备。"

13 · 26　子曰："君子泰而不骄，小人骄而不泰。"

《大　意》

孔子说："君子安祥舒泰而不骄傲，小人骄傲而不安详舒泰。"

13 · 27　子曰："刚、毅、木、讷，近仁。"

《大　意》

孔子说："刚强、果敢、质朴、言语谨慎，这四种品德近于仁。"

13 · 28　子路问曰："何如斯可谓之士矣？"子曰："切切偲偲①，怡怡②如也，可谓士矣，朋友切切偲偲，兄弟怡怡。"

《注　释》

①切切偲偲（sī）：互相恳切批评勉励的样子。　②怡怡：和顺貌，和气顺从的样子。

《**大　意**》

子路问道："怎样就可叫做士？"孔子说："互相切磋勉励，又能和顺相处，可算是士了。朋友之间切磋勉励，兄弟之间和顺相处。"

本章也是说士，可与13·20章参读。

13·29　子曰："善人教民七年，亦可以即戎①矣。"

《**注　释**》

①即戎：参军作战。即，就，开始从事。戎，兵戎。

《**大　意**》

孔子说："善人教导训练百姓七年时间，也可以叫他们去作战了。"

13·30　子曰："以不教民战，是谓弃之。"

《**大　意**》

孔子说："用没有经过教导训练的老百姓去打仗，这就叫抛弃他们。"

这一章和上章都是说教和战的关系。孔子并不绝对否定用兵，但强调必须先经教导训练才可。

14·1　宪①问耻。子曰："邦有道，穀；邦无道，穀，耻也。"

《注 释》

①宪：孔子的学生原宪。

《大 意》

原宪问什么是可耻的，孔子说："国家有道，做官拿俸禄；国家无道，还做官拿俸禄，就是可耻。"

与8·13章参读。

14·2　"克、伐、怨、欲不行焉，可以为仁矣①？"子曰："可以为难矣，仁则吾不知也。"

《注　释》

①克、伐、怨、欲不行焉，可以为仁矣：这句话也是原宪的问话。克，好胜。伐，自夸。怨，怨恨。欲，贪欲。

《大　意》

"好胜、自夸、怨恨、贪欲这四样毛病都没有表现，可以说是仁了吧？"孔子说："这可说是难能可贵了，至于是不是仁，那我就不知道了。"

能做到没有好胜、自夸、怨恨、贪欲四项毛病，是不容易的，所以说"可以为难矣"。但仁是全德，是贯穿于一切德行之中的根本精神，只有某些方面的德行，没有仁心，不能说就是仁。如果只是克制自己，不犯好胜、自夸、怨恨、贪欲的毛病，而没有修养仁心，祛除病根，则四病随时可以复发，所以孔子说"仁则吾不知也"。

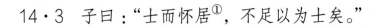

14·3　子曰："士而怀居①，不足以为士矣。"

《注　释》

①怀居：指留恋家庭的安逸生活。居，家居。

《大　意》

孔子说："士如果留恋家庭的安逸生活，就不配做士了。"

关于士，可与 4·9、8·7、13·20、13·28、19·1 章参读。

14·4　子曰："邦有道，危①言危行；邦无道，危行言孙②。"

《注　释》

①危：有两种解释：一，高峻；二，正，正直。　②孙：同"逊"。

《大　意》

孔子说："国家有道，要正言正行；国家无道，还要正行，但说话要谦逊。"

不同环境下的处世之道，可与 7·10、8·13、15·6 等章参读。

14·5　子曰："有德者必有言①，有言者不必有德。仁者必有勇，勇者不必有仁。"

《注　释》

①言：言论。有言是说出来，在言论上有所表现的意思。

《大　意》

孔子说："有道德的人一定有言论上的表现，能说的人却不一定有道德。仁人一定勇敢，勇敢的人却不一定仁。"

德和言，德是根本，言是表现；仁和勇，仁是根本，勇是表现。所以有德一定有言，有言不一定有德；有仁一定有勇，有勇不一定有仁。这个本和末、体和用的关系，可以和 14·2 章参读。

14·6 南宫适①问于孔子曰:"羿②善射,奡③荡舟④,俱不得其死然。禹稷⑤躬稼而有天下。"夫子不答。南宫适出。子曰:"君子哉若人!尚德哉若人!"

《注 释》

①南宫适:适字亦作括。即南容。 ②羿(yì):传说中夏代有穷国的国君,善射箭。他夺了夏太康的王位,后来被他的臣子寒浞(zhuó)所杀。③奡(ào):传说中寒浞的儿子,后来为夏少康所杀。 ④荡舟:用手推船,传说中奡力大,能陆地行舟。另一说解释为水战。 ⑤稷:传说中周朝国君的祖先,教民种植庄稼。

《大 意》

南宫适问孔子说:"羿善于射箭,奡力能陆地行舟,都不得好死。禹和稷亲自种植庄稼,却得到了天下。"孔子没有回答。南宫适出去后,孔子说:"这个人真是君子呀!这个人真是尊崇道德呀!"

羿和奡依仗强力,能篡夺王位,最后却不得善终;禹稷亲身治水事稼穑,有功德于民,终有天下。南宫适所说已经很明白,而且他说这些,是以羿、奡比喻当时的当权者,以禹、稷比喻孔子,所以孔子没有回答。而南宫适所说意思是对的,所以在南宫适离去后孔子赞誉了他。

还可与7·20、14·35、15·1及13·29、13·30章参读。

14·7　子曰："君子而不仁者①有矣夫，未有小人而仁者也。"

《注　释》

①君子而不仁者：有两种解释：一，君子中不仁的人；二，君子而有时不仁。

《大　意》

孔子说："君子而有时不仁，这种情形是有的吧，但没有小人而能仁的。"

本章讲知人的重要思想。用人者尤其应认真领会。

14·8　子曰："爱之，能勿劳乎？忠焉，能勿诲乎？"

《大　意》

孔子说："爱他，能不叫他勤劳吗？忠于他，能不教诲他吗？"

道理简单，却值得深思。

14·9　子曰："为命①，裨谌②草创之，世叔讨论之，行人③子羽修饰之，东里④子产润色之。"

《注 释》

①命：外交辞令。 ②裨谌（bì chén）、世叔、子羽、子产：四人都是郑国大夫。 ③行人：官名，掌管朝觐聘问，即外交事务。 ④东里：地名，子产住的地方。

《大 意》

孔子说："郑国拟定一项外交辞令，由裨谌起草，世叔提意见，行人子羽修改，东里子产加以润色。"

此章反映了当时郑国起草外交文书的程序。因为它如此慎重、严密，所以"应对诸侯，鲜有败事"。

14·10 或问子产。子曰："惠人也。"问子西①。曰："彼哉！彼哉！"问管仲。曰："人也②。夺伯氏③骈邑④三百，饭疏食，没齿⑤无怨言。"

《注 释》

①子西：春秋时有三个子西。一是郑国子产的同宗兄弟，另两个都是楚国大夫。这里的子西有人认为是郑国子西，有人认为指楚公子申。②人也：即此人也。有人认为人字上脱一仁字，应为仁人也。有人译作有才干的人。 ③伯氏：齐国大夫。 ④骈邑：地名，伯氏的采邑。 ⑤没齿：齿，指年龄。没齿，死。

《大 意》

有人问子产这个人怎样。孔子说："是对人有恩惠的人。"又问子西。

孔子说："他呀！他呀！"又问管仲。孔子说："这个人呀，剥夺了伯氏骈邑的三百家，伯氏终生吃粗粮，至死没有怨言。"

14·11　子曰："贫而无怨难，富而无骄易。"

《大　意》

孔子说："贫穷而能没有怨恨是难以做到的，富有而不骄傲倒容易做到。"

可与 1·15 章参读。

14·12　子曰："孟公绰①为赵、魏老②则优③，不可以为滕、薛大夫。"

《注　释》

①孟公绰：鲁国大夫。　②老：大夫的家臣。　③优：有余。

《大　意》

孔子说："孟公绰做晋国赵氏、魏氏的家臣，是才力有余的，但不能当滕、薛这样小国的大夫。"

本章主旨是说用人要因才善用。做大夫的管家，地位尊贵而事务不繁；做大夫治政，则政事繁杂。孟公绰是一个"廉静寡欲"的人，所以做家臣有余力而不能做大夫。

14·13 子路问成人①。子曰："若臧武仲②之知，公绰之不欲，卞庄子③之勇，冉求之艺，文之以礼乐，亦可以为成人矣。"曰："今之成人者何必然？见利思义，见危授命，久要④不忘平生⑤之言，亦可以为成人矣。"

《注 释》

①成人：人格完备的人。 ②臧武仲：鲁国大夫臧孙纥。 ③卞庄子：鲁国卞邑大夫。 ④久要：有两种解释：一，旧约，过去的诺言；二，长久处于穷困中。要通"约"，穷困。 ⑤平生：平日的意思。

《大 意》

子路问怎样才是完人。孔子说："像臧武仲那样的智慧，孟公绰那样的没有贪欲，卞庄子那样的勇敢，冉求那样的多艺，再加上礼乐修养使他有文采，也就可以算是一个完人了。"孔子又说："现在的完人何必一定要这样呢。见到财利能想到义的要求，遇到危险能献出生命，长久处于穷困还不忘平日的诺言，也就可以说是完人了。"

"成人"，即人格完备之人，是孔子教育的培养目标。本章谈"成人"的标准。孔子提出要有如臧武仲等四人的知、廉、勇、艺四方面的品质，再加之以礼乐的文饰，才可成"成人"。这是很高的要求，一般人不易达到。所以孔子又提出退一步的要求："见利思义，见危授命，久要不忘平生之言。"见利思义，对富贵利得，"不以其道得之不处也"，体现了"义以为上"的要求；见危授命，对生死，危急关头，可以"杀身以成仁"，体现了忠；久要不忘平生之言，久处困穷而不忘诺言，体现了信。义、忠、信这三项，也体现了做人的基本要求。虽然是次一等的要求，如能做到，也是难能可贵，可谓成人了。

《论语》一书，中心是讲做人，关于"成人"的思想，贯穿全书，要会通《论语》全书有关论述，以求深切的了解。

14·14　子问公叔文子①于公明贾②曰："信乎，夫子不言、不笑、不取乎？"公明贾对曰："以③告者过也。夫子时然后言，人不厌其言；乐然后笑，人不厌其笑；义然后取，人不厌其取。"子曰："其然，岂其然乎？"

《注　释》

①公叔文子：卫国大夫公孙拔。　②公明贾：姓公明，名贾，卫国人。③以：这里是"此"的意思。

《大　意》

孔子向公明贾问到公叔文子，说："先生他不说、不笑、不取钱财，是真的吗？"公明贾回答道："这是告诉你的人说得过分了。先生他到该说话的时候才说，所以别人不讨厌他说话；快乐的时候才笑，所以别人不讨厌他笑；合于义的才取，所以别人不讨厌他取。"孔子说："是这样吗？难道真是这样的吗？"

"时然后言，人不厌其言；乐然后笑，人不厌其笑"，凡事适度就不会招人厌。

14·15　子曰："臧武仲以防求为后于鲁①，虽曰不要②君，吾不信也。"

《注　释》

①臧武仲以防求为后于鲁：防，臧武仲的封地。臧武仲因得罪孟孙氏逃离鲁国，后回到防邑，向鲁君要求，以立臧氏之后为卿大夫为条件，自己离开防邑。为后，立后的意思。　②要（yāo）：要挟。

《大　意》

孔子说："臧武仲凭借防邑请求鲁君立他的后代为卿大夫，虽然有人说他不是要挟国君，我可不相信。"

14·16　子曰："晋文公谲①而不正，齐桓公②正而不谲。"

《注　释》

①谲（jué）：欺诈，玩弄权术阴谋。　②晋文公、齐桓公：春秋时期五霸中最有名的两个霸主。晋文公名重耳，齐桓公名小白。

《大　意》

孔子说："晋文公诡诈而不正派，齐桓公正派而不诡诈。"

14·17　子路曰："桓公杀公子纠，召忽死之，管仲不死①。"曰："未仁乎？"子曰："桓公九合诸侯②，不以兵车③，管仲之力也。如其仁④，如其仁。"

《注　释》

①桓公杀公子纠，召忽死之，管仲不死：齐桓公和公子纠都是齐襄公的弟弟。齐襄公无道，二人都逃离齐国。召忽、管仲侍奉公子纠逃到鲁国。襄公被杀以后，桓公先回齐国立为君，兴兵伐鲁，逼鲁国杀了公子纠。召忽自杀，管仲归服齐桓公，当了宰相。　②九合诸侯：指齐桓公多次召集诸侯盟会。　③不以兵车：不靠武力的意思。　④如其仁：有两种解释：一，谁有他这样的仁？二，这就是他的仁，"如"作"乃、就是"讲。

《大　意》

子路说："齐桓公杀了公子纠，召忽自杀了，管仲却不自杀。管仲还没有做到仁吧。"孔子说："桓公多次主持诸侯的盟会，不依靠武力，都是管仲的功劳呀。这就是他的仁，这就是他的仁。"

14·18　子贡曰："管仲非仁者与？桓公杀公子纠，不能死，又相之。"子曰："管仲相桓公，霸诸侯，一匡天下，民到于今受其赐。微①管仲，吾其被发左衽②矣。岂若匹夫匹妇之为谅③也，自经④于沟渎⑤而莫之知也。"

《注　释》

①微：无。　②被发左衽：被同"披"；衽，衣襟。被发左衽是当时所谓"夷狄之俗"，这里指落后，不开化。　③谅：小信。不问是非地死守信用。　④自经：自缢。　⑤渎：小沟渠。

《大　意》

子贡说："管仲不是仁人吧？桓公杀了公子纠，他不能为公子纠殉死，还去做桓公的宰相。"孔子说："管仲辅佐桓公，称霸诸侯，匡正了天下，百姓直到今天还受他的好处。如果没有管仲，我们恐怕也要披散头发，衣襟向左开了。哪里能像普通男女那样讲小节小信，自杀死在山沟里，而谁也不知道呀。"

这一章和上章，孔子赞扬管仲辅助齐桓公九合诸侯，匡正天下的功绩，避免了中原被夷狄统治，文化衰落，百姓"被发左衽"局面的出现，肯定管仲是仁；而3·22章孔子曾批评管仲为不知礼。两处评价不同，值得注意。人生在世，兼有功过是非两面，孔子不因管仲卫护中原文化之功而掩盖他违礼的过，也不因管仲有违礼的过而抹煞他卫护文化的大功，能分别给以恰当的评价，反映了他全面把握事物两端，不偏不倚的中道思想和着眼于大节而不拘泥小节、小信的思想。可与9·7、19·11章参读。

14·19　公叔文子之臣大夫僎①与文子同升诸公②。子闻之曰："可以为'文'矣。"

《注　释》

①僎（zhuàn）：人名，公叔文子的家臣。　②升诸公：诸，于。公，公

朝。升诸公就是升为公朝的大夫。

《大　意》

公叔文子的家臣大夫僎和文子一起进到公朝，孔子听说了，说："可以给他文的谥号了。"

公叔文子引荐家臣僎与自己同立于公朝，孔子说"可以为文矣"是赞许他善于识人，又无私地荐于国君，有此美德，可以无愧于"文"的谥号。

14·20　子言卫灵公之无道也，康子曰："夫如是，奚而不丧？"孔子曰："仲叔圉①治宾客，祝鮀治宗庙，王孙贾治军旅，夫如是，奚其丧？"

《注　释》

①仲叔圉（yǔ）：即孔文子，他与祝鮀、王孙贾都是卫国的大夫。

《大　意》

孔子说讲到卫灵公的无道，季康子说："既然如此，为什么他没有败亡呢？"孔子说："他有仲叔圉接待宾客，祝鮀管理宗庙祭祀，王孙贾统率军队，像这样，怎么会败亡呢？"

卫灵公无道而郑国不亡，孔子说是有赖于他有仲叔圉等三位良臣辅佐，说明举贤才，知人善任的重要。

14·21　子曰："其言之不怍①，则为之也难。"

《注 释》

①怍（zuò）：惭愧。

《大 意》

孔子说："说话大言不惭，那么要实行这些话就很难。"

也是说慎言。可与4·22、12·3章参读。

14·22　陈成子①弑简公②。孔子沐浴而朝，告于哀公曰："陈恒弑其君，请讨之。"公曰："告夫三子③。"孔子曰："以吾从大夫之后④，不敢不告也。君曰告夫三子者。"之三子告，不可。孔子曰："以吾从大夫之后，不敢不告也。"

《注 释》

①陈成子：即陈恒。　②简公：齐简公，名壬。　③三子：指季孙、孟孙、叔孙三家。　④从大夫之后：孔子曾经做过大夫而这时已经去官家居，所以说从大夫之后。

《大 意》

陈成子杀了齐简公。孔子斋戒沐浴而后去朝见鲁哀公，告诉鲁哀公说："陈恒杀了他的国君，请出兵去讨伐他。"哀公说："去告诉那三位大夫。"孔子退朝后说:"因为我还追随在大夫之后,所以不敢不来告诉,国君却说去告诉那三位大夫。"孔子到三位大夫那里告诉了,他们不同意讨伐。孔子说:"因为我还追随在大夫之后,所以不敢不告诉呀。"

　　陈成子杀了齐简公,孔子向鲁哀公报告,哀公要他去报告季孙等三家。孔子照哀公的旨意报告三家,三家不同意。两处孔子都说不敢不告,意思是,依礼的规定,应该向国君报告,而向三家报告是国君的旨意,都不能不遵照执行,反映了孔子"事君尽礼"(3·18)的态度。

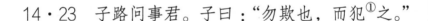

14·23　子路问事君。子曰:"勿欺也,而犯①之。"

《注　释》

①犯:冒犯,指犯颜直谏。

《大　意》

　　子路问怎样侍奉君主。孔子说:"不要欺骗他,要能犯颜直谏。"

　　本章谈君臣关系。对君须敬,不可欺;又要犯颜直谏。可与3·19、11·23、13·15、16·1等章参读。

14·24　子曰:"君子上达,小人下达①。"

《注　释》

①上达、下达:有各种解释:一,上达于仁义,下达于财利;二,上

达于道，下达于器，即农工商各业；三，上达是日进乎高明，长进向上，下达是日究乎污下，沉沦向下。

《大 意》

孔子说："君子通达于仁义，小人通达于财利。"

14·25　子曰："古之学者为己，今之学者为人①。"

《注 释》

①为己、为人：有不同的解释：一，为己是为了充实提高自己，使自己在道德上学问上有所得；为人是为了给别人看，让别人知道。因此为己能身体力行，为人则只能夸夸其谈。二，为己指德行一科，为人指言语、政事、文学等科。孔子并不否定为人之学，只是必须以为己之学为根本。

《大 意》

孔子说："古代人学习是为了充实提高自己，现在的人学习是为了给别人看。"

为己，是说所学、所为都是出于自己内心要求，既不是畏惧外力的强制，也不是顾虑他人的评议，更不是为了沽名钓誉，只为求自己心安，除此别无他求。为人，则是所学、所为只求人知，借以博取名利，与自身身心修养无关。用今天的语言说，就是做秀，所说、所为，都是给人家看。表现在行为中，为己就要求身体力行，言行一致，而为人就只是夸夸其谈，心口不一。可与5·25、6·13、7·14、8·1、17·21等章参读。

为己，是道德精神的核心，修身的根本，也是孔子儒家思想的根本精神，所以儒学又称为"为己之学"。宋儒说："今人不会读书。如读《论语》，未读时是此等人，读了后又只是此等人，便是不曾读。"指出读《论语》如果不能用在自己身上，就等于没有读，就是体现了"为己"的精神。一些研究儒学的学者，抛弃了儒学"为己之学"的传统，把儒学当作纯粹的知识体系，把对儒学的研究当成职业、饭碗、敲门砖，与自己的为人处事毫不相干，结果就是做的与讲的完全背道而驰，彻底背离了儒学的精神。读《论语》者，应引以为戒。可与12·20、15·28章参读。

14·26　蘧伯玉①使人于孔子，孔子与之坐而问焉。曰："夫子何为？"对曰："夫子欲寡其过而未能也。"使者出，子曰："使乎，使乎！"

《注　释》

①蘧伯玉：卫国的大夫，名瑗。孔子到卫国时曾住过他家。

《大　意》

蘧伯玉派使者去拜访孔子，孔子让使者坐下，然后问道："先生近来在做什么？"使者回答说："先生想要减少自己的过错而还没能做到呀。"使者出去之后，孔子说："好一位使者呀，好一位使者呀。"

使者的谦卑，彰显了主人的贤德，所以得到孔子的赞扬。

14·27　子曰："不在其位，不谋其政。"

此章重出，见8·14章。

14·28　曾子曰："君子思不出其位。"

大　意

曾子说："君子考虑问题不越出自己的职位。"

与8·14章参读。

14·29　子曰："君子耻其言而过其行。"

大　意

孔子说："君子以说得多做得少为可耻。"

以言行一致为美德，以言过其行为可耻，这种风气应该提倡。可与2·13、4·22、4·24、5·14等章参读。

14·30　子曰："君子道者三，我无能焉：仁者不忧，知者不惑，勇者不惧。"子贡曰："夫子自道也。"

《大意》

孔子说："君子之道有三，我一样也没能做到：仁德的人不忧虑，智慧的人不迷惑，勇敢的人不畏惧。"子贡说："这是先生说他自己哩。"

9·28章也讲到"知者不惑，仁者不忧，勇者不惧"，可以参读。孔子自称没能做到三者，7·32章说"躬行君子，则吾未有所得"；7·33章说"若圣与仁，则吾岂敢"，意思相近，可以参读。孔子这样说，并非简单的自谦，也反映了他对学的态度。可与7·2、8·17章参读。

14·31　子贡方人①。子曰："赐也贤乎哉②！夫我则不暇。"

《注释》

①方人：有两种解释：一，方，比的意思。比方人物而议论其短长；二，方同"谤"，"言人之过恶"。　②赐也贤乎哉：也有两种解释，一作疑问语气解释，意思是批评子贡；一作肯定语气解释，肯定子贡的贤。

《大意》

子贡常对别人进行比较评论，孔子说："赐呀是有贤能！我可没有这闲工夫。"

对人作比较评论，也是知人的一个方面，但过于关注这个方面就会放松了自身的修养。所以孔子既赞子贡之贤，又说自己没有闲暇，委婉地提醒子贡。

14·32　子曰："不患人之不己知，患其不能也。"

《大　意》

孔子说："不忧虑别人不了解自己，只怕自己无能呀。"

只患自己无能，体现了"求诸己"（15·20）的精神。《论语》多处（1·16、4·14、15·18）谈到这一思想，文字稍异而意思相同，应是孔子经常讲到而弟子各自记录。还可与"古之学者为己，今之学者为人"（14·25）"人能弘道，非道弘人"（15·28）和12·20章关于"闻"和"达"的区别等联系起来理解。在这些言论中贯串了一个共同的基本精神，就是最重要的不在于闻名于人，而在自己有所得、有所能。

14·33　子曰："不逆诈①，不亿②不信，抑亦先觉者，是贤乎！"

《注　释》

①逆诈：逆，迎。逆诈，事先猜疑别人存心欺诈。　②亿：同"臆"，主观地臆测。

《大　意》

孔子说："不事先猜疑别人的欺诈，不无根据地猜测别人不诚实，但对别人的欺诈和不诚实却能事先觉察，这就是贤人吧。"

不无根据地猜疑他人欺诈，但对他人的欺诈却能事先察觉，既诚信待人，又明辨善恶，是贤。能明辨善恶，察觉欺诈，自然不会猜疑。无根据地猜疑他人，是自己待人不诚；对他人的欺诈不能察觉，以致受人欺骗，是自己缺乏智慧，是愚。

14·34　微生亩①谓孔子曰："丘，何为是②栖栖③者与？无乃为佞乎？"孔子曰："非敢为佞也，疾固④也。"

《注　释》

①微生亩：人名，姓微生，名亩。　②是：如此。　③栖栖（xī）：忙碌不安貌。　④固：有两种解释：一，固执；二，指世道的固陋。

《大　意》

微生亩对孔子说："孔丘，你为什么这样栖栖遑遑奔忙不定呢？不是要显示你的口才取悦于人吧？"孔子说："我不是敢于显示自己的口才，只是厌恶固执不通而已。"

14·35 子曰："骥^①不称其力，称其德也。"

《注 释》

①骥：千里马。

《大 意》

孔子说："对于千里马不是称赞它的气力，而是称赞它的品德。"

称德不称力。可与3·16、3·25、7·20、14·6、15·1等章参读。

14·36 或曰："以德报怨，何如？"子曰："何以报德？以直报怨，以德报德。"

《大 意》

有人说："用恩德来报答怨恨，怎么样？"孔子说："那又怎样报答恩德呢？应该是用正直来报答怨恨，用恩德来报答恩德。"

怎样处理人间恩怨，是人生中的大问题。孔子反对怨怨相报，也反对以德报怨，主张"以直报怨"。这可与5·22章"不念旧恶"联系起来理解，不以有旧恶私怨而改变自己的公平正直，也就是坚持了正直，以直报怨了。以直报怨不是对旧怨不问是非，一笔勾销。在原则问题上，分清是非，坚持原则，正是直的要求，在一定的条件下也需要针锋相对的斗争。

"以德报德""知恩图报""滴水之恩，涌泉相报"，是我们民族的优良传统。佛教、基督教都倡导感恩，现在人们也常说感恩，儒学则说报恩。

感和报的异同，要仔细体会。

14·37　子曰："莫我知也夫！"子贡曰："何为其莫知子也？"子曰："不怨天，不尤①人。下学而上达②，知我者其天乎？"

《注　释》

①尤：责怪，归咎。　②下学而上达：旧注多解释为下学学人事，上达达天命。大意只作字面直译。

《大　意》

孔子说："没有人了解我啊！"子贡说："为什么没有人了解你呢？"孔子说："不怨恨天，不责怪人。从下面学习而通达到上面。了解我的只有天吧？"

孔子一生不为人所知。他多次说"不患人之不己知""人不知而不愠"，本章又说"不怨天，不尤人。下学而上达"，他的不患、不愠、不怨、不尤，全立足于下学。致力下学，自可有成；舍弃下学，一切皆无。

14·38　公伯寮①愬②子路于季孙。子服景伯③以告，曰："夫子固有惑志于公伯寮，吾力犹能肆诸市朝④。"子曰："道之将行也与，命也；道之将废也与，命也。公伯寮其如命何？"

《**注 释**》

①公伯寮：公伯是姓，寮是名。　②愬：同"诉"，诽谤。　③子服景伯：鲁国大夫，姓子服名何，字伯，景是谥号。　④肆诸市朝：古时处死罪人后陈尸在朝廷或街市示众。肆，陈尸。

《**大 意**》

公伯寮向季孙诽谤子路。子服景伯告诉了孔子，说："季孙氏已经被公伯寮迷惑了，但我的力量还能够把公伯寮杀了，把他陈尸于市。"孔子说："道将要得到推行呢，是天命决定的；或者道将要废弃呢，也是天命决定的。公伯寮能把天命怎么样呢？"

知命，是孔子思想的重要方面。这两章具体说到天、命，都是在遇到危难、打击的情况下。他说"道之将行也与，命也；道之将废也与，命也。公伯寮其如命何？""知我者其天乎？"把道的行与不行，归之于命，自信是秉承天命，他人奈何不了他，表现出高度的自信，这是支持他在逆境中永不气馁，永不退缩的精神支柱。9·5章说"天之将丧斯文""天之未丧斯文"，与这一章意思相同，可参读。"下学而上达"，则是立足于自身的努力，体现着"为仁由己""未见力不足者"的精神。

这里反映了孔子"与命与仁"（9·1）两方面的思想。在遭到危难、挫折的时候，他归之于命，指的是人力所不能支配的领域。"下学而上达"，在人事的领域完全立足于自身的努力，则是仁的精神。孔子思想是这两个方面的统一，两个方面的关系，要仔细领会。

14·39 子曰："贤者辟①世，其次辟地，其次辟色，其次辟言。"

《注 释》

①辟：同"避"。

《大 意》

孔子说："贤人逃避乱世而隐居，其次有的避开有动乱的国家，又其次有的见到人家不能以礼相待而避开，再其次有的听到人家有恶言而避开。"

本章谈到避世退隐的四种情况。四者的先后次序，是从所避对象程度深浅排列，不是指四者有优劣之分。孔子对避世的态度，可与14·41、18·6、18·7等章参读。

14·40 子曰："作者七人矣。"

《大 意》

孔子说："这样做的已经有七个人了。"

这一章应与上章连读。作者七人就是说因各种情形隐去的已有七人。

14·41　子路宿于石门①。晨门②曰："奚自？"子路曰："自孔氏。"曰："是知其不可而为之者与？"

《注　释》

①石门：地名。一说是鲁城（今曲阜）外城门。　②晨门：看守城门的人。

《大　意》

子路夜里住在石门，看门的人问："从哪里来？"子路说："从孔子那里来。"看门人说："是那个明知做不到却还要去做的人吗？"

14·42　子击磬①于卫，有荷蒉②而过孔氏之门者。曰："有心哉，击磬乎！"既而曰："鄙哉！硁硁乎！莫己知也，斯己而已矣。深则厉，浅则揭③。"子曰："果哉！末④之难⑤矣。"

《注　释》

①磬：乐器名。　②荷蒉：荷，肩扛。蒉，草编的筐子，盛土用。③深则厉，浅则揭：穿着衣服涉水叫厉，提起衣襟涉水叫揭。这两句是《诗经·卫风·匏有苦叶》中的诗句。这里用来比喻处世也要审时度势，知道深浅。　④末：无。　⑤难：责问。

《大　意》

孔子在卫国,一天正在击磬,一个挑着草筐从门前走过的人说:"这个击磬的人有心思呀!"一会儿又说:"声音硁硁的,可鄙呀!没有人了解自己,你就只为你自己就是了。水深,就穿着衣服涉水而过;水浅,就撩起衣襟过去。"孔子说:"真果断呀,没有什么可责问他的了。"

这一章所记的看门人和上章的看门人应该都是避世的隐者。14·39、14·40 两章谈隐,这两章记隐者对孔子的评论。《论语》中还有 3·24、14·42、18·5、18·6、18·7 等章,也是记载当时一些人对孔子的评论。从这些评论,可以从一个侧面了解孔子的思想和当时人对孔子的态度。看门人说孔子是"知其不可而为之者",可见孔子并不避世。

14·43　子张曰:"《书》云①:'高宗谅阴②,三年不言。'何谓也?"子曰:"何必高宗?古之人皆然。君薨③,百官总己以听于冢宰④三年。"

《注　释》

①《书》云:《书》指《尚书》。以下两句见《尚书·无逸》。　②高宗谅阴:高宗,商王武丁。谅阴,天子居丧,确切意义不清。　③薨(hōng):周代诸侯死称薨。　④冢宰:官名。听于冢宰是说百官都听命于冢宰,继位的新君可不理政事。

《大　意》

子张说:"《尚书》上说'高宗守丧,三年不谈政事。'这是什么意思?"

孔子说："不仅高宗，古代的人都这样。国君死了，朝廷百官都总管自己的职事，听命于冢宰三年。"

　　本章谈三年之丧。商代天子与庶民同样要服丧三年，服丧期间将政事交由冢宰管理。西周以后，这种做法已有改变。

14·44　子曰："上好礼，则民易使也。"

《大　意》

孔子说："在上位的人重视礼，那么百姓就好指挥了。"

14·45　子路问君子。子曰："修己以敬。"曰："如斯而已乎?"曰："修己以安人①。"曰："如斯而已乎?"曰："修己以安百姓。修己以安百姓，尧舜其犹病诸!"

《注　释》

　　①人：下文有修己以安百姓，所以这里的人没有把百姓包括在内，只指上层的人。

《大　意》

　　子路问怎样才是君子。孔子说："修养自己，使自己能敬。"子路说："这样就够了吗?"孔子说："修养自己，使周围的人们安乐。"子路说："这样就够了吗?"孔子说："修养自己，使所有百姓都安乐。修养自己使所有百姓都安乐，尧舜还怕难于做到呢！"

修己安人、安百姓，提出了对人生两大基本问题的回答。修己以敬，首先要认真修身，提高自己的精神品格，是对物质生命和精神生命关系问题的回答；安人、安百姓，不仅要自己好，还要帮助他人好，要让所有百姓都好，是对个体和群体关系问题的回答。修己是立身之本，而修身是为了安人，安百姓，为民造福，为建立理想社会而努力。它概括、体现了上古、三代以来圣贤"以天下为己任"的精神，也为后世仁人志士所继承、发扬，成为中华民族民族精神的核心内容。安百姓，一般人是做不到的；"尧舜其犹病诸"，尧舜这样的圣人都会为这一点而觉得犯难。修己以安人则应该成为君子追求的人生理想。

可与 6·28 章参读。

14·46　原壤①夷俟②。子曰："幼而不孙弟③，长而无述焉，老而不死，是为贼。"以杖叩其胫。

《注　释》

①原壤：鲁国人，孔子的旧友。　②夷俟：夷，有解释为蹲的，也有解释为箕踞，双腿分开而坐。俟，等待。夷俟是说他蹲着或坐着等在那里，很没有礼貌。　③孙弟：同"逊悌"。

《大　意》

原壤蹲在那里等着。孔子说："年幼的时候不知道逊悌，年长了又没有什么可说的成就，老而不死，真是害人虫。"说着用手杖敲他的小腿。

14·47　阙党①童子将命②。或问之曰："益者与？"
子曰："吾见其居于位也，见其与先生并行③也。非求益
者也，欲速成者也。"

《注　释》

①阙党：即阙里，孔子家住的地方。　②将命：在宾主之间传言。
③居于位、并行：古时礼节，童子不能和长者同坐并行，应坐在一边，走
在后面。这是说这童子不知礼节。

《大　意》

阙里的一个童子来给孔子传话，有人问道："这是个求上进的孩子吗？"
孔子说："我看见他坐在成年人的位子上，又见他和长辈并肩而行，他不
是要求上进的人，只是个急于求成的人。"

15·1　卫灵公问陈①于孔子。孔子对曰："俎豆②之事则尝闻之矣；军旅之事，未之学也。"明日遂行。在陈绝粮，从者病，莫能兴。子路愠见曰："君子亦有穷乎？"子曰："君子固穷③，小人穷斯滥矣。"

《注　释》

①陈：同"阵"。　②俎豆：古代盛食物的礼器，用于祭祀。　③固穷：固字有两种解释：一，固然；二，固守，虽穷仍能固守其道。

《大　意》

卫灵公向孔子问军阵的事，孔子回答说："祭祀礼仪的事，倒是听到过；用兵打仗的事，没有学过。"第二天孔子就离开了卫国。在陈断了粮，随行的人都病得起不来。子路很不高兴地来见孔子，说："君子也有穷困的时候吗？"孔子说："君子固然也有穷困的时候，但小人一穷困就胡作非为了。"

人生困境，在所难免，也是对人的考验。小人"穷斯滥矣"，无所不为；只有君子能坚守道义信念。可与9·27章参读。

15·2　子曰："赐也！女以予为多学而识之者与？"对曰："然，非与？"曰："非也。予一以贯之。"

《大　意》

孔子说："赐呀！你以为我是多多地学习而一一记住的吗？"子贡答道："是呀！难道不对吗？"孔子说："不是的。我是有一个东西贯穿始终的。"

多学而识，只是学而不思。一以贯之，则必须在学的基础上通过思考才能达到。孔子纠正子贡的看法，说自己不是多学而识，而是一以贯之，也是告诉他的学生不能只学习不思考。可与2·15章"学而不思则罔"参读。

4·15章孔子对曾子也讲到"吾道一以贯之"。

15·3　子曰："由！知德者鲜矣。"

《大　意》

孔子说："由呀！懂得德的人太少了。"

15·4　子曰："无为而治①者，其舜也与？夫何为哉？恭己正南面而已矣。"

《注　释》

①无为而治：指国君不必亲自有所作为而可以天下太平。

《大　意》

孔子说："能够无为而治的，大概只有舜吧。他做些什么呢？只是庄严端正地南面而坐罢了。"

"恭己正南面而已矣"，可与2·1章"居其所而众星共之"参读。

15·5　子张问行①。子曰："言忠信，行笃敬，虽蛮貊②之邦行矣。言不忠信，行不笃敬，虽州里③行乎哉？立则见其参④于前也，在舆则见其倚于衡⑤也，夫然后行。"子张书诸绅⑥。

《注　释》

①行：通达。　②蛮貊（mò）：古时对兄弟民族的贱称，蛮在南，貊在北。　③州里：五家为邻，五邻为里。五党为州，二千五百家。州里指近处。　④参：耸立貌。　⑤衡：车辕前端的横木。　⑥绅：士大夫束在腰间的一头垂下的大带。

◎大　意◎

子张问怎样才能到处行得通。孔子说:"说话要忠信,行事要笃敬,即使到了蛮貊地区也能行得通;说话不忠信,行事不笃敬,就是在本乡本土,能行得通吗? 站着就仿佛看见忠信笃敬这几个字矗立在面前,坐车就仿佛看见这几个字刻在前面的横木上,这样才能使自己到处行得通。"子张把这些话写在自己腰间的大带上。

"言忠信,行笃敬",是对言行的要求,《论语》多处提到相关的内容:"立则见其参于前也,在舆则见其倚于衡也。"对于忠信笃敬,要无时无刻,念念不忘,须臾不离,把忠信笃敬落实到每一言行中。可参读4·5章:"君子无终食之间违仁,造次必于是,颠沛必于是。"

15·6　子曰:"直哉史鱼①! 邦有道,如矢②;邦无道,如矢。君子哉蘧伯玉! 邦有道,则仕;邦无道,则可卷③而怀之。"

◎注　释◎

①史鱼:卫国大夫,名鳅。　②如矢:形容其直。矢,箭。　③卷:同"捲"。

◎大　意◎

孔子说:"史鱼真正直啊! 国家有道,他像箭一样直;国家无道,他也是像箭一样直。蘧伯玉真是君子啊! 国家有道,就出来做官;国家无道,就把自己的主张收藏在心里。"

孔子赞史鱼直,称蘧伯玉为君子。有说"史鱼之直,未尽君子之道。若蘧伯玉，然后可免于乱世"。对于身居危邦乱世，应如何自处，8·13章就各种不同情况有比较全面的说明，中心是"守死善道"，进退出处，不同的处理，全是为了"善道"，而不是"免于乱世"。18·1章肯定"殷有三仁"，说明处乱世之道，并非只有一个模式。本章对史鱼和蘧伯玉的评价，不应作高下之分。5·20、7·10、8·13、14·4、18·1等章都谈及这方面的问题，可参读。

15·7　子曰："可与言而不与之言，失①人；不可与言而与之言，失言。知者不失人，亦不失言。"

《注　释》

①失：失人的"失"作错过讲，失言的"失"作过失讲。

《大　意》

孔子说："可以与他讲而不同他讲，这是错过了人；不可以与他讲而与他讲了，这是说错了话。有智的人既不错过人，也不说错话。"

本章说把握语言的重要。把握不当，会导致失人、失言。

15·8　子曰："志士仁人，无求生以害仁，有杀身以成仁。"

《大　意》

孔子说："志士仁人，没有贪生怕死而损害仁的，只有牺牲自己的性命来成全仁。"

生死问题是人生的重大问题。本章孔子提出处理生死问题的原则：不可为保命而损害仁道，必要时可以牺牲生命来成全仁道。14·13、19·1章以"见危授命""见危致命"作为对士的要求，说的是同一个意思。以后孟子又提出，"生"与"义"二者不可得兼的时候要"舍生取义"。杀身成仁，舍生取义；生死抉择，惟义所在，代表了儒学传统的生死观。

杀身成仁，舍生取义，反映了传统儒学对生命的理解。4·8章"朝闻道，夕死可矣"，孟子说"所欲有甚于生者""所恶有甚于死者"，都是说生命的意义在于道，在于精神生命，个人的物质生命并非最高的价值。由此，杀身成仁，舍生取义既是为道义献身，也是对生命意义的追求，个人人格的完成。

在悠久的历史发展中，杀身成仁，舍生取义成为传统士人最高的人生理想追求，无数志士仁人，在这一理想追求下，创造出无数可歌可泣的英雄业绩，成为民族的脊梁。精神生命重于物质生命的人生价值观，也潜移默化，代代相传，渗透到中国人的意识中，成为民族精神的一部分。

仁义的具体内容，是随时代发展而变化的；精神生命重于物质生命，"生死抉择，惟义所在"精神则是永恒的。

15·9　子贡问为仁。子曰："工欲善其事，必先利其器。居是邦也，事其大夫之贤者，友其士之仁者。"

《大 意》

子贡问怎样去做到仁。孔子说："工匠要做好他的工作，一定先要弄好他的工具。住在一个国家里，就要敬奉那些大夫中的贤人，与士人中的仁人交朋友。"

正如工匠要完成其制作，必须有良好的工具，修养和成就仁德，必须有贤人、仁者相助。可参读 4·1 章"里仁为美"，9·24 章"无友不如己者"，12·24 章"以友辅仁"。

15·10　颜渊问为邦。子曰："行夏之时①，乘殷之辂②，服周之冕③，乐则《韶》舞④。放郑声⑤，远佞人。郑声淫，佞人殆。"

《注　释》

①夏之时：时，历法，夏代的历法即现在的农历。殷代是以农历十二月为正月，周代是以农历十一月为正月，以冬至日为元日。因为夏历便于农业生产，当时很多国家还是用夏历。　②殷之辂：辂（lù），天子所乘的车。殷代的辂是木制，比较质朴。　③周之冕：冕，礼帽。周代的冕比以前的要华美。　④《韶》舞：《韶》乐，是舜时的舞乐，孔子说《韶》乐尽美尽善。另一说认为"舞"即"武"字，古时"舞""武"通用。《武》，周代的乐。孔子说《武》乐尽美而未尽善。参见 3·25 章。　⑤放郑声：放，禁绝的意思。郑声，郑国的乐曲。孔子认为郑国乐曲是淫声，靡靡之音。

《大　意》

颜渊问怎样治理国家。孔子说："用夏代的历法，坐殷代的车子，戴周代的礼帽，乐舞则用《韶》乐。禁绝郑国的乐曲，斥退能言善辩谄媚的佞人。郑国的乐曲浮靡不正派，佞人太危险。"

对于历法、车、帽、乐四项，孔子分别取自夏、商、周和舜四个时代，反映了他认为礼乐要随时代变迁而有所损益的思想（2·23）。孔子时至今日，时代已经历剧变，此章所说已不合时宜，而因时损益则是不变的原则。今天对古今中外的文化成果也应有所损益，选择吸取其优秀成分，以适应当代社会的需要。

15·11 子曰："人无远虑，必有近忧。"

《大　意》

孔子说："人没有长远的考虑，一定会有眼前的忧患。"

13·17章说"无欲速，无见小利"，欲速和见小利，急功近利，就是无远虑的表现。可参读。

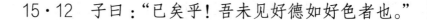

15·12 子曰："已矣乎！吾未见好德如好色者也。"

《大　意》

孔子说："罢了！我没有见过能像爱好女色那样爱好德的人。"

本章内容与9·17章同，多"已矣乎"三字，加重了语气。

15・13　子曰："臧文仲其窃位①者与！知柳下惠②之贤而不与立也。"

《注　释》

①窃位：身居官位而不称职。　②柳下惠：鲁国人，本名展获，字禽，又叫展季。柳下一说是其封地，一说是其住处。惠是他的私谥（不是由朝廷授予的谥号）。

《大　意》

孔子说："臧文仲是一个身居官位而不管事的人吧！他明知柳下惠的贤良，却不举荐他与自己并立于朝。"

可与14・19章参读。

15・14　子曰："躬自厚而薄责于人，则远怨矣。"

《大　意》

孔子说："督责自己严而对人督责宽，就可以避免怨恨了。"

责己严，责人宽，是"求诸己"（15・20）的基本态度的具体表现，也是求得人际关系和谐的一项重要原则。

15·15　子曰：“不曰‘如之何①，如之何’者，吾末②如之何也已矣。”

《注 释》

①如之何：怎么办。“如之何，如之何”表示深思熟虑。 ②末：无。

《大 意》

孔子说：“从不说怎么办怎么办的人，我对他也没有什么办法了。”

15·16　子曰：“群居终日，言不及义，好行小慧，难矣哉！”

《大 意》

孔子说：“整天聚在一起，说的话都与道义无关，专好卖弄小聪明，这就真难了啊！”

这两章孔子批评两种现象，从不问怎么办，饱食终日，无所用心，言不及义，好行小慧，无心道义，只在小事上用心，都是平日所常见。人无精神，不知其可，戒之戒之。

15·17　子曰："君子义以为质，礼以行之，孙以出之，信以成之。君子哉！"

《大 意》

孔子说："君子以义作行事的根本，用礼仪来实行它，用谦逊的态度来表达它，靠诚信来完成它。这才是君子啊！"

质，实质、本质。君子立身以义为本，后面三句中的"之"都是指义。"道之以德，齐之以礼"（2·3），"克己复礼为仁"（12·1），义通过礼而落实于行；礼的精神在恭敬、辞让，须通过谦逊的态度而表现；最后的完成，则在于诚信。四句说的是一件事，以义为本，后三项都是为了义的落实和完成。

15·18　子曰："君子病无能焉，不病人之不己知也。"

《大 意》

孔子说："君子只忧虑自己无能，不忧虑别人不了解自己。"

只愁自己无能，不担心他人不理解自己，反映了"求诸己"（15·20）的精神。《论语》中多处说到这一点。可与1·16、4·12、14·32等章参读。

15·19 子曰："君子疾没世①而名不称焉。"

《注 释》

①没世：死亡。

《大 意》

孔子说："君子担心死后名字不为人们所称颂。"

君子之学为己，不求人知，上章即说"不病人之不己知"，本章则说君子担心死后不能留名后世。此处所说的名，是生后之名。人总是追求不朽。中国人的追求，不在天国，也不在极乐世界，而就在人世间；也就是追求青史留名，永垂不朽，"留取丹心照汗青"。这是中国士人，中国知识分子的一个重要传统。

身后的名，不由自己决定，全在百姓的评价；百姓评价则取决于各人一生所作所为对群体的贡献。立德、立功、立言，有益于社会、百姓，得百姓肯定，为百姓纪念，在后世长存，虽久不废，才得不朽。16·12章谈对齐景公和伯夷、叔齐的评价，是生动的例证。

身后的名和生前的名不同。生前的名，只在一时，变幻不定，而且多有虚名，死后则与身同去，不复存在。身后的名，由后世百姓所定，经受历史考验，千秋功罪，公正客观，永留人间：物质生命结束，精神生命不死，永垂不朽，这是人生价值的真正所在。

15・20　子曰："君子求诸己，小人求诸人。"

◎《注 释》◎

孔子说："君子求之于自己，小人求之于别人。"

求诸己而不求诸人，是孔子为人为学的基本态度。君子追求青史留名，也必立足于求诸己。《论语》中反映孔子这一态度的还有1・1、1・16、4・14、14・32、14・37、15・14、15・18等章。

15・21　子曰："君子矜①而不争，群而不党。"

◎《注 释》◎

①矜：庄重。

◎《大 意》◎

孔子说："君子庄重而不与人争执，合群而不结党营私。"

这一章提出"矜而不争""群而不党"两点，可分别与2・14章和3・7章参读。

15・22　子曰："君子不以言举人，不以人废言。"

◎《大 意》◎

孔子说："君子不凭一个人说的话来荐举人，也不因为一个人不好而抹煞他讲的正确的话。"

不以言举人，也不以人废言，也是知人的重要原则。"不以言举人"可与5·9、14·5章参读。有言者，不必有德，所以要听其言而观其行，不能以言举人。不好的人也并非句句话都错，所以不能以人废言。

15·23　子贡问曰："有一言而可以终身行之者乎？"子曰："其恕乎！己所不欲，勿施于人。"

《大　意》

子贡问道："有没有一个字是可以终身奉行的呢？"孔子说："那就是恕吧！自己所不愿意要的，不要加给别人。"

"己所不欲，勿施于人"，是恕；6·28章讲"己欲立而立人，己欲达而达人"，是忠。合而讲之就是忠恕之道。4·15章中曾子曰："夫子之道，忠恕而已矣。"可联系起来读。

"己所不欲，勿施于人"，自己所不愿意接受的事情，不要强加到他人身上；不希望他人这么对待自己，就不要这么对待他人。"己欲立而立人，己欲达而达人"，自己所希望的，也帮助他人做到，比如希望在社会上立足，希望办事很顺利通达，就也帮助他人能立足、通达。这两个方面，一个是对自己的约束，一个是对他人的责任。对待他人，首先要尊重，不要妨碍他人；其次，还要尽心尽力地帮助他人。而共同的一个精神，就叫做推己及人，或"能近取譬"。从自己之所欲所想，推及他人，理解他人的所欲所想。也就是民间所讲的将心比心、设身处地为他人着想。从深处说，这包含着平等观念、对人的爱和尊重；从简单处讲，推己及人就是心里要想着他人。这是处理与他人关系的基本原则。孔子说，"能近取譬，可谓仁之方也已。"处理与他人的关系就要从这里做起。

"己所不欲，勿施于人"，已经为世界各大宗教所接受，被公认为是人类可以普遍接受的共同价值，称为"金律"。但若仔细考察，可发现共同之中又有差异。《论语》说的是"己所不欲，勿施于人"，《圣经》说的则是"你们要他人怎样对待你们，你们也要怎样对待他们"（《路加福音》6·31）。"己所不欲，勿施于人"的出发点和落脚点都是他人，《圣经》的出发点和落脚点是在自己，这反映出中西文化核心价值观的分歧，这一点也值得注意。

有人仅据此章提出应以恕为主，而忠不宜提倡，说孔子回答子贡关于"有一言而可以终身行之者乎"时"几乎毫不犹豫地剔除了忠"。《论语》多处谈忠，讲"主忠信"——君子要以忠信为主；如果仅仅因为本章没有提到忠就说孔子剔除了忠，是断章取义，割裂忠恕，完全悖于孔子思想。

15·24　子曰："吾之于人也，谁毁谁誉？如有所誉者，其有所试①矣。斯民也，三代之所以直道而行也②。"

《注　释》

①试：考察、验证。　②斯民也，三代之所以直道而行也：斯民指当代的百姓。三代之所以直道而行，是说夏、商、周三代都是依靠这些百姓而使直道通行，也就是说三代以来百姓都是依直道而行的，对是非毁誉都

有公正的评判。从这一句中可以知道，前面说"其有所试"，不是指孔子亲自去考验，而是指在百姓中是经过考验的。

《大 意》

孔子说："我对于别人，诋毁过谁？称赞过谁？如果有称赞，那是经过考验的。当代的百姓，就是夏、商、周三代依靠他们而使直道得以通行的人呀。"

本章意思，是说夏、商、周三代以来直道行于民间，对是非善恶都有公正的评判，所以不需再有什么毁誉。

15·25　子曰："吾犹及史之阙文①也，有马者借人乘之②，今亡矣夫。"

《注 释》

①阙文：史官记史，遇到有疑问处就缺而不记，叫"阙文"。　②有马者借人乘之：这一句话在这里是什么意思，和上一句有什么关连，都不好理解。有一种解释说"有马而自己不会调教，靠别人来训练"，与"史之阙文"一样是表现了严谨老实的作风。

《大 意》

孔子说："我还见过史书上存疑的地方，有马的人自己不会调教，靠别人来训练，现在都没有了。"

朱熹注引"胡氏曰：'此章义疑，不可强解。'"

15·26　子曰："巧言乱德，小不忍则乱大谋。"

《大　意》

孔子说："花言巧语会败坏人的德行，小事情不忍耐就会坏大事。"

1·3章说"巧言令色，鲜矣仁"，与本章说"巧言乱德"，义相同。喜怒哀乐之情，宜节制适度；任性而为，往往招致祸端。忍，就是为求适度而自我节制。在提倡个性发展的环境下，这一点尤其值得注意。

15·27　子曰："众恶之，必察焉；众好之，必察焉。"

《大　意》

孔子说："大家都厌恶他，我一定要考察一下；大家都喜欢他，也一定要考察一下。"

与13·24章参读。

15·28　子曰："人能弘①道，非道弘人。"

《注　释》

①弘：扩大。

《大　意》

孔子说："人能把道发扬光大，不是道使人弘大。"

这一章可与 8·7 章"仁以为己任"，14·25 章"古之学者为己，今之学者为人"参读。弘扬仁道，是士的使命，也是君子人生的追求，是为己不是为人，也只有为己，身体力行，在自身一言一行中都体现出仁道，才是最好的弘道；而"为人"之学，恰恰是想要以道弘人，用来装点门面，哗众取宠。以弘道为立身之本，是孔子儒家的真精神；以道弘人是对孔子儒家思想的败坏。

关于孔子对道的态度，还可联系 4·8、8·7、15·8 等章来体会。

15·29　子曰："过而不改，是谓过矣。"

《大　意》

孔子说："有了过错而不改正，这就真叫过错了。"

人不可能没有过错，重要的是要及时改正并且不重犯过错，孔子说"过而不改，是谓过矣"，用简明的语言反映了这一真理，指出了对待过错的正确态度。1·8 章孔子说"过，则勿惮改"，6·2 章孔子称赞颜渊"不贰过"，都是说的这个问题。还可与 19·8、19·21 章谈君子与小人对过错的不同态度的内容参读。

15·30　子曰：“吾尝终日不食，终夜不寝，以思，无益，不如学也。”

《大意》

孔子说：“我曾经整天不吃、整夜不睡地思索，结果没有益处，不如去学习的好。”

这一章强调了学的重要，是“思而不学则殆”的发挥，可与2·15、17·8章参读。

15·31　子曰：“君子谋道不谋食。耕也，馁①在其中矣；学也，禄在其中矣。君子忧道不忧贫。”

《注释》

①馁（něi）：饥饿。

《大意》

孔子说：“君子谋求学道行道，不谋求衣食。耕田，也常要饿肚子；学习，可以得到俸禄。君子只担心道不能明不能行，不担心贫穷。”

可与1·14、4·9、13·4章参读。

15·32　子曰："知及之①，仁不能守之，虽得之，必失之；知及之，仁能守之，不庄以涖②之，则民不敬；知及之，仁能守之，庄以涖之，动之不以礼，未善也。"

《注　释》

①知及之：之字有几种解释：一，指民，知及之是说政令可以及于百姓；二，指职位或国家、天下；三，指治民之道。下文涖之、动之的之字指百姓。
②涖（lì）：同"莅"，临。

《大　意》

孔子说："一个人的才智已能达到治国之道，但他的仁德不足以保持它，那么虽然得到了，一定还会失去；才智达到了，仁德也足以保持了，但不能庄严地对待百姓，那么百姓就会不敬；才智达到了，仁德足以保持了，也庄严地对待百姓了，但动员百姓时不按照礼的要求，那也还不是完善的。"

本章谈治国之道四个层次，才智、仁德、庄严和礼，前二项是说对治道的体认，属内心德智的修养；后二项是说治道的用之于民，属外在行为的实行。人的修养，事的完成，都必须兼顾这两个方面，内外兼修。有说以为，达到了仁则大本已立，后二项的不足只是"小疵"而已，孔子历数这二项，是求全责备，不可因为是小节而忽视。6·16 章说"质胜文则野，文胜质则史。文质彬彬，然后君子"，尽管也说到不可忽视，但不庄以涖之，动之不以礼，终究不可说只是小疵。

15·33　子曰："君子不可小知而可大受①也，小人不可大受而可小知也。"

《注释》

①小知、大受：小知有两种解释：一，知是被人所知，君子在小事上未必可观，小人未必无一长可取；二，用小事考验。君子不可用小事考验，小人可以用小事考验。大受，承担大任。

《大意》

孔子说："君子不能从小事上去赏识他，但可以接受重大任务；小人不能接受重大任务，却可以在小事上得到人们的赏识。"

本章也是知人之道。看人当看大处，不可只看小处。

15·34　子曰："民之于仁也，甚于水火。水火，吾见蹈而死者矣，未见蹈仁而死者也。"

《大意》

孔子说："百姓对于仁的需要，超过了对水火的需要。我只见过人跳到水火中而死的，没有见过实行仁德而死的。"

此章勉励人们为仁。人不可一日无水火，人之依赖于仁，更甚于水火；而且水火有时还会伤人致死，仁则无此危险，有益而无害。既如此，何乐而不为呢？

15·35　子曰："当仁，不让于师①。"

《注 释》

①不让于师：师字有两种解释：一，师长；二，作众字讲。遇到众人应做的事，应带头去做而不谦让，当仁不让即是见义勇为的意思。

《大 意》

孔子说："面临实行仁德的事，就是对老师也不谦让。"

谦让是中华文化提倡的美德，1·10、4·13、8·1和11·25章都谈到，本章则说当仁不让。可与2·24章"见义不为，无勇也"，8·7章"仁以为己任"参读。

15·36　子曰："君子贞①而不谅②。"

《注 释》

①贞：有两种解释：一，正；二，大信。　②谅：见14·18章注。

《大 意》

孔子说："君子固守正道而不拘泥于小信。"

13·20章说："言必信，行必果，硁硁然小人哉"；14·18章说到"匹夫匹妇之为谅"；1·13 章说"信近于义，言可复也"，可与这一章参读。这几章说明了孔子关于"信"的一个重要思想：不能孤立地讲信，信要服从于道，也就是服从于仁、礼。离开了仁、礼的大原则，不问是非地讲"言必信"，这是小人对信的理解，为君子所不取。

15·37　子曰："事君，敬其事而后其食①。"

《注释》

①后其食：食指食禄。这里指先工作，后讲个人所得。

《大意》

孔子说："事奉君主，要敬守职事而把领俸禄的事放在后面。"

可与 6·20 章"仁者先难而后获"，12·21 章"先事后得，非崇德与"参读。三章所说是一个意思：以敬其事为先，得利禄为后，用现在的语言说，就是工作第一，享受第二。

15·38　子曰："有教无类①。"

《注释》

①无类：类，类别。无类即不加分类区别。

《大意》

孔子说："人人都可以有教化，没有区别。"

孔子提出"有教无类"的思想，反映了当时文化下移的现实，突破了学在官府，教育只限于贵族阶层的传统，是中国教育史上一个有重大意义的发展。实际上，孔子的学生，许多都出身贫贱。教育方面的这种变化，其意义不只限于教育领域，私学的兴起和有教无类的教育思想的实施，对于中国社会上士阶层的形成，有着直接的影响。

15·39　子曰："道不同，不相为谋。"

《大　意》

孔子说："各人主张的道不同，就不相互商议。"

15·40　子曰："辞①，达而已矣。"

《注　释》

①辞：言辞。也有认为此处专指外交辞命，这样理解的话，全章意思就是：出使他国，只要能传达使命就行了。

《大　意》

孔子说："言辞只要能表达意思就行了。"

15·41　师冕①见。及阶，子曰："阶也。"及席，子曰："席也。"皆坐，子告之曰："某在斯，某在斯。"师冕出，子张问曰："与师言之道与？"子曰："然，固相②师之道也。"

《注　释》

①师冕：乐师，名冕。古代乐师一般都是盲人。　②相：帮助。

《大　意》

乐师冕来见孔子。走到台阶边，孔子说："这儿是台阶。"走到坐席旁，孔子说："这儿是坐席。"等大家都坐下了，孔子告诉他："某某在这里，某某在这里。"师冕走了后，子张问道："这就是与乐师谈话的道吗？"孔子说："对，这就是帮助盲人的道呀！"

这一章具体描述了孔子对盲人的态度，可与9·9章参读，两章都是记载孔子日常的行为表现。要注意领会正是在这些具体表现中体现了孔子仁、礼的思想和孔子身体力行的态度。

16·1　季氏将伐颛臾①。冉有、季路见于孔子曰：
"季氏将有事②于颛臾。"孔子曰："求，无乃尔是过与？夫
颛臾，昔者先王以为东蒙主③，且在邦域之中矣，是社稷
之臣也，何以伐为？"冉有曰："夫子欲之，吾二臣者皆
不欲也。"孔子曰："求，周任④有言曰：'陈力就列⑤，不
能者止。'危而不持，颠而不扶，则将焉用彼相⑥矣？且尔
言过矣，虎兕⑦出于柙⑧，龟玉毁于椟⑨中，是谁之过与？"
冉有曰："今夫颛臾，固而近于费⑩。今不取，后世必为子
孙忧。"孔子曰："求，君子疾夫舍曰欲之而必为之辞。丘
也闻有国有家者，不患寡而患不均，不患贫而患不安⑪。
盖均无贫，和无寡，安无倾。夫如是，故远人不服，则修
文德以来之。既来之，则安之。今由与求也，相夫子，远
人不服而不能来也，邦分崩离析而不能守也，而谋动干戈

于邦内。吾恐季孙之忧，不在颛臾，而在萧墙⑫之内也。"

《注　释》

①颛臾（zhuān yú）：鲁国的附庸国。　②有事：指用兵。　③东蒙主：东蒙，蒙山。主，主持祭礼的人。　④周任：人名，古史官。　⑤陈力就列：陈，摆出来。列，位。陈力就列，拿出自己的才气，按才力担任适当的职位。⑥相：辅助。　⑦兕（sì）：野牛。一说是雌的犀牛。　⑧柙（xiá）：关野兽的木笼。　⑨椟：匣。　⑩费：季氏的采邑。　⑪不患寡而患不均，不患贫而患不安：应是不患贫而患不均，不患寡而患不安。　⑫萧墙：古代国君宫室前用以分隔内外的小墙，人臣来见国君，到这里就肃然起敬，所以叫萧墙（"萧"字从"肃"来）。萧墙之内指宫廷之内。

《大　意》

季氏快要攻打颛臾了。冉有子路去见孔子，说："季氏要向颛臾用兵了。"孔子说："冉求，这怕是你的过失吧？那颛臾，从前的国君曾让他主持东蒙的祭祀，而且在鲁国的疆域之内，是国家的臣属呀！为什么要去攻打它呢？"冉有说："是季孙大夫想去攻打，我们二人都不这样想呀。"孔子说："冉求，周任有句话说：'拿出你的才力来，负担你的职务，如果不能胜任就辞去。'有了危险不去扶助，跌倒了不去搀扶，那还用辅助的人干什么呢？而且你的话错了。老虎、野牛从笼子里跑出来，龟甲、玉器在匣子里毁坏了，这是谁的过错呢？"冉有说："现在颛臾城墙坚固，而且离费邑很近。现在不夺取它，将来一定会成为子孙的忧患。"孔子说："冉求，君子痛恨那种不肯说自己想要那样做而又一定要找出理由来为之辩解的做法。我听说，对于诸侯和大夫,不怕贫穷,而怕财富不均;不怕人口少,而怕不安定。因为财富均了,就没有所谓贫穷;大家和睦,就不会感到人少;安定了也就没有倾覆的危险。因为这样,所以如果远方的人不归服,就用修治自己的礼乐政教来招致他们。他们来了,就帮助他们安定下来。现在仲由和冉求你们两个人辅助季氏,远方的人不归服,你们不能招来;国内民心离散,你们不能保全,却在那里策划在国内用兵。我恐怕季孙的忧患不在颛臾,而是在他自己内部呢!"

"不患贫而患不均,不患寡而患不安"和"远人不服,则修文德以来之"是孔子重要的治国思想。"均",旧注"谓各得其分","使富者足以示贵而不至于骄,贫者足以养生而不至于忧。以此为度而调均之",也就是使各部分人都能按其地位、身份得到应得的份额,做到这样就可以和谐、安定。内部安定了,然后境外的人就会归服;若境外人不服,则靠完善德政来吸引他们归服而不靠强力征服。可与13·4、13·16章参读。

16·2 孔子曰:"天下有道,则礼乐征伐自天子出;天下无道,则礼乐征伐自诸侯出。自诸侯出,盖十世希①不失矣;自大夫出,五世希不失矣;陪臣②执国命,三世希不失矣。天下有道,则政不在大夫。天下有道,则庶人不议。"

《注 释》

①希:同"稀"。 ②陪臣:卿大夫的家臣。

《大 意》

孔子说:"天下有道的时候,制礼作乐和出兵打仗都由天子决定;天下无道的时候，制礼作乐和出兵打仗就由诸侯决定。由诸侯决定，大概传到十代很少有不失掉君位的；由大夫决定，传到五代很少有不失掉君位的；由家臣来执掌国家的命令，传到三代很少有不失掉君位的。天下如果有道，政权不会在大夫手里；天下如果有道，老百姓就不会议论国家政治了。"

16·3　孔子曰："禄之去公室五世①矣，政逮②于大夫四世③矣，故夫三桓④之子孙微矣。"

《注　释》

①五世：指鲁宣公、成公、襄公、昭公、定公五世。　②逮：及。③四世：指季孙氏文子、武子、平子、桓子四世。　④三桓：鲁国仲孙、叔孙、季孙都出于鲁桓公，所以叫三桓。

《大　意》

孔子说："爵禄之权离开鲁君已经五代了，政权落到大夫手中已经四代了，所以三桓的子孙也衰微了。"

这两章反映了孔子对时势的认识和态度。他认为当时的社会变动是"天下无道"，他的理想追求是要使"天下无道"变为"天下有道"。可与14·22章参读。

16·4　孔子曰："益者三友，损者三友。友直，友谅①，友多闻，益矣。友便辟②，友善柔③，友便佞④，损矣。"

《注 释》

①谅:诚信。 ②便辟:有两种解释:一,善于避开人之所忌以求媚,即逢迎谄媚;二,惯于装饰外表而内心不直。 ③善柔:善于以和颜悦色骗人。 ④便佞:惯于花言巧语。

《大 意》

孔子说:"有益的交友有三种,有害的交友有三种。同正直的人交友,同诚信的人交友,同见闻广博的人交友,便有益了。同逢迎谄媚的人交友,同善于装出和颜悦色来骗人的人交友,同惯于花言巧语的人交友,便有害了。"

本章提出交友有益有损,不可不慎。《论语》谈到交友之道的还有1·4、1·7、1·8、4·1、4·26、12·23、12·24、13·28、15·9、19·3等章。

16·5 孔子曰:"益者三乐,损者三乐。乐节礼乐①,乐道人之善,乐多贤友,益矣。乐骄乐②,乐佚③游,乐晏乐④,损矣。"

《注 释》

①节礼乐:孔子主张用礼乐来节制、调节人的言行使之达到中和的要求。 ②骄乐:骄纵不知节制的乐。 ③佚:同"逸"。 ④晏乐:沉溺于饮酒作乐。

《大 意》

孔子说:"有益的快乐有三种,有害的快乐有三种。以礼乐调节自己为乐,以称道别人的好处为乐,以有许多贤人做朋友为乐,便有益了。喜欢骄纵无节制的作乐，喜欢游荡忘返，喜欢沉溺于饮酒作乐，便有害了。"

本章孔子举出了六种不同的对乐的追求，三者有益，三者有损，说明对乐的追求有益有损，不可不辨。追求快乐是人的天性，是人生的普遍要求，而对乐的追求则是具体的，只说人生要追求快乐是不够的，重要的是追求什么样的快乐? 怎样去追求快乐? 6·9章讲颜渊身处贫困不改其乐；7·15章讲到孔子处清贫生活乐在其中。可参读。

16·6　孔子曰："侍于君子有三愆①：言未及之而言谓之躁，言及之而不言谓之隐，未见颜色而言谓之瞽。"

《注　释》

①愆：过失。

《大　意》

孔子说："陪着君子说话容易犯三种过失：还没有问到你的时候就说，这叫急躁；已经问到你了还不说，这叫隐瞒；不先看君子的脸色就说，这叫瞎了眼。"

可与15·7章参读。

16·7　孔子曰："君子有三戒：少之时，血气未定，戒之在色；及其壮也，血气方刚，戒之在斗；及其老也，血气既衰，戒之在得①。"

《注 释》

①得：贪得，包括名誉、地位、财货等。

《大 意》

孔子说："君子有三件事要戒除：年轻的时候，血气未定，要戒除的
是迷恋女色；等到壮年时候，血气方刚，要戒除的是好斗；等到老年，血
气已经衰了，要戒除的是贪得无厌。"

人在少年、壮年、老年有不同特点，君子的修养也有不同的重点，值
得注意。

16·8　孔子曰："君子有三畏①：畏天命，畏大人②，
畏圣人之言。小人不知天命而不畏也，狎③大人，侮圣
人之言。"

《注 释》

①畏：敬畏，心服。　②大人：指身居高位的人。　③狎（xiá）：不尊重。

《大 意》

孔子说："君子敬畏三件事：敬畏天命，敬畏地位高贵的人，敬畏圣
人的话。小人不懂天命，因而也不敬畏，不尊重地位高贵的人，轻侮圣人
的话。"

人不能无敬畏之心。命，指人力不可支配的领域。知命，知道有人力
所达不到的领域，然后有所敬畏。孔子把这归之于天命。今人可不信天命，
却不可不知有人力不可及的领域之存在。科学发达，人类对世界的认识，

远非古人所可想象；科学思维也深信，世上无不能认识之事物。然而不能不承认，至今人们已知的领域，远不及未知的领域；人的生存、发展，无论整个人类还是个人，都不能摆脱那未知的、不可抗拒的力量的控制。天地运行，气候变化，远非人力所能控制；风雪雷电，地震海啸，疫病流行等等灾害，时刻威胁着人类生存。不可不心存敬畏，以为科学可以解决一切，以征服自然为目标，可谓"不知天命而不畏也"，此种科学主义思想和立场，已经给人类带来了巨大灾难和危机。

不只对自然和自然规律要心存敬畏，还要"畏大人，畏圣人之言"。人类文明前后相继，代代相传，每一代人都在前代已有成果的基础上前进，年轻人都是在长辈、师长的教导下成长。应知传统文化是前人智慧之结晶，师长之经验、学识是宝贵的财富，对代代相传的传统文化，对圣人之言，对师长的教诲不可不存敬畏之心。鄙弃传统，轻侮师长，即阻塞了年轻一代上进之路。现今一班年轻人，一味追求张扬个性，常以"我已经成年"为辞，将师长的关怀、劝告和批评拒之千里，亦可谓"狎大人，侮圣人之言"，也是当今青年成长中值得关注的一大问题。

16·9　孔子曰："生而知之者，上也；学而知之者，次也；困而学之，又其次也；困而不学，民斯为下矣。"

《大　意》

孔子说："生来就知道的人，是上等；学习以后才知道的，次一等；遇到了困难再去学习的，又次一等；遇到困难还不学习的，这种人就是下等的了。"

孔子把人分为"生而知之""学而知之""困而学之""困而不学"四等。他虽承认有"生而知之"，但他根据对学的态度定人的高下，总的精神是强调了学的重要。他并不认为自己是生而知之，而强调自己的特点是"好学"，"我非生而知之者，好古，敏以求之者也"（7·19），"十室之邑，必有忠信如丘者焉，不如丘之好学也"（5·27）都清楚说明了这一点，可以参读。

16·10　孔子曰："君子有九思：视思明，听思聪，色思温，貌思恭，言思忠，事思敬，疑思问，忿思难，见得思义。"

《大　意》

孔子说："君子有九种要考虑的事：看的时候，要考虑是不是看明白了；听的时候，要考虑是不是听清楚了；自己的脸色，要考虑是不是温和；容貌态度，要考虑是不是谦恭；言语说话，要考虑是不是忠诚；办事要考虑是不是谨慎严肃；遇到疑问，要考虑向人家请教；忿怒时，要考虑是不是会有后患；看见可以有所得，要考虑是否合于义的要求。"

本章所说的思，有自我要求，自我省察的意思。视思明，听思聪，要求自己看得清楚听得明白，又时时自省是否做到如此了，这样的要求和省察，反映在视、听、言、动（事）各个方面；疑、忿、得是在行事或动中遇到的问题；色、貌是视、听、言、动中的表情。九个方面各指一项，分别提出了要求，合起来则是无时无事不对自己严格要求。

16·11　孔子曰："见善如不及，见不善如探汤①。吾见其人矣，吾闻其语矣。隐居以求其志，行义以达其道。吾闻其语矣，未见其人也。"

《注　释》

①汤：沸水。

《大　意》

孔子说："看见好的行为，就像赶不上似的，努力追求；看见不好的行为，就像要把手伸到沸水里去那样，赶紧避开。我见过这样的人，也听到过这样的话。隐居避世以保全自己的志向，依义而行来贯彻他的主张。我听到过这样的话，却没有见过这样的人。"

可与4·6章"好仁者，恶不仁者"和7·10章"用之则行，舍之则藏"参读。

16·12　齐景公有马千驷①，死之日，民无德而称焉。伯夷、叔齐饿于首阳②之下，民到于今称之。其斯之谓与③？"

《注　释》

①千驷：四千匹，也就是千乘。　②首阳：山名。传说伯夷、叔齐饿

死在首阳山。 ③其斯之谓与:这一句中的斯字是指什么,上文没有交代,因此意思不清。有人认为,12·10章"诚以不富,亦祇以异"两句应放在"其斯之谓与"之前。这样,意思就是:《诗经》上说:不是靠富,富也只是与人不同而已,就是这个意思吧。"意思可通,但没有证据。

《《大 意》》

齐景公有马四千匹,死的时候,大家觉得他没有什么德行可以称颂;伯夷、叔齐饿死在首阳山下,大家至今还称颂他们。大概就是这个意思吧。

孔子评价齐景公和伯夷、叔齐,不是根据他们在世时的贫富贵贱,而是根据他们死后百姓对他们的评价,这体现了孔子对人生价值的看法。"老百姓心中有一杆秤",每一个人的一生都要在这杆秤上称出他的价值。这一点值得很好体会。

可与15·19章"君子疾没世而名不称焉"参读。

16·13 陈亢①问于伯鱼曰:"子亦有异闻②乎?"对曰:"未也。尝独立,鲤趋而过庭。曰:'学《诗》乎?'对曰:'未也。''不学《诗》,无以言。'鲤退而学《诗》。他日,又独立,鲤趋而过庭。曰:'学礼乎?'对曰:'未也。''不学礼,无以立。'鲤退而学礼。闻斯二者。"陈亢退而喜曰:"问一得三。闻《诗》、闻礼、又闻君子之远③其子也。"

《注 释》

①陈亢：即陈子禽。 ②异闻：这里指不同于对其他学生所讲的内容。
③远：这里是不偏爱的意思，不是疏远。

《大 意》

陈亢问伯鱼说："你在你父亲那里听到过特别的教导吗？"伯鱼回答说：
"没有呀。有一次他独立站在堂上，我快步从庭中走过，他说：'学《诗》
没有？'我回答还没有。他说：'不学《诗》，就不懂得怎样说话。'我回
去就学《诗》。又有一天，他又独立站在堂上，我快步走过庭院，他说：'学
礼没有？'我回答还没有。他说：'不学礼就不懂怎样立身。'我回去就学
礼。我就听到这两次。"陈亢回去高兴地说："我问一件事，得到了三点收获：
听到了关于《诗》的道理，听到了关于礼的道理，又听到了君子不偏爱自
己儿子的事。"

全章末尾陈亢的话点出本章主旨：学诗、学礼，君子不偏私其子。

16·14 邦君之妻，君称之曰夫人，夫人自称曰
小童，邦人称之曰君夫人；称诸异邦曰寡小君，异邦人
称之亦曰君夫人。

《大 意》

国君的妻子，国君称她为夫人，她对国君自称小童，国内的人称她为
君夫人；对他国人讲则称寡小君，他国人称她也叫君夫人。

17·1　阳货①欲见孔子，孔子不见，归孔子豚②。孔子时其亡③也而往拜之，遇诸涂④。谓孔子曰⑤："来，予与尔言。"曰："怀其宝而迷其邦，可谓仁乎？曰不可。好从事而亟⑥失时，可谓知乎？曰不可。日月逝矣，岁不我与。"孔子曰："诺，吾将仕矣。"

《注　释》

①阳货：季氏的家臣，又叫阳虎。　②归孔子豚：归同"馈"，赠送。豚，小猪。当时的礼节，大夫赠送礼物给士，如果受赠者不是当面接受，就应回拜。阳货送蒸熟的小猪给孔子，是想要孔子去见他。　③时其亡：时同"伺"，亡同"无"。时其亡就是等他外出的时候。　④涂：同"途"。　⑤谓孔子曰：从此以下至"孔子曰"之前的两句话，都是阳货的话。　⑥亟：屡次。

《大　意》

阳货想见孔子，孔子不见他，阳货便送了一只蒸小猪给孔子（想要孔子去见他）。孔子趁阳货不在家的时候，去阳货家拜谢，却在路上遇见了。阳货对孔子说："来，我同你讲。"阳货说："把自己的本领藏起来而听任国家迷乱，这可以说是仁吗？回答是不可以。喜欢参与政事而屡次错过机会，这可以说是智吗？回答是不可以。时间一天天过去了，年岁是不等人的。"孔子说："好吧，我准备去做官了。"

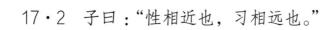

17·2　子曰："性相近也，习相远也。"

《大　意》

孔子说："人的本性是相近的，因为习染不同才相互远离了。"

5·12章说："夫子之言性与天道，不可得而闻也。"整部《论语》，孔子谈到性的，只有这两章。本章虽然没有具体说人性是什么，但对于理解孔子的整个思想很重要。孔子这段话指出了人生的两个方面：先天的方面和后天的方面。性是先天的、自然的；习是后天的、人文的。而在这两个方面中，前者是相近的；现实中表现出的人的善恶、高下，不是天生的，而是由后天的习染所形成的。由此可以引出一个极重要的认识：人应该，而且也可以在生活中不断提高自己，完善自己。高尚的人格，丰富的知识和高强的能力，都要通过后天的学习和修养才能得到；而且从根本上说，人也只有在后天的学习修养中才能摆脱禽兽的境界，从自然的、生物的人提升为社会的人，成为真正意义上的人。这就从根本上说明了学习、修养和教育的重要。

性相近，习相远。在《三字经》里，是把这句话和"人之初，性本善"连在一起讲的。"人性善"是孟子的思想，后来还有荀子的"人性恶"的思想。

读《论语》读到这一章，常有人问，孔子是主张性善还是性恶？还有人对这个问题作专门研究和讨论。其实孔子没有说人性是善还是恶，讨论这个问题是没有意义的。人的认识和思想是发展的，儒学也是发展的；每一个时代的人们，只能回答这个时代提出的和可能回答的问题。在孔子的时代，性善还是性恶的问题还没有提出，这个问题是孟子那个时代才提出的。我们所要研究和讨论的，是每一个时代提出了什么问题？人们是怎样回答和解决这些问题的？而不是拿后代讨论的问题去向前人求解。重要的是清楚地了解孔子说了些什么，为什么这样说，有什么意义，而不是去探求他没有说过的，把后人的思想加到他身上。朱熹谈读《论语》，曾说"读《论语》，如无《孟子》"是对读《论语》方法的重要提示。

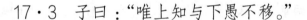

17 · 3　子曰："唯上知与下愚不移。"

《大　意》

孔子说："只有上等的智者与下等的愚者是改变不了的。"

"上知与下愚不移"，有的解释为上等人天生聪明，下等人天生愚笨；有的解释为智商高的人聪明，智商低的人愚笨，不可改变。但从上一章和《论语》全书来看，孔子重视后天的学更重于先天的秉赋。联系 16 · 9 章，可以这样理解：上知是指的"生而知之者，上也"，下愚则是指的"困而不学，民斯为下矣"。四者中间，生而知之，自然不会改变。困而不学，其愚也不可改变，不可改变是因为不学，不是因为天生愚笨。学而知之，困而学之，都是可以化愚为知的。

17·4 子之武城①，闻弦歌②之声。夫子莞尔③而笑曰："割鸡焉用牛刀?"子游对曰："昔者偃也闻诸夫子曰:'君子学道则爱人，小人学道则易使也。'"子曰："二三子，偃之言是也。前言戏之耳。"

《注 释》

①武城：地名，当时子游是武城宰。 ②弦歌：弦指琴瑟。弦歌，以琴瑟伴奏歌唱。这里是说子游用礼乐来教化百姓。 ③莞尔：微笑的样子。

《大 意》

孔子到武城，听到有弹琴唱歌的声音。孔子微笑说："杀鸡哪里用得着宰牛刀呀?"子游回答说："以前我听先生说过，君子学了道就能爱人，小人学了道就容易指挥。"孔子说："学生们，言偃的话是对的。我刚才讲的话不过是和他开个玩笑罢了。"

这一章说教化在孔子治国思想中的地位和意义；不论大国和小国，也不论在位的君子和普通百姓，都需要接受礼乐教化，学为人之道。可联系2·3、2·21章参读。

17·5 公山弗扰①以费畔，召，子欲往。子路不悦，曰："末之也已②，何必公山氏之之也③?"子曰："夫召我者，而岂徒④哉? 如有用我者，吾其为东周乎⑤?"

《注　释》

①公山弗扰：季氏的家臣，又名公山不狃。　②末之也已：末，无。之，到。末之，无处去。已，有两种解释，一，语气词，无义；二，止，算了。③何必公山氏之之也：前一个之字是助词，后一个之字是动词，去、到的意思。　④徒：徒然，空无所据。　⑤吾其为东周乎：有两种解释：一，在东方复兴周的礼乐；二，我不致像东周一样无所作为。

《大　意》

公山弗扰据费邑反叛，来召孔子，孔子准备去。子路不高兴地说："没有地方去就算了，为什么一定要到公山氏那里去呢？"孔子说："他来召我，难道只是一句空话吗？如果有人用我，我或许能在东方复兴周道，建起一个东周来呢？"

公山弗扰反叛，孔子准备应召前去，子路不满，而孔子说"如有用我者，吾其为东周乎？"反映出孔子急切想要出仕以行其道的心情。而最终因为知道公山弗扰不能真有所为而没有去。17·7章内容与此章相类，可参读。

17·6　子张问仁于孔子。孔子曰："能行五者于天下为仁矣。"请问之。曰："恭、宽、信、敏、惠。恭则不侮，宽则得众，信则人任焉，敏则有功，惠则足以使人。"

《大　意》

子张问孔子怎样才是仁。孔子说："能处处实行五种品德，就是仁了。"子张请问是哪五种。孔子说："恭、宽、信、敏、惠。恭敬就不会招致侮辱，宽厚就能得到众人的拥护，诚信就能得到别人的任用，勤敏就能取得成功，慈惠就可以使唤人。"

旧说对本章多有疑问，如说子张所问是仁，而孔子的回答却是说的为政；此章和六言、六蔽、五美、四恶等章文字体裁，与论语其他部分很不相似；其他弟子与孔子的问答，只用一个"问"字，本章和20·2章却都说"子张问孔子"。对一般读者而言，读《论语》主要是学其义理、思想，对这类问题，只约略知道就可，无须深究。

本章先提出恭、宽、信、敏、惠五项，然后又从其功效方面加以阐述。说明仁并非只是个人的道德要求，同时也是为政的原则；不仅用于自身，还要行于天下。

17·7　佛肸①召，子欲往。子路曰："昔者由也闻诸夫子曰：'亲于其身为不善者，君子不入也。'佛肸以中牟②畔，子之往也，如之何？"子曰："然，有是言也。不曰坚乎，磨而不磷③；不曰白乎，涅④而不缁⑤。吾岂匏瓜⑥也哉？焉能系而不食？"

《注　释》

①佛肸（bì xī）：晋国大夫赵简子的家臣，中牟邑宰。　②中牟：地名。③磷（lìn）：薄，损伤。　④涅（niè）：黑土，黑色染料。这里作动词，用黑色染料染物。　⑤缁（zī）：黑色。　⑥匏（páo）瓜：葫芦中的一种，味苦不能吃，但可系在腰间作泅渡用。

《大　意》

佛肸来召孔子，孔子准备去。子路说："以前我听先生说过：'亲自做坏事的人那里，君子是不去的。'现在佛肸据中牟反叛，你要去他那里，怎么解释呢？"孔子说："是的，我有过那样的话，不是说坚硬的东西磨也磨不坏吗，不是说洁白的东西染也染不黑吗？我难道是个不能吃的葫芦吗？怎么能只是挂在那里不给人吃呢？"

本章所记，与17·5章相类，可参读。

17·8　子曰："由也，女闻六言六蔽矣乎？"对曰："未也。""居①，吾语女。好仁不好学，其蔽也愚②；好知不好学，其蔽也荡③；好信不好学，其蔽也贼④；好直不好学，其蔽也绞；好勇不好学，其蔽也乱；好刚不好学，其蔽也狂。"

《注　释》

①居：坐。古人回答长者的问题要站起来，所以孔子叫子路坐下。②愚：受人愚弄的意思。　③荡：好高骛远而没有基础。　④贼：害。

《大　意》

孔子说："由呀，你听说六种品德六种弊病了吗？"子路回答说："没有。"孔子说："坐下，我告诉你。爱好仁而不爱好学习，其弊病是容易受人愚弄；爱好智而不爱好学习，其弊病是好高骛远而没有基础；重视诚信而不爱好学习，其弊病是反而会被伤害；重视直率而不爱好学习，其弊病是急切而尖刻刺人；爱好勇力而不爱好学习，其弊病是犯上作乱；爱好刚强而不爱好学习，其弊病是狂妄。"

孔子谈"六蔽"，说明仁、知、信、直、勇、刚这些美德都必须建立在好学的基础上，如果不好学，就都会转化成弊病。孔子把好学看作各方面修养的基础，这一点应引起我们的重视。

17·9 子曰："小子何莫学夫《诗》？《诗》可以兴①，可以观②，可以群③，可以怨④。迩⑤之事父，远之事君；多识于鸟兽草木之名。"

《注 释》

①兴：有两种解释：一，《诗经》中即景生情的表现手法叫兴，因此这里的兴是引譬连类，联想的意思；二，兴起，激发感动的意思。 ②观：观察了解天地万物及各国盛衰、得失。 ③群：合群。 ④怨：有两种解释：一，讽谏上级；二，怨而不怒。 ⑤迩：近。

《大 意》

孔子说："学生们为什么不学习《诗》呢？学《诗》可以激发志气，可以观察天地万物及各国的盛衰得失，可以使你懂得合群，可以使你懂得如何讽谏上级。近可以用来侍奉父母，远可以用来侍奉君主。还可以多认识一些鸟兽草木的名称。"

这一章谈学《诗》的多方面的意义。13·5、16·13章也谈到学《诗》的意义，可以参读。

17·10　子谓伯鱼曰："女为《周南》《召南》^①矣乎？人而不为《周南》《召南》，其犹正墙面而立^②也与？"

《注　释》

①《周南》《召南》：《诗经》国风部分头两篇的篇名。马融说："《周南》《召南》……三纲之首，王教之端。"朱熹说："所言皆修身齐家之事。"　②正墙面而立：面向墙壁站立，比喻什么也看不见。

《大　意》

孔子对伯鱼说："你学习《周南》《召南》了吗？一个人如果不学习《周南》《召南》，那就像面对着墙壁站着吧。"

这一章可与上章连读。

17·11　子曰："礼云礼云，玉帛云乎哉？乐云乐云，钟鼓云乎哉？"

《大　意》

孔子说："礼呀礼呀，只是说的玉帛之类的礼器吗？乐呀乐呀，只是说的钟鼓之类的乐器吗？"

这一章说"礼乐"与"仁"的关系，强调"礼乐"不只是玉帛钟鼓等形式，离"仁"，钟鼓玉帛等就失去意义。可与3·3章参读。

17·12　子曰："色厉而内荏①，譬诸小人，其犹穿窬②之盗也与？"

《注　释》

①色厉内荏：厉，威严。荏，软弱。　②窬（yú）：墙洞。

《大　意》

孔子说："外表严厉而内心软弱，拿小人来比喻，就像是钻墙洞的小偷吧？"

17·13　子曰："乡原①，德之贼也。"

《注　释》

①乡原：也作乡愿。愿，朴实善良。乡愿是指那些与世俗同流合污，谁也不得罪的好好先生。

《大　意》

孔子说："那种谁也不得罪的好好先生是败坏道德的人。"

乡愿，指那些不讲好恶，对一切人都一味讨好，都不得罪的人。4·3章说："唯仁者能好人，能恶人。"仁者对人有好恶，而且只有仁者才能对人有真正的好恶。1·12章又说："礼之用，和为贵。……知和而和，不以礼节之，亦不可行也。"八面玲珑，讨好一切人，为和而和，也只能有害于和。乡愿古今常见，他们看似忠诚守信，公正清白，但实际上和仁道没有任何相同之处，似是而非，迷惑视听，实质是道德的败害。17·18章说"恶紫之夺朱也"，可以参读。

17·14 子曰："道听而涂说，德之弃也。"

《大 意》

孔子说："以路上听到传言就到处传播，是对道德的背弃。"

在资讯发达，微博、微信流行的今天，这一点尤其值得注意，要审慎地对待如潮的资讯。

17·15 子曰："鄙夫可与事君也与哉？其未得之也，患得之①；既得之，患失之。苟患失之，无所不至矣。"

《注 释》

①患得之：即患不得之。

《大 意》

孔子说："可以和一个鄙夫一起侍奉君主吗？他在没有得到官位时，总担心得不到；已经得到之后，又担心失掉。如果他担心失掉官位，那就什么都干得出来了。"

本章深刻地刻画了那些一心只想个人官位得失的鄙夫的心理。"患得患失"的成语就来源于此。患不能得，千方百计去求；患失之，千方百计去保。"无所不至"的"鄙夫"今天也大有人在。

17·16　子曰："古者民有三疾，今也或是之亡也。古之狂①也肆②，今之狂也荡③；古之矜也廉④，今之矜也忿戾⑤；古之愚也直，今之愚也诈而已矣。"

《注　释》

①狂：志愿太高。　②肆：任意直言，不拘小节。　③荡：放荡不羁。④廉："廉隅"的"廉"，本意是器物的棱角，这里指为人有棱角，严厉。⑤忿戾：火气大，蛮横不讲理。

《大　意》

孔子说："古人有三种毛病，现在或许连这也没有了。古代的狂者任意直言，现在的狂者就放荡不羁了；古代矜持的人为人严厉难以接近，现在矜持的人就常发怒和蛮不讲理；古代愚笨的人常自作主张，现在愚笨的人却只是欺诈而已。"

可与8·16章参读。

17·17　子曰："巧言令色，鲜矣仁。"

此章重出，见1·3章。

17·18　子曰："恶紫之夺朱①也，恶郑声之乱雅乐②也，恶利口之覆邦家者。"

《注 释》

①紫之夺朱：朱是正色，紫是杂色。当时紫色代替朱色成为诸侯衣服的颜色。　②雅乐：正统音乐。

《大 意》

孔子说："我厌恶用紫色取代了红色，厌恶用郑国的曲调扰乱了雅乐的正统音调，厌恶用巧口利辩倾覆国家的人。"

孔子厌恶似是而非，以非为是。可与17·13章参读。

17·19　子曰："予欲无言。"子贡曰："子如不言，则小子何述焉？"子曰："天何言哉？四时行焉，百物生焉，天何言哉？"

《大 意》

孔子说："我想不说话了。"子贡说："你如果不说话，那我们这些学生传述什么呢？"孔子说："天说了些什么呢？四季照样运行，百物照样生长。天说了些什么呢？"

子贡担心孔子不再讲学弟子就无从学习。孔子以四季运行、百物生长都不依赖于天的宣告、言说做比喻，说明人道也是体现在日常行为之中，孔子言行也是对弟子的身教，不必依靠言说；学道不能只从语言文字中学，而要从实际言行中学。可与7·23章参读。

17·20　孺悲①欲见孔子，孔子辞以疾。将命者出户，取瑟而歌，使之闻之。

《注　释》

①孺悲：鲁国人。鲁哀公曾派他向孔子学习士丧礼。

《大　意》

孺悲要见孔子，孔子以生病为理由推辞不见。传话的人刚出门，孔子就拿过瑟来边弹边唱，让传话的人听到。

17·21　宰我问："三年之丧，期已久矣。君子三年不为礼，礼必坏；三年不为乐，乐必崩。旧谷既没，新谷既升，钻燧改火①，期②可已矣。"子曰："食夫稻③，衣夫锦，于女安乎？"曰："安。""女安，则为之。夫君子之居丧，食旨④不甘，闻乐不乐，居处不安，故不为也。今女安，则为之！"宰我出，子曰："予之不仁也！子生三年，然后免于父母之怀，夫三年之丧，天下之通丧也。予也有三年之爱于其父母乎？"

《注　释》

①钻燧改火：古代钻木取火，所用木头四季不同。春用榆柳，夏用枣杏和桑柘，秋用柞楢，冬用槐檀，一年轮一遍，叫改火。　②期（jī）：一年。③食夫稻：古代北方稻米是珍贵的食品，居丧时不能吃。　④旨：美味。

《大　意》

宰我问："服丧三年时间太长了。君子三年不习礼仪，礼仪一定会败坏；三年不奏音乐，音乐一定会失传。旧谷吃完，新谷登场，钻燧取火的木头轮过一遍，有一年的时间就可以了。"孔子说："才一年时间就吃大米饭，穿锦缎衣，你心安吗？"宰我说："安。"孔子说："你心安，你就那样去做吧！君子服丧，吃美味不觉得香甜，听音乐不觉得快乐，住在家里不觉得舒服，所以才不这样做。现在你既觉得心安，那就那样去做吧！"宰我出去后，孔子说："宰予真是不仁啊！孩子生下来，三年以后才能脱离父母的怀抱。服丧三年，是天下通行的丧礼呀。宰予对他的父母是不是也有三年的爱呢？"

孔子答宰我关于三年之丧的问题，没有直接回答可与不可，而只问能否心安；又说心安就那样去做吧！直指宰我内心。其中深意要仔细领会。孔子解释三年之丧的规定说，君子在父母去世后都会"食旨不甘，闻乐不乐，居处不安"，服丧三年的规定正是适应了这种感情需要。君子这样做，不是满足他人的要求，而是因为只有这样才能心安，如果不那样做也不觉得不安，三年之丧也就徒具形式，失去了意义。可参见17·11章"礼云礼云，玉帛云乎哉？"和3·3章"人而不仁，如礼何？"

14·25章说："古之学者为己。"道德的要求、道德的行为，应该是出自内心的，只是求心安，或者说对得起自己的良心，而不是为了什么别的。4·2、6·18章说到安仁、利仁，知之、好之、乐之等修养的不同境界。只是知道而不爱好，与自己不发生关系；爱好而只是为了对己有利，只是利仁，也还不是真正的道德精神；只有安于仁道，以仁为乐才是真正的道德境界。

17·22　子曰："饱食终日，无所用心，难矣哉！不有博弈①者乎？为之，犹贤乎已②。"

《注　释》

①博弈：博，六博，一种游戏，先掷采（骰子），后行棋。具体办法已不清楚。弈：围棋。　②已：止。

《大　意》

孔子说："整天吃饱了饭，什么心思也不用，这就真难了啊！不是有玩六博和下围棋的吗？干这个也比什么都不干好一些。"

本章极言饱食终日，无所用心的不可，突出强调人要有精神、有追求。可与15·15章参读。

17·23　子路曰："君子尚勇乎？"子曰："君子义以为上。君子有勇而无义为乱，小人有勇而无义为盗。"

《大　意》

子路说："君子崇尚勇敢吗？"孔子说："君子以义为最高，君子有勇无义就将作乱，小人有勇无义就会偷盗。"

"义以为上"，勇要服从于义，以义为准绳。可与 8·2 章"勇而无礼则乱"参读。

　　17·24　子贡曰："君子亦有恶乎？"子曰："有恶。恶称人之恶者，恶居下流①而讪上者，恶勇而无礼者，恶果敢而窒②者。"曰："赐也亦有恶乎？""恶徼③以为知者，恶不孙以为勇者，恶讦④以为直者。"

《注 释》

①下流：晚唐以前的本子没有"流"字。　②窒：阻塞，不通事理的意思。　③徼：有两种解释：一，抄袭；二，徼即"绞"，绞急，临事急迫，自炫其能。　④讦（jié）：揭发、攻击别人的隐私。

《大 意》

　　子贡说："君子也有厌恶的事吗？"孔子说："有厌恶。厌恶宣扬别人坏处的人，厌恶身居下位而诽谤在上者的人，厌恶勇敢而无礼的人，厌恶果敢而不通事理的人。"孔子又说："赐，你也有厌恶的事吗？"子贡说："厌恶抄袭别人而自以为知的人，厌恶把不懂谦逊当作勇敢的人，厌恶把揭发攻击别人的短处当作直率的人。"

　　君子有爱有恶，爱恶分明，可与 4·3 章参读。

17·25　子曰："唯女子与小人为难养也，近之则不孙，远之则怨。"

《大　意》

孔子说："只有女子和小人是难养的。亲近了，他们就不知逊让；疏远了，就会怨恨你。"

对这一章多有不同意见。近代有人认为"女"字应为"汝"，"女子"意为"你们小子"，指称孔子的弟子。古代注释都取"女子"原意，也都不回避轻视妇女之意。而且注文中轻视妇女的意思很明显，如说女子"秉阴闭气多""无正性""妇女之志，近之则忿怨无已"等等。有的注本对女子所指，作了一定的限制，说明并非概指全体妇女，这种情况与当时社会背景相合，反映当时社会思想面貌，应也反映《论语》原意。近代以来有人从近代平等观念出发，批评孔子轻视妇女，他们对文本的解释仍依旧解，而从当代的立场和观念出发，进行批评。这反映了近代以来社会思潮的变化，符合思想学术发展的规律，是正常的，可以理解。

原文文意确有轻视妇女之意。在两千多年以前的宗法社会里，有轻视妇女的思想并不奇怪；站在今天的立场上有所批评是正常的，完全不必对原文另作别解为孔子辩白。而把"女子"解释为"你们小子"，从文字看也与语法不合；既无此必要，也不能通。

17·26　子曰："年四十而见恶焉，其终也已。"

《大　意》

孔子说："到了四十岁还被人厌恶，他这一生也就完了。"

18·1　微子①去之，箕子为之奴，比干②谏而死。孔子曰："殷有三仁焉。"

《注 释》

①微子：殷纣王的同母哥哥，见纣王无道，离纣王而去。　②箕子、比干：都是殷纣王的叔父。箕子谏纣王，被纣王囚禁降为奴隶，披发装疯而受辱。比干强谏被纣王所杀。

《大 意》

微子离开了纣王，箕子做了他的奴隶，比干强谏而被杀。孔子说："殷朝有三位仁人。"

微子、箕子、比干三人做法不同，而孔子称许他们三人都是仁人，其中深意，要仔细领会。三人次序的排列，有说是"微子为上，箕子次之，比干为下"；有说是"先易者，后难者"，要注意辨析其涵义的不同。三人的精神，都在"忧乱宁民"，忧虑纣的昏乱，求百姓的安宁，就是坚守了仁道。8·13章说"守死善道"，以及 7·10、14·1、14·4、15·6 等章，可参读。

本篇所记，多是乱世中人们处世的表现，涉及各类人的各种不同情况，并有孔子的评说，对于理解孔子的处世之道，有重要意义。读者宜联系《论语》中相关论述，综合分析，深刻体会。

18·2　柳下惠为士师①，三黜。人曰："子未可以去乎？"曰："直道而事人，焉往而不三黜？枉道而事人，何必去父母之邦？"

《注　释》

①士师：典狱官。

《大　意》

柳下惠做典狱官，三次被免职。有人说："你不可以离开鲁国吗？"柳下惠说："按正道侍奉君主，到哪里能不被免职呢？如果按邪道侍奉君主，又何必要离开祖国呢？"

社会风气败坏，直道而行，无处而不被排斥；想求任用，必须牺牲原则。柳下惠虽三次被黜，坚持不肯"枉道事人"，为求官位而放弃原则，所以柳下惠也被称为圣人。可与 8·13、14·1 章参读。

18·3　齐景公待孔子曰："若季氏，则吾不能，以季、孟之间待之。"曰："吾老矣，不能用也。"孔子行。

《大 意》

齐景公讲到怎样对待孔子时说："像鲁君对待季氏那样，我做不到。我用介于季氏、孟氏之间的待遇对待他。"又说："我老了，不能用他了。"孔子就离开了齐国。

18·4 齐人归①女乐，季桓子②受之，三日不朝。孔子行。

《注 释》

①归：同"馈"。齐人归女乐的事在鲁定公十四年孔子任鲁司寇时。②季桓子：鲁国大夫，名斯。

《大 意》

齐国送了一批歌姬舞女给鲁国，季桓子接受了，三天不问政事。孔子于是离开了鲁国。

18·5 楚狂接舆①歌而过孔子曰："凤兮凤兮！何德之衰？往者不可谏，来者犹可追。已而已而！今之从政者殆而！"孔子下，欲与之言。趋而辟之，不得与之言。

《注 释》

①接舆：楚国的隐士。一说他姓接名舆，一说因他接孔子之车而歌，

所以称他接舆。

《**大　意**》

楚国的狂人接舆唱着歌走过孔子的车旁。他唱道："凤凰啊，凤凰啊，你的德行为什么这样衰微？过去的已经不可挽回，未来的却还可以去追。算了吧，算了吧，今天的当政者危乎其危！"孔子听了下车来，想与他交谈。他却快步避开了，孔子没能和他谈。

18·6　长沮、桀溺①耦而耕②。孔子过之，使子路问津③焉。长沮曰："夫执舆④者为谁？"子路曰："为孔丘。"曰："是鲁孔丘与？"曰："是也。"曰："是知津矣。"问于桀溺。桀溺曰："子为谁？"曰："为仲由。"曰："是鲁孔丘之徒与？"对曰："然。"曰："滔滔者天下皆是也，而谁以⑤易之？且而与其从辟人之士⑥也，岂若从辟世之士哉？"耰⑦而不辍。子路行以告。夫子怃然⑧曰："鸟兽不可与同群，吾非斯人之徒与而谁与？天下有道，丘不与易也。"

《**注　释**》

①长沮、桀溺：两隐者，真实姓名已不清楚。　②耦而耕：两人并耕。③津：渡口。　④执舆：就是执辔。拉缰绳的本是子路，因子路下车问路，所以在车上的是孔子。　⑤以：与。　⑥辟人之士：辟，同"避"。辟人之士指孔子。　⑦耰（yōu）：用土覆盖种子。　⑧怃然：怅然，失意。

《大　意》

长沮、桀溺在一起耕种，孔子路过，叫子路去问渡口在哪里。长沮说："那个拿着缰绳的是谁？"子路说："是孔丘。"长沮说："是鲁国的孔丘吗？"子路说："是的。"长沮说："那他是知道渡口在哪里的了。"子路再去问桀溺。桀溺说："你是谁？"子路说："是仲由。"桀溺说："是鲁国孔丘的门徒吗？"子路回答："是的。"桀溺说："现在不合理的坏事像滔滔大水，到处都是，和谁去改变它呀？而且你与其跟着躲避人的人，何不跟着逃避社会的人呢？"说完，不停地继续干他的活。子路回来把情形报告了孔子。孔子怅然若失地说："人是不能同鸟兽同群的。我不同世上这些人同群又和谁同群呢？如果天下有道，我也不会同他们一起来改变它了。"

18·7　子路从而后，遇丈人，以杖荷蓧①。子路问曰："子见夫子乎？"丈人曰："四体不勤，五谷不分②，孰为夫子？"植其杖而芸。子路拱而立。止子路宿，杀鸡为黍③而食之，见其二子焉。明日，子路行以告。子曰："隐者也。"使子路反见之。至则行矣。子路曰："不仕无义。长幼之节，不可废也；君臣之义，如之何其废之？欲洁其身，而乱大伦。君子之仕也，行其义也。道之不行，已知之矣。"

《注　释》

①蓧（diào）：古代耘田用的竹器。　②四体不勤，五谷不分：这两句

有两种解释。一说丈人自指。芬即粪种的粪，粪种，施肥播种。"不"字是语词。句意是说丈人自己忙于播种五谷，没有闲暇。二说丈人责备子路，芬是分辨。句意是说子路不勤劳手足，不辨五谷。　③黍：黏小米。

《大　意》

子路跟随孔子出行，落到了后面，遇到一个老人，用拐杖挑着除草的工具。子路问道："你见到我的老师没有？"老人说："我手脚不停地劳作，五谷还来不及播种，哪知道你的老师是谁？"说完把拐杖插在田边就去耘田了。子路拱着手站在一边。老人留子路到他家住宿，杀了鸡，做了黏小米饭给他吃，又叫两个儿子出来与子路相见。第二天，子路赶上孔子把这事告诉了孔子。孔子说："这是个隐士呀。"叫子路回去见他。子路到那里，老人已经走了。子路说："不做官是不义的。长幼之间的礼节不能废弃，君臣之间的义，怎么能废弃呢？想要自己清白，却破坏了根本的伦理关系。君子做官，只是为了实行君臣之义。至于道的行不通，这是已经知道的了。"

18·5、18·6、18·7这几章记下了当时一些人对孔子的批评。这些人多是隐者，他们讥笑孔子是"知其不可而为之"，劝孔子和他的弟子也追随他们避世隐居。而孔子和他的弟子们则认为，自己对社会有不可推卸的责任，不能脱离社会隐居，与鸟兽同群；正因为天下无道，自己才这样到处奔走，努力去改变它；批评隐者为保自身清白而退隐，是废弃了人伦道义。从这些中我们既看到了孔子当时不为人所了解的处境，也看到了孔子积极入世，为推行仁道，建立理想社会不懈努力的执著精神。

尽管这些隐者的思想与孔子的理想追求根本不同，对孔子作了严厉的批评甚至讥笑，但孔子并不恼怒气愤，还想与他们交谈沟通，也可见孔子"人不知而不愠"的宽广胸怀。

3·24、14·41、14·42 等章也谈到时人对孔子的评价，可参读。

18·8　逸①民：伯夷、叔齐、虞仲、夷逸、朱张、柳下惠、少连②。子曰："不降其志，不辱其身，伯夷、叔齐与？"谓柳下惠、少连，"降志辱身矣，言中伦，行中虑，其斯而已矣。"谓虞仲、夷逸，"隐居放③言，身中清，废中权。""我则异于是，无可无不可④。"

《注　释》

①逸：同"佚"，散失、遗弃。　②虞仲、夷逸、朱张、少连：四人身世和言行不详。　③放：有两种解释：一，放置，不再谈世事；二，放肆，随便。　④无可无不可：孟子解释所谓无可无不可就是"孔子可以仕则仕，可以止则止，可以久则久，可以速则速"。

《大　意》

被遗落的人有：伯夷、叔齐、虞仲、夷逸、朱张、柳下惠、少连。孔子说："不降低自己的志向，不辱没自己的身份，这是伯夷、叔齐吧。"说柳下惠、少连是："降低志向辱没身份了，不过是说话合乎伦理，行为合乎人心而已。"说虞仲、夷逸是："隐居独善，不谈世事，他们的隐居合乎洁身的要求，废言合乎权变的要求。"又说："我则和他们都不同，可以这样，也可以那样。"

孔子评伯夷等人，都加以肯定，同时又有高下之分。孔子特别赞许伯夷、叔齐"不降其志，不辱其身"，反映他对个人独立人格的重视，可与9·25

章"匹夫不可夺志"参读。孔子自己则是"无可无不可",根据客观的环境条件,"可以仕则仕,可以止则止,可以久则久,可以速则速"。任何情况下都要守死善道,这是原则;不同情况下采取不同的做法,这是灵活处置,也称作"权"。可与9·29、18·1等章参读。

18·9　大师挚①适齐,亚饭干适楚,三饭缭适蔡,四饭②缺适秦,鼓方叔入于河,播鼗③武入于汉,少师④阳、击磬襄入于海。"

《注　释》

①大师挚:大同"太"。大师,鲁国乐官之长,挚是人名。　②亚饭、三饭、四饭:都是乐官名。干、缭、缺是人名。　③鼗(táo):小鼓,即现在的拨浪鼓。　④少师:乐官名。

《大　意》

大师挚到齐国去了,亚饭干到楚国去了,三饭缭到蔡国去了,四饭缺到秦国去了,打鼓的方叔去了黄河边,摇小鼓的武去了汉水旁,少师阳和击磬的襄去了海滨。

18·10　周公谓鲁公①曰:"君子不施②其亲,不使大臣怨乎不以③。故旧无大故,则不弃也。无求备于一人。"

《注 释》

①鲁公：周公的儿子伯禽。　②施：这里是弛，遗弃。　③以：用。

《大 意》

周公对鲁公说："君子不遗弃他的亲属，不使大臣抱怨你不用他。旧友老臣没有大错误就不抛弃他们，不要要求一个人十全十美。"

本章主旨是讲为政治国，君子应是从位言，指在位执政的人。

18·11　周有八士：伯达、伯适、仲突、仲忽、叔夜、叔夏、季随、季騧①。

《注 释》

①伯达等八人已不可考。

《大 意》

周代有八个士：伯达、伯适、仲突、仲忽、叔夜、叔夏、季随、季騧。

19·1 子张曰：“士见危致命，见得思义，祭思敬，丧思哀，其可已矣。”

《大　意》

子张说：“一个士，遇见危险能献出自己的生命，看见可以有所得的时候能考虑是否合于义的要求，祭祀的时候能想到是否严肃恭敬了，居丧的时候能想到是否哀伤了，那也就可以了。”

本篇都是记弟子所说。其内容多是孔子教弟子时所说，弟子依个人的理解复述。可以和前面有关的 4·9、8·7、13·20、13·28、14·2 等章参读。14·13 章谈“成人”，也说到“见利思义，见危授命”；“见得思义”参见 16·10 章；“祭思敬，丧思哀”之意参见第 3 章。

对“士”的要求，可参读 4·9、8·7、13·20、13·28、14·3 等章。

19·2　子张曰："执德不弘，信道不笃，焉能为有？焉能为亡①？"

《注　释》

①焉能为有、焉能为亡：虽活着怎能说是有，虽死去怎能说是无。有他不多，没他不少，无足轻重的意思。

《大　意》

子张说："固守德而不弘大，信仰道而不忠实，这样的人，怎能说他是有，又怎能说他是没有？"

19·3　子夏之门人问交于子张。子张曰："子夏云何？"对曰："子夏曰：'可者与①之，其不可者拒之。'"子张曰："异乎吾所闻：君子尊贤而容众，嘉善而矜②不能。我之大贤与，于人何所不容？我之不贤与，人将拒我，如之何其拒人也？"

《注　释》

①与："可者与之"的"与"是相与、交往的意思，后两个"与"字是语气词。　②矜：怜惜，同情。

《大　意》

子夏的学生向子张问怎样交友。子张说："子夏说了些什么？"答道：

"子夏说:'可以相交的就和他相交,不可以相交的就拒绝他。'"子张说:"我所听到的和这不同。君子尊敬贤人,也能够容纳众人,赞美善人而同情能力不够的人。如果我是大贤人,那我对人有什么不能容纳的呢?如果我不贤,那人家就会拒绝我,我还怎么能去拒绝别人呢?"

1·8章说"无友不如己者",本章子张和子夏对交友的不同意见,反映出二人不同的理解。两种意见,都有可取,又都有所偏颇,要取其合理处,去其偏颇,求全面的认识。《论语新解》说:"子夏之教门人,盖初学所宜守。子张之言,则君子大贤之所事。"

《论语》谈到交友之道的还有1·4、1·7、1·8、4·1、4·26、12·23、12·24、13·28、15·9、16·4等章,可参读。

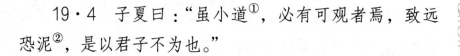

19·4 子夏曰:"虽小道①,必有可观者焉,致远恐泥②,是以君子不为也。"

《注 释》

①小道:指农圃医卜之类的技艺。 ②泥:阻滞,不通。

《大 意》

子夏说:"虽然是小的技艺,也一定有可取的地方,但用它来达到远大目标就行不通了。所以君子不干这些。"

旧注以小道为"农圃医卜"之类的"百家技艺"。可与"樊迟请学稼"(13·4),"君子不器"(2·12)参读。

19·5　子夏曰："日知其所亡，月无忘其所能。可谓好学也已矣。"

《大　意》

子夏说："每天能知道一些原来不知道的，每月都能不忘掉已经学会的东西，可以说是好学的了。"

"日知其所亡"，是说不断有新知；"月无忘其所能"，是说所学能久而坚守不失。日新而不失，才能说是好学；不能日新，或不能坚守，都不可说是好学。可参见 2·11 章"温故而知新"和 6·5 章颜渊"三月不违仁"。

19·6　子夏曰："博学而笃志①，切②问而近思，仁在其中矣。"

《注　释》

①笃志：志有两种解释：一，志同识，记忆在心；二，志向。　②切：有几种解释：一，恳切；二，近，指切身有关的事；三，急，急切，急迫。

《大　意》

子夏说："广泛地学习而又坚守其志向，就切身有关的问题发问而又从近处去思考，仁就在这中间了。"

博学、笃志、切问、近思四项，是孔门学习修养的方法，可与《论语》有关章节联系起来理解。如 6·25 章"君子博学于文，约之以礼，亦可以弗畔矣夫"是讲博学；8·13章"笃信好学，守死善道"，9·25章"匹夫不可夺志"，18·8章"不降其志，不辱其身"，是讲笃志；3·15章"每事问"，5·14章"不耻下问"，16·10章"疑思问"是讲切问；6·28章"能近取譬，可谓仁之方也已"是讲近思。把有关章联系起来就能更好地理解这一章的意思。

19·7　子夏曰："百工居肆①以成其事，君子学以致其道。"

《注　释》

①肆：有两种解释：一，陈列货物出售的市场；二，进行制作的作坊。

《大　意》

子夏说："各种工匠住在作坊里来完成自己的工作，君子通过学习来掌握道。"

本章把君子的学和工匠制作产品对举，可以从两个方面理解。一是说明君子只有通过学才能懂得道，是说学的重要；二是明确指出君子之学是为了"致其道"，是对孔子教育思想很好的说明。可与13·4"樊迟请学稼"章参读。

19·8　子夏曰："小人之过也必文。"

《大　意》

子夏说："小人犯了过错一定会要掩饰。"

可与 19·21 章参读。

19·9 子夏曰："君子有三变：望之俨然，即之也温，听其言也厉。"

《大 意》

子夏说："君子有三变：远望他庄严可畏，接近他温和可亲，听他讲话是严厉不苟。"

19·10 子夏曰："君子信而后劳其民，未信则以为厉①己也；信而后谏，未信则以为谤己也。"

《注 释》

①厉：虐害。

《大 意》

子夏说："君子要取得信任之后才去役使百姓，否则百姓就会以为你是在虐害他们；也要取得信任之后才去进谏，否则君主就会以为你是在诽谤他。"

无论对上还是对下，都必须有相互的信任；不能取得对方的信任，难以成事。2·22 章说"人而无信，不知其可也"，应联系起来理解。

19·11　子夏曰："大德不逾闲①，小德②出入可也。"

《注　释》

①闲：栅栏，这里指界限。　②大德小德：大节小节。

《大　意》

子夏说："大节上不能超越界限，小节上有些出入是可以的。"

本章谈大节、小节。其所说不完善，对他人，主要应看其大节，不在小节上苛求；对自己，即使是小节也不可放松。小节的堕落，会影响到大节不保；大节的不保，常开始于小节的疏忽，不可不慎。

19·12　子游曰："子夏之门人小子，当洒扫应对进退，则可矣，抑①末也。本之则无，如之何？"子夏闻之曰："噫，言游过矣！君子之道，孰先传焉，孰后倦②焉，譬诸草木，区以别矣。君子之道，焉可诬③也？有始有卒者，其惟圣人乎？"

《注　释》

①抑：连词，表示转折。这里是可是的意思。　②倦：诲人不倦的"倦"。这里指教诲。　③诬：欺骗，是说如果不循序渐进，一概以高深的道理教人，就是欺骗学生。

《大　意》

子游说："子夏的学生，做一些打扫和接待客人的工作是可以的，可这些只是末节小事，根本的东西却没有学到，这怎么行呢？"子夏听了，说："唉，言游错了。君子的道，哪些先传授，哪些后教诲，就和草木一样，都是分类区别的。君子的道，怎么可以欺骗学生呢？至于能够有始有终，对于小事末节和根本道理都能学通了的，恐怕只有圣人吧！"

本章说学习的本末先后，值得注意。可与1·6、1·7章参读。

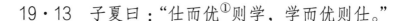

19·13　子夏曰："仕而优①则学，学而优则仕。"

《注　释》

①优：有余力。

《大　意》

子夏说："做官有余力就去学习，学习有余力就去做官。"

一方面学有余力才能出仕做官，另一方面做官有余力也还要继续学习，都是讲学习的重要。在这一思想下，平民不仅可以有受教育的机会，而且可以通过学习出仕做官，突破了贵族世袭制度。这在孔子所处的时代，是巨大的进步。以后通过科举考试选拔官员，成为我国古代一个优良传统。在科举制度下，也产生了为谋求官位而学习，一旦考中就把所学丢到脑后的倾向，这是传统中应该否定的一面。可与13·4章"樊迟请学稼"，18·7章"不仕无义"以及其他有关章参读。

19·14　子游曰："丧致①乎哀而止。"

《注　释》

①致：极、尽。

《大　意》

子游说："丧事做到尽哀就可以了。"

可与 3·4 章"丧，与其易也，宁戚"参读。丧礼应重在尽哀而不在形式，而本章"而止"二字，说得绝对，有完全忽视形式的弊病。

19·15　子游曰："吾友张也为难能也，然而未仁。"

《大　意》

子游说："我的朋友子张是难得的了，但是还没有做到仁。"

19·16　曾子曰："堂堂①乎张也，难与并为仁矣。"

《注　释》

①堂堂：高大显赫，形容容貌威严，不易接近。

《大　意》

曾子说："子张外表堂堂，难于和他一起做到仁。"

这两章说对子张的评论，要以对子张的了解为基础。旧注说子张"务为高广，人所难能"，"格外自高"而"少诚实恻怛之意"，不能平易近人。

19·17　曾子曰："吾闻诸夫子，人未有自致①者也，必也亲丧乎！"

《注　释》

①致：尽其极。

《大　意》

曾子说："我听老师说过，人没有能自己竭尽其感情的，如果有，只有在父母死亡的时候吧。"

19·18　曾子曰："吾闻诸夫子，孟庄子①之孝也，其他可能也，其不改父之臣与父之政，是难能也。"

《注　释》

①孟庄子：鲁国大夫，名仲孙速。

《大　意》

曾子说："我听老师说过，孟庄子的孝，别的其他人也可以做到，而他不改变父亲的旧臣和父亲的政治措施，这是难以做到的。"

可与1·11章参读。

19·19　孟氏使阳肤①为士师，问于曾子。曾子曰："上失其道，民散久矣。如得其情，则哀矜而勿喜。"

《注　释》

①阳肤：曾子的学生。

《大　意》

孟氏任命阳肤做典狱官，阳肤向曾子请教。曾子说："在上位的人离开了正道，百姓早就离心离德了。你如果能审出犯罪的真情，应该怜悯同情他们，不要沾沾自喜。"

能体谅到犯罪的社会原因，不以破案沾沾自喜，而有怜悯之心，是仁心的体现。可与12·19章参读。

19·20　子贡曰："纣①之不善，不如是之甚也。是以君子恶居下流②，天下之恶皆归焉。"

《注　释》

①纣：商代最后一个君主，历来被认为是暴君。　②下流：地形卑下、四面八方水流汇集的地方。

《大　意》

子贡说："纣的坏，不像现在传说的这样厉害。所以君子厌恶处在下流的地方，使天下一切坏名声都归到他身上。"

19·21　子贡曰："君子之过也，如日月之食焉。过也，人皆见之；更也，人皆仰之。"

《大意》

子贡说："君子的过错好比日食月食。他犯过错，人们都看得见；他改正过错，人们都仰望着他。"

这一章指出君子之过如日月之食，形象地说明对过错应采取光明磊落的态度，既不隐瞒、掩盖，又公开改正。19·8章"小人之过也必文"是说小人对待过错的态度，可对照着读。

关于这个问题还可与6·2、7·30、9·24、15·29等章参读。

19·22　卫公孙朝①问于子贡曰："仲尼焉学？"子贡曰："文武之道，未坠于地，在人。贤者识其大者，不贤者识其小者，莫不有文武之道焉。夫子焉不学？而亦何常师之有？"

《注　释》

①卫公孙朝：卫国大夫。当时鲁、郑、楚三国都有公孙朝，所以指明卫公孙朝。

《大　意》

卫国的公孙朝问子贡说："仲尼的学问是从哪里学的？"子贡说："周

文王武王的道,没有失传,还留在人们中间。贤能的人认识了其大处,不贤的人只认识了其小处,在他们身上无不都有文王武王之道。我们老师哪里不在学,而又哪里有固定的老师呢?"

文化传承,并非只在圣贤经典,同时也在民间;无论贤人还是不贤的人,都传承了文化传统,只是有多少之别而已。所以,孔子是随时随地向民间所有人学习,没有固定的老师。这也是今天我们传承和弘扬中华文化应有的精神。

子贡对孔子的评介,也反映了孔子学而不厌、不耻下问的精神。7·21章说"三人行,必有我师焉"可联系起来读。

19·23 叔孙武叔①语大夫于朝曰:"子贡贤于仲尼。"子服景伯以告子贡。子贡曰:"譬之宫墙②,赐之墙也及肩,窥见室家之好。夫子之墙数仞③,不得其门而入,不见宗庙之美,百官④之富。得其门者或寡矣。夫子之云,不亦宜乎!"

《注 释》

①叔孙武孙:鲁国大夫,名州仇。 ②宫墙:宫也是墙的意思,不指房屋,宫墙即围墙。 ③仞:七尺为仞。或说八尺,或说五尺六寸。 ④官:这里指房舍。

《大 意》

叔孙武叔在朝廷上对大夫们说:"子贡比仲尼更贤。"子服景伯把这话告诉了子贡。子贡说："拿围墙来作比喻吧，我家的围墙只有齐肩高，人们在墙外可以看得到房屋的好；老师的围墙却有几仞高，如果找不到门进去，就看不见那宗庙的富丽堂皇，和那房舍的又多又大。能够找到门的人或许不多吧，叔孙武叔那样讲，不也很自然吗？"

19·24　叔孙武叔毁仲尼。子贡曰："无以为也①。仲尼不可毁也。他人之贤者，丘陵也，犹可逾也；仲尼，日月也，无得而逾焉。人虽欲自绝，其何伤于日月乎？多②见其不知量也。"

《注　释》

①无以为也：以，此。无以为也就是无用为此，这样做是没有用的。②多：只、恰好。

《大　意》

叔孙武孙诽谤仲尼。子贡说："这样做是没有用的，仲尼是毁谤不了的。别人的贤德好比丘陵，还可以超越过去；仲尼好比日月，是没法超越的。虽然有人要自绝于日月，对日月又有什么损害呢？恰恰是表明他的不自量而已。"

19·25　陈子禽谓子贡曰:"子为恭也,仲尼岂贤于子乎?"子贡曰:"君子一言以为知,一言以为不知,言不可不慎也。夫子之不可及也,犹天之不可阶而升也。夫子之得邦家者,所谓立之斯立,道①之斯行,绥②之斯来,动之斯和。其生也荣③,其死也哀,如之何其可及也?"

《注　释》

①道:同"导",引导,教化。　②绥:安。　③其生也荣:有几种解释:一,荣解释为乐,他生时,百姓快乐;二,荣作光荣讲,大家都觉得他光荣;三,荣是说世人莫不尊敬亲爱他。

《大　意》

陈子禽对子贡说:"你是谦恭吧,仲尼难道比你还贤能吗?"子贡说:"君子一句话就表现出他有知,一句话也可以表现出他的不知,所以说话不可以不慎重啊。老师的高不可攀,正像天是不能靠梯子爬上去一样。老师如果成为诸侯或卿大夫来治理国家,那就会像人们所说的那样,教百姓立于礼,百姓就能立;引导百姓,百姓就会跟着走;安抚百姓,百姓就会来归顺;动员百姓,百姓就会同心协力。他活着大家都尊敬亲爱他,他死了大家都哀痛。我们怎样能赶得上呢?"

以上三章都是子贡谈孔子,本章子贡说孔子好比天和日月,高不可攀,不可超越;一些人贬低孔子,只能显出其不自量,丝毫无损于孔子。充分体现了他对孔子的崇敬。可参读9·10章颜渊谈孔子。

至于一般人看不到孔子的伟大,子贡说是因为没有找到门径进入孔子的思想殿堂，可以理解。这可以给我们启示：要克服长期以来形成的对于孔子的负面评价，首先要帮助大家了解；要了解，先要学习；学然后能了解，了解后自然知其伟大。人人认真学《论语》，是了解孔子，传承弘扬儒学和中华文化的基础一环。

20·1　尧曰①："咨②！尔舜！天之历数在尔躬，允③执其中。四海困穷，天禄永终。"舜亦以命禹。曰："予小子履④，敢用玄牡⑤，敢昭告于皇皇后帝：有罪不敢赦。帝臣不蔽，简⑥在帝心。朕⑦躬有罪，无以万方；万方有罪，罪在朕躬。"周有大赉⑧，善人是富。"虽有周亲⑨，不如仁人。百姓有过，在予一人。"谨权量⑩，审法度⑪，修废官，四方之政行焉。兴灭国，继绝世，举逸民，天下之民归心焉。所重：民食、丧、祭⑫。宽则得众⑬，信则民任焉。敏则有功，公则说。

《注 释》

①尧曰：以下引号内的话是尧禅让帝位给舜时说的话。　②咨：感叹词。　③允：诚信。　④予小子履：履是商汤的名字。予小子是他自称。这一段是商汤向天祈祷求雨的话。　⑤玄牡：玄，黑色。牡，公牛。　⑥简：

有两种解释：一，阅，计数，引申为明白的意思；二，选择。　⑦朕：我。从秦始皇起专门用作帝王的自称。　⑧赉（lài）：赏赐。周有大赉以下几句是说周武王的事。　⑨周亲：至亲。　⑩谨权量：权，秤锤。量，斗斛。谨权量就是认真整顿量衡使之统一公平。自此以下是孔子的话。　⑪审法度：法度有两种解释：一，法度即度，量长短，与前句"谨权量"合说一事，谨慎地审定度量衡；二，法度泛指一切礼乐制度。　⑫民食、丧、祭：一说民食、丧、祭三件事；另一说民、食、丧、祭是四件事。　⑬宽则得众：以下几句与17·6章中孔子答子张问仁的话基本相同，缺"恭则不侮"四字。"信则民任焉"，民字应为"人"。"公则说"三字有人认为是"惠则足以使人"误写成这样。

《大　意》

尧说："唉，你舜啊，天命已经落在你的身上了，老老实实地掌握好那中道吧。如果天下百姓都陷于穷困，上天赐给你的禄位也就永远终结了。"舜在让位给禹的时候也这样对禹说。商汤说："我小子履谨用黑色公牛来祭祀，明白地告于伟大的天帝：有罪的人我不敢擅自赦免，天帝的臣仆我也不敢掩蔽，都由天帝的心来分辨、选择。我自己有罪，不要牵连天下万方；天下万方有罪，罪责都在我一人身上。"周得到上天的厚赐，善人于是多起来。武王说："纵然有至亲，不如有仁人。百姓有过错，都在我一人。"（孔子说：）认真整顿衡器量器，周密地制定法度，重新修立已废弃的官职，天下四方的政令就通行了。复兴已灭亡的国家，接续已断绝了的家族，提拔被遗落的人才，天下的百姓就会真心归服了。所重视的是三件事：百姓的吃饭、丧葬、祭祀。宽厚就能得到众人的拥护，诚信就能得到别人的任用，勤敏就能取得成功，秉公就能使人高兴。

本章记叙尧、舜、禹、汤、武王治国思想的要点，从"谨权量，审法度"

以下是讲孔子治国思想,但没有用"子曰",体例与《论语》全书不合,所以对于本章有许多疑问和不同的解释,也有人怀疑本章是《论语》编者所加入。

20·2 子张问于孔子曰:"何如斯可以从政矣?"子曰:"尊五美,屏①四恶,斯可以从政矣。"子张曰:"何谓五美?"子曰:"君子惠而不费,劳而不怨,欲而不贪,泰而不骄,威而不猛。"子张曰:"何谓惠而不费?"子曰:"因民之所利而利之,斯不亦惠而不费乎?择可劳而劳之,又谁怨?欲仁而得仁,又焉贪?君子无众寡,无小大,无敢慢,斯不亦泰而不骄乎?君子正其衣冠,尊其瞻视,俨然人望而畏之,斯不亦威而不猛乎?"子张曰:"何谓四恶?"子曰:"不教而杀谓之虐;不戒视成谓之暴;慢令致期谓之贼;犹之与人②也,出纳之吝谓之有司③。"

《注 释》

①屏:同"摒",除去。 ②犹之与人:犹之,同样的意思。与,给与。犹之与人,同样是给人。 ③有司:古代负责具体事务的小官吏。这里是说,这样就不是在上位的人所应做,而只是有司的事,所以大意译成有失身份。

《大 意》

子张问孔子说:"怎样做就可以治理政事了呢?"孔子说:"尊崇五美,排除四恶,这就可以治理政事了。"子张说:"什么是五美?"孔子说:"君子要给百姓恩惠而不破费自己,使百姓劳作而不使百姓怨恨,要有欲望而不贪，舒泰而不骄傲，威严而不凶猛。"子张说："怎样叫做给人以恩惠却不破费自己呢？"孔子说："就着百姓能得利的地方引导他们去得利，不就是给了百姓恩惠而不破费自己吗？选择可以让百姓劳作的时间和事情去让百姓劳作，又有谁会怨恨呢？自己想要仁而就得到了仁，又还贪什么呢？君子对人，无论多少，无论大小，自己总不敢怠慢，这不也就是舒泰而不骄傲吗？君子对自己，端正自己的衣帽，严肃自己的目光，庄严地使人见了就生敬畏之心，这不也就是威严而不凶猛吗？"子张问："什么叫四恶呢？"孔子说："不经教化就加杀戮，叫做虐；不先告诫而要求立刻成功，叫做暴；开始不加督促，到时候又限期完成，叫做贼；同样是给人财物，却出手吝啬，叫做失身份。"

本章讲为政。所说"尊五美，屏四恶"，今天也还值得借鉴。

20·3　孔子曰："不知命，无以为君子也；不知礼，无以立也；不知言①，无以知人也。"

《注　释》

①知言：善于分析别人的言语，辨别其是非善恶的意思。

《大　意》

孔子说："不知命，便不能做君子；不知礼，便不能立身处世；不善于分析别人言论的是非善恶，便不能了解人。"

本章所说知命、知礼、知言，在前文中都有说过。把这三点放在一起，作为《论语》的最后一章，有什么特别的意义，无从考查。